# 소비자 시장의
# 2010 메가트렌드

박동배 편저

한국경제신문

2004년 봄, 남산의 한 호텔에서 열린 연례 한국 IBM 포럼에서 '2010년 소비자 시장의 메가트렌드'를 처음 발표했을 때, 고객들의 반응은 매우 이례적이었다. 세미나에 참석한 대다수의 고객분이 너무도 가슴에 와닿는 내용이라면서 발표자료 전송이나, 방문 세미나 등의 요청을 해오셨다.

이러한 현상은 비단 우리나라에만 국한된 것이 아니고, 전세계적으로 공통된 반향이었다. IBM의 소비재(Consumer Product : CP) 산업과 유통산업의 글로벌 리더들은 이러한 열망에 부응하고자 CP산업과 유통산업에 각각 특화된 내용으로 좀더 구체적인 대응전략을 담아 업그레이드된 버전을 몇 차례에 걸쳐 내놓았다.

실제로, 이러한 고객들의 관심은 지난 한햇동안 소비재 유통산업에서 적지 않은 컨설팅 프로젝트로 연결되었으며, 고객들과 트렌드 하나하나씩을 놓고 토론하는 과정에서 다양한 이슈와 대응전략이 논의되고 정리되었다는 데 더 큰 의의가 있다고 판단된다.

이러한 배경에서, 지금은 IBM BCS Korea의 대표직을 맡고 있는 당시 유통산업 섹터리더 이성열 박사는 내게 특별한 임무를 요청했다.

한정된 세미나나 프로젝트가 아니면 뵙지 못하는 수많은 고객과 임직원, 그리고 우리나라 소비재 유통산업의 발전을 위해 애쓰고 계신 학계, 관계, 업계 관계자 여러분에게 도움이 될 수 있도록, '2010 트렌드'와 이에 대한 대응전략과 관련된 자료를 발췌하여 책으로 출간하라는 것이었다.

IBM은 오래 전부터 IBV(Institute for Business Value : 비즈니스가치연구소)라는 조직을 운영하여, 주로 기업의 최고경영진을 대상으로 개별 산업 및 산업 간 이슈와 관련된 객관적이고 전략적인 통찰력을 담은 연구자료를 제공해 왔다. 여기에 수록된 자료는 하나하나가 독립적으로 IBV의 심층연구를 통해 개발된 보고서들이며, 주로 지난 한햇동안 새로 발표된 이른바 따끈따끈한 분석과 견해들을 중심으로, 현재 우리 업계가 많은 관심을 가질 만한 주제를 엄선해서 편집·정리한 것이다.

사실 양극화와 극단의 세계로 이름지어진 2010년의 소비자 및 유통환경에 대한 전망은 업계가 받아들이기에 그리 편한 내용이 아니다. 미래 소비자의 취향은 현재보다 더욱 복잡, 다양해질 것이다. 아울러 제품관련 정보를 유비쿼터스(Ubiquitous : 언제, 어디서나)로 접근하는 '슈퍼 소비자(Super Shopper)'로 무장될 전망이다. 따라서 지금까지의 인구통계학적인 세분화에 입각한 마케팅과 영업방식으로는 현재의 시장점유율을 유지할 수 없을 것이라는 경고의 메시지도 심심찮게 들린다. 이는 이미 선순환의 성장고리를 타고 끝없는 영역확대를 꾀하는 초대형 유통업체가 일방적으로 제시하는 거래조건 하에서 살아남아야 하는 소비재 제조업과, 경쟁입지가 점점 좁아지는 중간 규모의 평범한 유통업체들에게는 오히려 분명한 위기의식과 쉽지 않은 차별화를 요구하는 강력한 메시지라고 보아야 한다.

편역 작업을 하면서 가장 주안점을 둔 것은, 바로 '어떻게 대응할 것인가?' 였다. 단순히 트렌드를 제시하는 것은 고객의 높은 기대에 대한 전문가의 도리가 아니며, 이러한 트렌드가 업계에 요구하는 도전을 함께 고민하고, 수익성 있는 성장을 지속할 수 있도록 필요한 역량과 대응전략을 제시하는 것이야말로 진정으로 신뢰받는 가치 파트너 (Trusted Value Partner)가 되고자 하는 IBM의 미션이라고 생각한다.

대응전략의 핵심은 전략적 포지셔닝의 재설계와 혁신적 고객관리에 있다. 좌뇌적 요소와 우뇌적 요소로 결합된 소비자의 마음을 통합적인 접근법으로 풀어야만 진정한 경험의 만족을 이끌어낼 수 있으며, CP 기업들은 소비자 마케팅이나 연구에 대한 투자에 못지않은 비중으로 키 어카운트 관리에 힘써야 한다는 실천적인 전략을 제시했다. 이를 위해 시중에서 쉽게 접할 수 없는 고객세분화 기법과 소비자 구매 행동 모델링 기법을 소개했다.

소비자와 고객의 변화를 정확하게 빠르게 포착하고, 이를 구매, 머천다이징, 생산, 판매, 마케팅, 인사 등의 전사적인 밸류체인 운영에 반영하는 것은 고객지향적 트랜스포메이션의 핵심이다. IBM은 이를 Sense-and-Respond 모델로 정의하고, 종래의 Make(Buy)-and-Sell 모델과 대비되는 새로운 미래지향적 비즈니스 모델이라는 인식 하에, 거의 대부분의 제조 유통산업에서 이 모델을 적용해 핵심 고객들의 변화를 지원하고 있다.

이러한 관점에서, '2010 트렌드'와 소비자 및 고객관리와 관련된 보고서들은 주로 Sensing에 대한 주제들이고, 소비재 서플라이체인 관리의 새로운 흐름과 ERP의 역할에 대한 재조명, 글로벌 데이터 동기화와 관련한 분석과 견해들은 대체로 Responding에 대한 주제라고 굳이 본서의 구성을 양분할 수도 있겠다.

지난 10년 간 주로 소비재 및 유통산업에서 컨설팅 커리어를 가져 온 내게 있어, 2004년 국내 순익 1조 클럽에 가입한 기업 리스트에 아직 동 분야 기업이 하나도 오르지 않았다는 사실은 깊은 연민을 자아냄과 동시에 큰 희망을 갖게 해준다. 그 이유는 가까운 중국 시장의 부상과 함께 급격히 진행되는 국내 유통기업의 글로벌리제이션, 세계적인 주목을 받고 있는 온라인 유통업의 성장, 시장개방의 와중에서도 굴하지 않고 국제적인 브랜드로 위상을 펼쳐나가는 우리나라 소비재 제조 및 유통 산업에 대한 기대 때문이다.

까다롭고 변화무쌍한 한국 소비자들의 입맛을 잡아 세계 소비자들의 마인드 셰어(Mind Share)를 뺏어오고, 가까운 장래에 순익 1조 클럽에 당당히 진입하는 국내 소비재 유통기업을 창출하는 데 일조할 수 있다면 본서의 출간을 위해 노심초사한 나의 미력에 대한 더할 나위 없는 보상이 될 것이다.

단지 새로운 내용과 컨설팅 고유의 용어들을 다루다 보니 아직 업계에서 익숙하지 않은 용어들이 많아 의미전달이 충분히 될 수 있을까 하는 걱정이 앞선다. 본서가 빛을 보기까지 열성을 가지고 아낌없이 지원해 준 동료들과 〈한국경제신문〉 출판팀, 그리고 끝까지 용기와 자부심을 잃지 않게 배려해 준 가족들에게 감사드린다.

2005년 3월

박 동 배

## CHAPTER 07 __ 소비재 기업의 고객관리혁신 전략



## CHAPTER 08 __ 소비자 주도의 미래 서플라이체인 구축



# PART 3
# 정보기술에 대한 새로운 인식

## CHAPTER 09 __ 실용적이고 가치 있는 무선 결제의 기회

## CHAPTER 10 __ ERP에 대한 새로운 조명



## CHAPTER 11 __ 글로벌 데이터 동기화(GDS)

P A R T

# 1

# 5대 메가트렌드와 업계의 대응방안

# CHAPTER 01

# 2010년, 양 극단의 세계

2010년의 승자들은 시장이 어디로 가고 있는지, 그리고 그 시장에서 뛰어난 성과를 거두기 위해서 어떤 조직 능력이 필수적인지를 명백히 이해함으로써, 차별화된 조직적 포지셔닝과 기업운영 모델을 전개할 것이다.

## 서론

2010년에 이르면 소비자 시장은 현재보다 급진적으로 글로벌화되어 있을 것이다. 오늘날 시장의 힘은 그러한 소비자 시장을 향해 천천히, 하지만 분명하게 나아가고 있다. 전례 없이 다양화된 소비자, 시장의 양극화, 대형 유통업체의 시장지배 현상 등의 이유로 전통적인 대중 시장전략 정책은 무용지물이 되었고 '진정한 승자'와 '진정한 패자'로 구분되는 '양 극단의 세계'로 치닫고 있다. 그렇다면 미래는 어떻게 될 것인가? 요구가 까다로워진 소비자 및 거래고객과의 관계를 계속 유지하기 위해서 소비자 기업들은 어떤 능력이 필요한가? 기업들은 기업 조직을 어떻게 개편하고 미래를 준비해야 하는가? 가장 근본적으로 해결해야 하는 도전은 2010년 양 극단의 세계에서 시장 주도권을 유지하기 위해 민첩하고 재빠르게 업무를 수행할 수 있는 능력을 갖추는 일이 될 것이다.

## 극단의 세계

2010년의 소비자 기업은 다변성(divergence)과 복잡성(complexity)으로 정의되는 환경에 직면할 것이다. 미래에 대한 우리의 견해는 '극단의 세계'라고 표현할 수 있다. 이러한 환경 하의 구매 행위는 소비자의 다양성과 개인주의가 지배할 것이며, 따라서 전통적인 시장 세그먼테이션은 이제 부적절할 것이다. 소비자는 기본적인 생필품 가격이 저렴해야 된다고 요구하겠지만, 그들이 개인적으로 더 중요한 의미를 갖는 제품에 대해선 프리미엄 가격을 기꺼이 지불할 것이다. 결과적으로 경쟁의 스펙트럼상에서 한쪽 끝에는 대형 유통업체와 대형 브랜드가, 다른 쪽에는 전문 브랜드와 그 유통업체가 확장해 나갈 것이다. 따라서 차별화를 이루지 못하고 중간에 위치한 기업들은 점차 소멸되어 사라질 것이다. 다양한 차원에서 시장이 양분화됨에 따라 기업의 사고도 종 모양의 '벨커브'에서 우물 모양의 '웰커브'로 전환되어야 할 필요가 있다. 벨커브는 기업이 중간 지점의 범용시장을 겨냥하도록 디자인되었다. 반면 웰커브는 소비자에게 가장 높은 가치를 부여할 수 있도록 범용시장이나 목표시장이 서로 다른 비즈니스 모델 중 한 분야에 사업의 적절한 부분을 적용함으로써 기업의 성장을 유도한다(그림 1 참조).

우리는 IBM비즈니스가치연구소의 연구와, 전세계 고객들과의 컨설팅 프로젝트를 토대로 선진국 시장에서의 경쟁 원칙을 재정의할 다음과 같은 다섯 가지 주요 트렌드를 밝혀냈다. 이러한 메가트렌드들은 유통업자와 그들에 대한 공급업체를 극단의 세계로 밀어넣고 2010년의 경쟁 우위를 확보하기 위해 소비자 기업을 변화시키고 있다.

## 다변화된 소비자 가치 동인

전세계에 걸쳐 나이, 재산, 민족성, 문화, 라이프스타일, 가치체계의

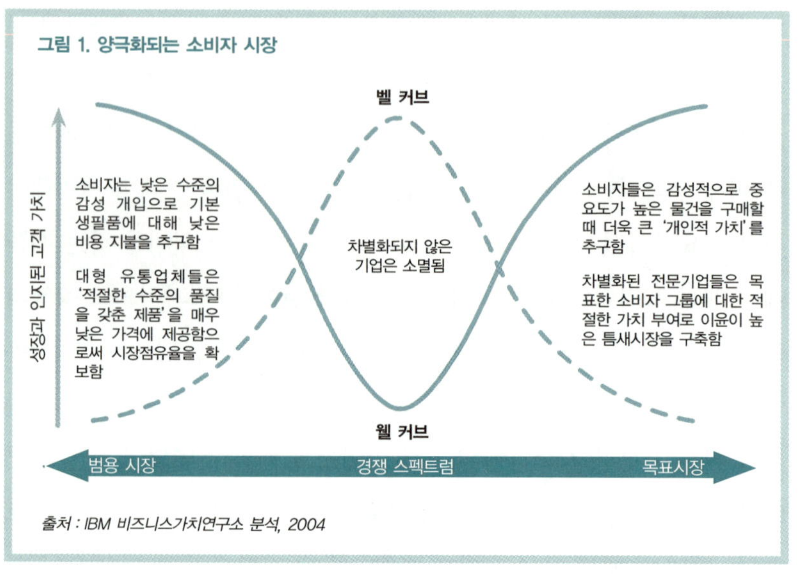



출처 : IBM 비즈니스가치연구소 분석, 2004

변화 등으로 인해 고객을 정의하고 분류하며 접근하는 데 더욱 많은 어려움을 느끼고 있다. 우선, 중년의 시기에 접어드는 베이비 붐 세대 때문에 전통적인 소비자 그룹의 말엽까지도 인구가 지속적으로 성장세를 이어가게 되었다. 예컨대 2010년이면 유럽 인구의 거의 40%가 50세를 넘게 되며, 일본 소비자의 22%는 65세 또는 그 이상이 될 것이다. 나이든 소비자들은 좀더 회의적인 경향을 갖게 되고, 지칠 대로 지쳐서 새로운 브랜드를 시도할 가능성이 적다. 따라서 모든 CP 기업과 유통업체는 새롭게 나타나는 시장 딜레마를 겪게 될 것이다.

모든 연령층에 걸쳐서 오랫동안 지속되어 왔던 생애의 각 단계별 패턴은 점점 예측할 수 없게 될 것이다. 사람들은 늦게 결혼하고, 이혼율은 높아지며, (재혼으로) 가정을 또다시 이루고, 두번째 또는 세번째 경력을 시작하는가 하면, 심지어 손자들을 키우기도 한다. 이 같은 변화는 전례 없이 다양한 형태의 가구 구성을 만들어냈다. 예를 들어

## 【미래에 대한 비전 제시】

우리는 소비자 시장에 대한 비전을 수립하면서 매우 중요한 두 가지 차원을 고려했다. 그것은 소비자 선호도와 CP/유통 산업 생태계의 본질이다.

- 소비자 행동은 개인주의적이며 매우 적극적인 극단으로 기울 것인가, 또는 더욱 동질적이며, 수동적이고 수용적인 경향을 띨 것인가?
- 업계는 분파되어 지역에 치중할 것인가, 아니면 더욱 합병화되고 통합적이며 글로벌화할 것인가? 대형 업체들은 실제로 얼마나 더 커질 것인가, 그리고 스스로 글로벌하게 조직할 수 있는 능력이 있는가?

극단의 세계에서는 우리의 비전이 발생할 가능성이 높은 시나리오라고 믿지만, 매우 그럴 듯한 다른 가능성도 존재한다(그림 2 참조). 만약 사회가 '소비자 중심주의(consumerism)'를 거부하고 물질적 소비를 중요시하지 않는 좀더 단순한 라이프스타일을 받아들인다면 어떻게 될 것인가? 만약 지정학적 충격으로 각국이 경제적·사회적으로 방벽을 굳건히 세워 마치 요새와 같이 폐쇄적으로 변한다면 어떻게 될 것인가? 불확실성과 급격한 변화가 21세기의 피할 수 없는 사실로 부각되면서, 각 산업의 경영자들은 미래의 다양한 상황에 대처할 준비가 얼마나 되었는지 스스로 점검해야 하며, 앞으로 전개될 미래에 적응할 수 있도록 기업 유연성을 충분히 가꿔나가야 한다.

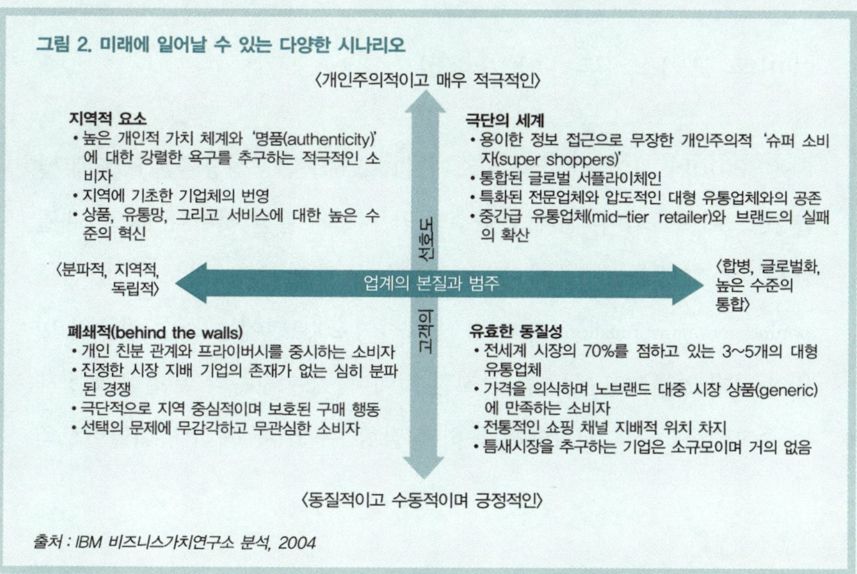

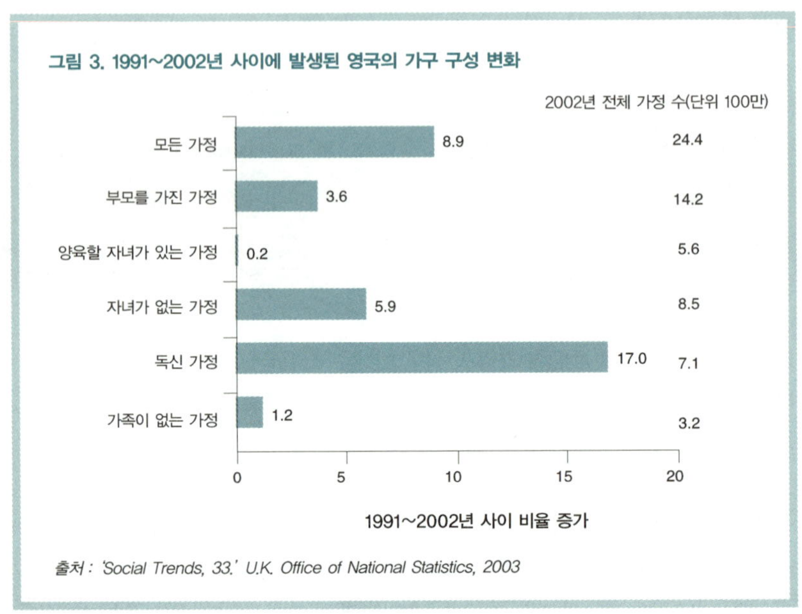



1991~2002년 사이, 영국의 1인 가구수는 전체 평균보다 두 배나 빠른 증가세를 보이고 있으며, 부양자녀가 있는 부부들의 가구수를 앞질렀다(그림 3 참조).

## 다민족 국가 수 증가의 가속화

1990~2010년 사이, 미국의 히스패닉(Hispanic) 인구성장률은 80%에 달할 것으로 예측되며, 전체 인구수의 약 14%에 달할 것이다. 독일, 네덜란드, 스웨덴을 비롯한 많은 유럽 국가에서도 비토착인 인구(nonindigenous populations)가 계속 증가하여 2005년에는 소수 민족의 비율이 전체 인구의 8~11%를 차지할 것이다. 소수민족의 이 같은 성장세는 주요 도시 지역 시장에서 특히 실감할 수 있다. 예컨대 네덜란드의

로테르담(Rotterdam)은 이미 인구의 45% 이상이 소수민족으로 이루어져 있다. 새로운 국가가 유럽연합에 가입할 때마다 민족의 다양성은 증가할 뿐이다.

쇼핑객의 의사결정 패턴 역시 점점 복잡해지고 있다. 가격과 품질의 역동관계에 기초한 가치 지향성 구매 패턴에서 개인의 윤리적 신념이나 자기 표현에 기초한 가치 지향성 구매 양상이 점차 시장을 지배하고 있다. 이미 스웨덴 인구의 45% 이상이 윤리적인 문제에 주의를 기울이고 있는 사람들이라고 특징지어질 수 있으며, 다른 국가의 소비자들도 이런 추세를 뒤따르고 있다. 소비자들은 2010년경까지 기업과 사회적 윤리에 대한 개인 견해, 건강, 프라이버시, 정치, 세계무역, 환경 등 훨씬 더 많은 요인을 고려하게 될 것이다. 따라서 가격 · 품질 · 성능과 편의성에 기반한 전통적인 가치 방정식 또한 기하급수적으로 복잡해질 전망이다.

이러한 변화의 와중에 하나의 중요한 트렌드가 부상하고 있다. 사람들은 개인적으로 중요하다고 의미(아이덴터티)를 부여할 수 있는 것들을 점점 더 중시할 것이다. 따라서 소비자는 미디어와 오락, 그리고 집이나 자신을 꾸미는 데 사용되는 제품, 전자제품 또는 자동차와 같이 나름대로 '의미 있는' 재화와 서비스에 쉽게 지갑을 열 것이다. 그리고 전통적으로 CP용 재화라는 식품과 가정용품에는 지출을 점점 줄일 것이다. 1970~2003년까지, 미국인의 소비 패턴에는 본질적인 변화가 생겼다. 서비스에 대한 지출은 15% 가까이 증가한 반면, 소비재에 대한 지출은 비슷한 정도로 감소했다.

이러한 개인적 줄다리기 구매 패턴은 서로 다른 성향의 소비자들에게 동일한 제품군 내에서도 상향거래, 또는 하향거래를 하도록 만든다.

어떤 상품에 대해 독특한 가치를 찾을 수 없다고 판단되면, 이 특정 소비자는 그 부문에서는 그저 '적당한' 품질을 최저가에 제공하는 매스 밸류 공급자와 하향거래를 한다. 그리고 소비자가 개인적으로 좀더 중요하다고 여기는 부문에서는 자신의 특정 요구와 니즈를 충족하는 '새로운 사치품' 제공자에게 상당한 프리미엄 가격을 지불하며 상향거래를 한다. 반면, 어느 한쪽의 소비자에게도 충분히 차별화되지 않고 그저 중간에 위치한 기업들은 고전을 면치 못하고 있다(그림 4 참조).

이와 같은 현상은 특정 상품이나 지역에 한정된 것이 아니라, 전세계적으로 모든 부문에서 일어나는 공통적인 현상이다. 일례로 일본에서는 십대 청소년이 저렴한 청바지와 고가의 명품 신발을 신거나, 또는 그 반대인 경우를 흔히 찾아볼 수 있다. 어떤 유통업체는 회사 내

**그림 4. 다수의 제품과 유통업체 범주 내에 가격 스펙트럼의 양쪽 끝에서 성장률이 더욱 높다**

판매 CAGR(1999~2002)

유통업체

| | | | |
|---|---|---|---|
| 식료품 (미국) | Costco : 12.2% | Albertson's : -1.7% | Whole Foods : 21.7% |
| 식료품 (영국) | Tesco : 9.9% | Sainsbury : 0.9% | Waitrose : 6.9% |
| 백화점 (미국) | Target : 9.2% | Federated : -1.3% | Nordstrom : 5.1% |
| 백화점 (일본)* | Ito Yokado : 1.6% | Tokyu : -2.1% | Takashimaya : 0.2% |

브랜드

| | | | |
|---|---|---|---|
| 화장품(미국) | Cover Girl : 4.3% | Revlon : -5.2% | Clinique : 7.6% |
| 세제(미국) | Purex : 8.1% | Era : 0.0% | Tide : 8.4% |
| 보드카(미국)** | McCormick : 7.2% | Smirnoff : 1.6% | Ketel One : 20.6% |
| 자동차(독일)*** | Hyundai : 20.6% | Volkswagen : -0.7% | Porsche : 16.7% |
| 신발 (WW) | Candies : 18.7% | Guess : -9.0% | Kenneth Cole : 11.6% |



주 : * 1998~2002년 기간 동안의 일본 백화점 CAGR
   ** 1999~2001년 기간 동안의 보드카 브랜드
   *** 2002~03년까지 독일 자동차 판매대수 성장률
출처 : IBM 비즈니스가치연구소

같은 생산 라인 내에서도 이런 양극화 현상을 겪기도 한다. 예컨대 1999~2003년까지 갭(Gap)의 저가 브랜드인 올드 네이비(Old Navy)의 연평균 성장률(compound annual growth rate : CAGR)은 13%를 넘어섰다. 또한 갭의 고가 브랜드인 바나나 리퍼블릭(Banana Republic)은 연간 9% 가까이 성장했다. 그러나 이 회사 대표 상품, 즉 중급 제품인 갭(미국산) 브랜드는 이 기간 동안 단지 2%의 성장세를 기록했을 뿐이다.

영국의 선도적인 유통 체인인 테스코(Tesco)는 프라이비트 라벨의 제품군에서 이러한 현상을 경험하고 있다. 고급 '파이니스트' 브랜드는 연평균 성장률 25%로 가장 빠르게 성장하고 있다. 특가로 판매되는 '밸류' 브랜드는 20%의 성장률을 기록하며 두번째로 빠른 성장을 보이고 있다. 한편 중간급의 '테스코' 브랜드는 (아직은 괜찮은 수준이지만) 연평균 12%로 낮은 성장률을 보였다.

2010년까지는 '적당한 가격에', '적당한 가치'를 지닌 제품을 공급하는 기업의 몰락을 예상할 수 있다. 성공이 예견되는 기업은 가장 낮은 가격의 매스 제품을 제공하거나, 소비자가 감성적으로 강한 애착을 갖는 프리미엄급 마진을 가진 상품을 제공하는 기업이다. 어떤 부류의 소비자가 특정 부문에서 상향 또는 하향거래할지, 정확하게 평가할 수

**트렌드에 대처하기** TACKLING THE TREND

- 소비자 집단이 분파화되고 있는 이러한 환경에서 소비자들의 진정한 가치 동인에 대한 통찰력을 더욱 잘 개발시킬 수 있는 방법은 무엇인가?
- 전사적 소비자관을 제품군별 특정 소비자 계층의 필요조건과 어떻게 균형을 이루어나갈 것인가?
- '웰커브'의 세계에서 효과적으로 작동할 수 있는 운영 모형을 어떻게 구축할 것인가?

있는지의 여부는 마케팅 전략가가 당면하게 될 새로운 도전이 될 것이다. 전형적이라고 할 수 있는 행동양식이 갈수록 희소해지면서 소비자기업은 계속 분화되고 있는 소비자의 욕구, 니즈, 그리고 구매 동인을 더욱 깊이 파악해야 한다. 비록 인구 통계학적으로는 서로 유사한 소비자들이지만, 이들은 전혀 다른 동기에 따라 구매할 수도 있다. 따라서 2010년경의 소비자 기업은 좀더 깊은 차원의 소비자 통찰력을 이해할 필요가 있다.


## 더욱 강화되는 정보 차단(Gate Keepers)

1960년에 단지 1,500건, 그리고 1990년에는 3,000건에 불과했던 마케팅 광고 메시지가, 현재는 소비자 한 명당 매일 약 5,000여 건씩 전달되고 있다. 따라서 소비자들은 광고에 압도되고, 이로 인한 스트레스에 시달린다. 시간에 쫓기는 소비자들은 기술과 규제에 힘입어, 그들이 특별히 필요하지 않거나 관심이 없는 광고 메시지는 차단한다. 전화기, 웹 브라우저, TV 등 새로운 기술은 이미 전달되는 광고의 양에 영향을 미치고 있다. 예를 들어 현재 사용자 수가 130만 명에 달하고 있으며, 계속 그 수가 빠르게 증가하고 있는 TiVo 사용자 중에는 황금시간대의 TV 프로그램을 녹화해서 보는 사람이 많고, 광고를 건너뛰는 사람도 77%에 달하고 있다. 또한 전세계적으로 전화, 팩스 또는 이메일을 통해 전달되는 불필요한 선전물의 전달을 금지하거나 심하게 규제하는 법안 제정이 모색되고 있다.

기존의 대중 마케팅 수단들이 차단되거나 또는 효율성이 떨어지고 있기 때문에, 마케팅 전술은 구매 시점에서 소비자 행동에 영향을 미칠 수 있는 방법에 초점을 맞춰야 한다. 2010년이 다가오면서, 소비자의 더욱 많은 구매 결정은 가게 안, 바(bar)에 있거나 식당에 있는 '진실의 순간(moments of truth)'에서 이루어진다. 이미 식료품 쇼핑객의 40% 내지 50%는 '거의 대부분' 또는 '자주' 쇼핑 목록에 포함되지 않은 충동구매를 한다고 한다.

소비자에 대한 접근 수단이 줄고 있으므로, 브랜드 강화가 과거보다 더욱 중요해졌다. 소비자 기업들은 기업의 핵심 브랜드 가치를 알리고 브랜드에 대한 소비자 기대에 어긋나지 않도록 많은 노력을 경주해야 한다. 최근 조사에서 밝혀진 바에 따르면, 심지어 최고 브랜드에 대한 소비자의 신뢰도 역시 흔들리고 있다(그림 5 참조). 미래지향적인 기업들은 최고 프라이버시 책임자(Chief Privacy Officers) 또는 최고 보안

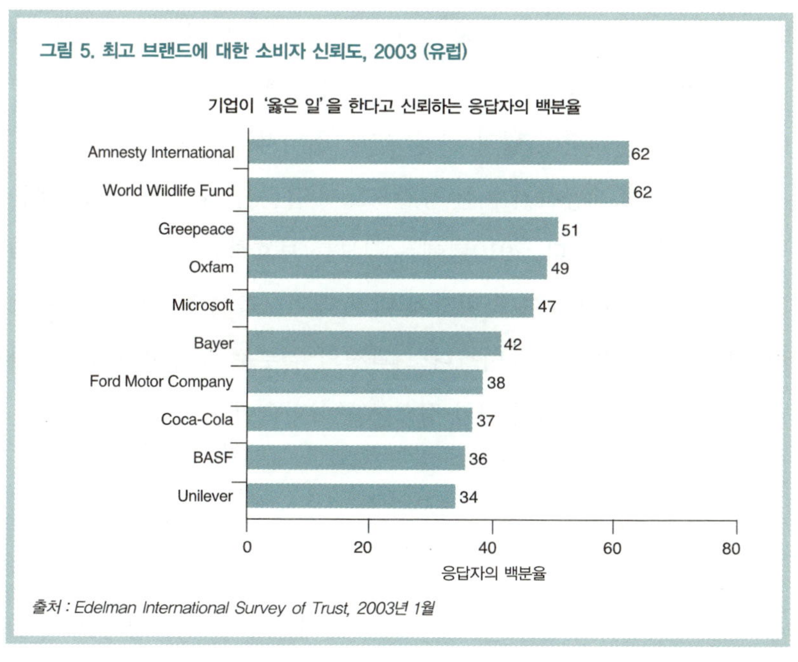

책임자(Chief Security Officiers)를 임명하기 시작했다.

하지만 신뢰는 겨우 출발점에 불과하다. 사기와 오용을 두려워하는 소비자들은 자신의 개인 정보를 사용하는 기업에 대해 많은 통제를 가하고 있다. 기업은 좀더 우세한 입장에 서기 위해 소비자 정보에 접근하는 대가로 '보상'을 제공하는 좀더 혁신적이고 의미 있는 방법을 모색해야 한다. 구매량에 따른 프로모션이나 브랜드 충성도에 대한 보상(loyalty program) 전략이 널리 퍼진 결과, 소비자들이 자신의 개인정보를 다른 기업에 제공하기 위한 동인으로서 단순한 가격 할인 정도로는 만족하지 않게 되었다. 2010년에는 정보를 보호하는 분위기가 확산될 것으로 판단되기 때문에 소비자에 대한 데이터를 수집하는 일은 눈에 잘 띄지 않고, 정상적인 비즈니스 과정의 일부로 조용히 이루어져야 하며, 통찰력을 추론하기 위한 정교한 분석기술이 요구된다.


## 모두 노출되는 정보

원하기만 한다면 어떻게든, 어디서든, 언제든지 정보에 접근할 수 있는 능력 덕분에 소비자들은 믿기 어려울 정도로 권한이 강력해졌다. 다음 10년 동안 고성능 무선기기 제품과 네트워크화가 널리 확산됨에 따라, 시장에서는 정보에 대한 접근성이 한층 쉬워질 것이다. 2004년 말에는 미국 내 하이파이(Wi-Fi : 2.4GHz대를 사용하는 무선 LAN)의 액세스 포인트인 '핫스폿(hotspot)'의 숫자가 두 배로 늘어 2만 여 곳에 달할 것으로 예상된다. 손 안에 들어가는 작은 기기로 차세대 인터넷 서비스와 정보 중개업체(infomediaries)를 이용하게 된다면, 소비자들은 가게 안의 복도에 서서 길 건너 가게나 쇼핑몰에 있는 다른 가게의 물건 가격을 서로 비교할 수 있을 것이다. 심지어 그 주의 특별 프로모션을 근거로 어떤 가게가 가장 낮은 제품 가격을 제공하는지 알려주는 리포트까지 작성할 수 있을 것이다.

물론 인터넷은 글로벌화된 쇼핑 경험의 기준으로 급격히 확산되는 추세다. 인터넷 사용자가 늘어남에 따라, 인터넷이 브랜드와 상품과 유통업체에 관한 정보의 필수 불가결한 소스와 구매를 결정하는 데 폭 넓은 영향을 미치게 된다(그림 6 참조). 2010년에는 전세계적으로 인터넷 인구가 10억 명에 달할 것이다. 소비자 기업은 이와 같은 추세에 대항하기보다 사업에 유리하도록 이용할 방도를 찾아야 한다. 그 방법은 소비자에게 적당한 상황과 방법으로 소비자가 쉽게 이해하고 유용하게 사용할 수 있도록 더 많은 정보를 제공하는 일이 될 것이다.

더욱이 인터넷의 연결성이 일방적으로 한 방향이 될 필요는 없다. 이와 같은 '슈퍼 소비자'들은 개인의 기기나 가게에 설치되어 있는 기술을 이용해 소비자 기업들에게 그들의 정보를 충분히 제공함으로써, 그 기업들이 제공하는 제품이나 그들의 경쟁력을 제고시킬 수 있도록 해줄 수 있다. 실제로 풍부한 정보를 통해 제품의 상품화를 촉진

**유럽의 인터넷 침투율과 행태(2003년 2분기)**

| 국 가 | 인터넷 인구 | 인터넷 탐색 * | 인터넷 쇼핑* |
|---|---|---|---|
| 스 웨 덴 | 73% | 93% | 48% |
| 네 덜 란 드 | 71% | 94% | 40% |
| 독 일 | 55% | 90% | 55% |
| 영 국 | 57% | 89% | 62% |
| 이 탈 리 아 | 45% | 76% | 17% |
| 프 랑 스 | 40% | 82% | 33% |
| 스 페 인 | 28% | 89% | 16% |
| 유 럽 | 49% | 86% | 42% |

**인터넷 정보에 의한 미국 소비자 견해의 변화(2002년)**

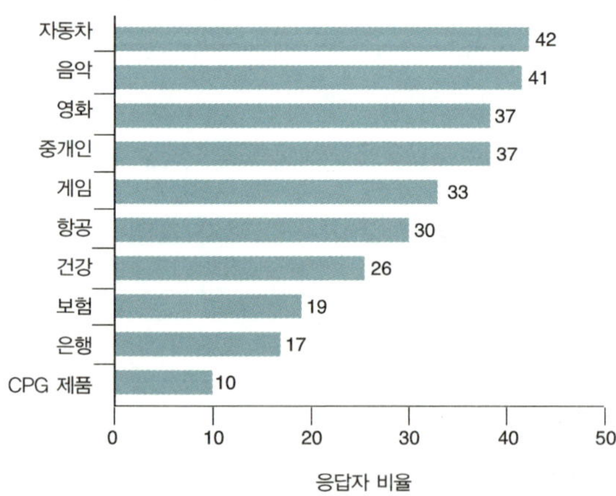


* 숫자는 인터넷 인구 중에서의 백분율을 나타냄
출처 : *"Online Retail Europe January 2004 Data Overview," Forrester Research : American Interactive Consumer Survey, 2002, Dieringer Research Group*

할 수 있으므로, 제품 개발 또한 변화할 필요가 있다. 기업이 누리던 패쇄성과 소유권의 이점이 줄어듦에 따라, 기업들은 타사가 모방하기 어려운 제품에 집중하면서 어쩔 수 없이 더욱 빨리, 그리고 좀더 빈번하게 혁신을 이루어가야만 하는 환경에 놓였다. 한편, 유통업체에게는 이런 경향이 양 날의 칼과 같아서, 자사의 장단점이 경쟁에 노출되는 취약점이 있다. 하지만 높은 고객만족과 구전 마케팅의 효과를 얻을 수 있도록 혁신적인 방법으로 정보에 굶주린 고객을 만족시켜야 한다.

## 초대형 유통업체의 영역 파괴

대부분의 유통업체는 전보다 강력해졌다. 하지만 이러한 기업들 중 선택된 몇몇 소수의 기업만이 지속적인 시장점유율과 이윤 성장을 가능하게 만드는 선순환을 잘 활용해 '초대형 유통업체'가 되고 있다(그림 7 참조). 시장 지배적인 기업들은 점포규모, 업태, 그리고 카테고리의 영역을 종횡하며 적극적인 확장을 통해 전통적인 산업별 사이의 영역

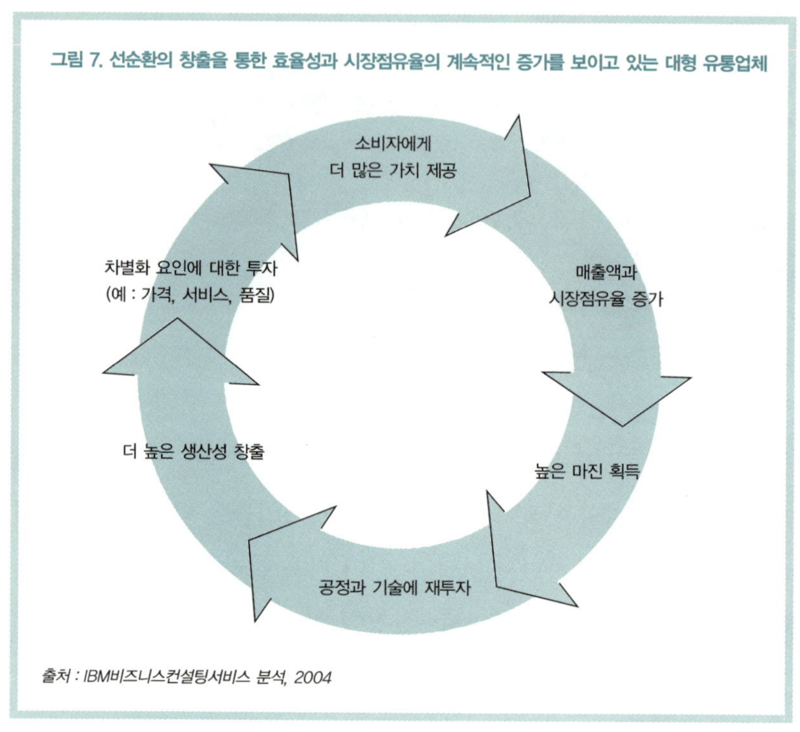


구분을 모호하게 만든다. 다음과 같은 경우를 생각해 보자.

- 월마트(Walmart)는 2004년에 1,000개의 정유소 운영을 목표로 라틴 아메리카와 아시아에서 전략적으로 인수합병을 진행하고 있다. 또한 부동산, 자동차 판매, 금융 서비스, 인터넷 음악과 DVD 대여와 같은 영역에 진출할 계획이다.
- 까르푸(Carrefour)는 하이퍼마트에서부터 편의점에 이르기까지 다양한 업종을 운영하며, 2007년까지 중국에 500여 개의 상점을 개설할 계획이다.
- 메트로(Metro)는 캐쉬 & 캐리(cash and carry), 하이퍼 마켓

(hypermarket)과 전문점(specialty store)을 운영하여, 2003년에는 거의 100여 개의 상점을 개설했으며, 새로운 시장으로 계속해서 영역을 확대해 나가고 있다. 현재 유럽, 아시아, 북미에 걸쳐 28개국에서 영업을 지속하고 있다.

- 테스코는 단지 식료품 상점으로서뿐만 아니라, 영국 유통 업계에서 상당한 시장점유율(12%)을 보여주고 있다. 또한 전화, 가스, 전기, 그리고 금융 서비스도 제공하고 있다.

- 월마트, 까르푸와 같은 대형 할인점, 그리고 카테고리 킬러 업체인 스테이플스(Staples)와 홈디포(Home Depot)는 매년 두자릿수의 이익과 매출증가를 이루었다. 이렇듯 엄청난 속도로 성장을 지속하고 있는 이 거대 기업들은 유통업계의 급격한 합병을 촉진하고 있다. 2010년에는 단지 손가락으로 꼽을 수 있을 만한 몇 개의 소수 글로벌 유통업체의 총 판매량이 1조 달러를 초과할 가능성이 있다.

또한 대규모 유통업체들은 소위 대형점('big box') 업태 이외의 모습으로부터 시장에 나타날 수 있다. 그들 중 Aldi 및 Lidi와 같이 유럽에 있는 하드 디스카운트 스토어들은 기존의 소매점으로부터 시장점유율을 크게 빼앗고 있다. 그리고 몇몇 온라인 유통업체들은 굴뚝산업 경쟁자들의 규모와 능력에 맞서 확장을 계속하고 있다. 이베이(e-Bay)가 2003년 240억 달러의 상품 총매출을 기록함으로써 전세계에서 30대 유통업체의 명단에 올랐다. 이 온라인 경매업체는 28개국에 진출했으며 9,500만 명을 회원을 자랑하고 있다. 아마존 닷컴은 꾸준히 수익을 올릴 수 있을 정도로 성장한 것처럼 보이며, 가정과 정원 제품, 의류, 전문상품,

건강과 미용 등과 같이 다양한 분야로 확장했다. 이 회사의 동업자들은 타깃(Target), 오피스 디포(Office Depot), 워터스톤스(Waterstones) 등을 포함한다. 이들 온라인 업자 중에 한 업체가 굴뚝산업의 대규모 유통업체와 실질적으로 제휴를 하는 경우 그 잠재력을 한번 생각해 보자.

모든 형태의 대규모 유통업체들은 다른 산업에 비해 더 높은 성장을 계속할 것이다. 그들은 낮은 가격에 더 높은 가치를 고객들에게 제공하기 때문에 경쟁업자들도 이를 따르지 않을 수 없을 것이다. 2010년이 되면 우리는 단순히 합리적인 가격에 합리적인 가치를 제공하는 유통업체들이 몰락하는 모습을 보게 될 것이다. 앞으로 기업들은 자신들을 차별화하거나 인수에 대비하는 효율적인 방법을 모색하지 않으면 시장에서 사라질 것이다.

동시에 대망을 품은 대규모 유통업체들은 그들 스스로의 도전에 직면할 것이다. 그들은 지나친 경영의 복잡성에 굴복하지 않고, 규모에서, 그리고 제품의 범주와 지리적인 제약을 벗어나 성장을 계속할 수 있는 방법을 발견해야 할 것이다. 단지 기업이 크다는 것만으로는 충분하지 않다. 그들은 브랜드 가치에 합당한 수준을 계속 유지해야 하며 고객들에게 증가된 가치를 제공해야 한다. 서로를 효과적으로 차별화하고 고객과 정부로부터 반발을 사서는 안 된다〔(월마트(Wal Mart)가 캘리포니아와 일리노이 주에서 새로운 점포를 열기 위해 승인받기가 얼마나 어려웠는지가 좋은 사례다〕.

누구도 부정할 수 없을 정도의 시장지배력을 갖고 있는 이러한 대형 유통업체들은 점점 더 거래 조건을 지배하고 공급자의 가격책정 능력을 뺏어갈 것이다. 매우 낮은, 또는 마이너스 인플레이션으로 소비자 가격은 하락하고, 유통업체 때문에 도매 가격 또한 낮아져서 소비자 기업의 마진은 계속적으로 압박을 받을 것이다. 업체가 상품구색을 합리화하고 특정 제품군의 자체 브랜드를 확대함에 따라, 점포 매대를 차지하기 위해서는 브랜드 간 치열한 경쟁이 불가피하다. 그리고 소비자 구매 행위에 동기를 부여하기 위해서는 구매 시점이 점점 더 중요시되는 시기이기도 한다. 뿐만 아니라 데이터 규격, 무선 식별 시스템(Radio Frequency Idendification : RFID), 상품 포장, 또는 그 밖의 미래에 관한 문제 등 유통업체에 의무적으로 부과된 책임들 때문에 서비스 비용이 높아질 수도 있다. 그러나 소비재(Consumer Product : CP) 기업들이 경쟁에서 승리하기 위해서 점점 더 늘어나는 고객 서비스 필수조건들을 단순히 따라가지는 않을 것이다. 오히려 경쟁에 이기려는 CP 기업은 파트너 유통업체들을 도와주고, 그 과정에서 기업에도 도움이 되는 기회를 적극적으로 찾아나설 것이다.

## 파트너 제휴의 일반화

고객과 유통업체가 주는 외부적인 압력외에도 CP 업계의 선두 기업들은 훨씬 민첩하고 빠르게 응대하고 효과적으로 움직이도록 비즈니스 모델을 변화시켜, 혁신 능력이 떨어지는 경쟁기업에게 더 많은 압력을 가할 것이다. 선두기업들은 전통적인 수직적 통합적 가치망(vertically-integrated value chains)을 좀더 융통성 있는 가치 네트워크(value networks)로 변화시키고 있다. 가치 네트워크는 소비자에게 더 많은 가치를 제공할 뿐만 아니라, 네트워크 내 각 기업의 고유하고 독특한 능력을 기여할 수 있도록 돕는다. 유통업체 또한 자사의 가치 네트워크가 어떻게 구성되었는지 재검토하여 카테고리 매니지먼트(catergory management), 또는 고객 분석(customer analytics)과 같은 분야에서 최상의 결과를 제공할 공급자를 찾고 있다. 시스템으로 연결된 모든 기업의 경우, 기업의 가치 네트워크가 변화하는 소비자 수요에 얼마나 빠르고 효율적으로 반응할 수 있느냐에 따라 2010년 시장 주도 세력이 결정될 것이다. 앞으로 10여 년 동안 산업 간의 관계는 점점 다양화되고 복잡성이 증대되면서, 효과적인 제휴업체 관리(alliance management)가 기업의 중요한 전략적 능력이 될 것이다.

전자업계와 금융 서비스업과 같은 산업에서는 대규모 구조적 변화가 이미 재정립된 반면, 전통적인 산업인 유통업계와 CP 업계에서는 현재 이러한 일이 활발하게 진행 중이다. 이러한 리스트럭처링의 이면에는 기능적 성숙기와 '급격한 상승점(tipping point)' 이 동시에 발생하도록 하는 여러 가지 결정적 요인이 있다.


- 보편적 연결성 : 확장된 대역폭(Increased bandwith), 인터넷 접근성, 무선 네트워크와 RFID의 도입 등은 모든 사람과 모든 것이 함께 연결되는 보편적 컴퓨터 환경을 창출해 낸다.
- 데이터와 시스템 통합 : 미들웨어(Middleware), 웹서비스, 응용 프

로그램 통합 소프트웨어, 워크플로 관리 소프트웨어, 포털 서비스, 해당 작업을 위해 모아놓은 도구들의 집합인 사용자 '워크벤치(user workbenches)' 등은 연속적인 실시간 정보교환과 상호작용을 쉽게 해준다.

● 산업 표준의 공개 : 국제 표준 상품 식별 코드(global trade item number : GTIN), 거래처 식별 코드(global location number : GLN), 전자상품 코드(electronic product code : EPC), 확장성 작성언어(extensible markup language : XML), 리눅스(Linux) 등 범 세계적 데이터 표준은 점차 디지털화되는 소비자 시장을 통합할 수 있는 공통의 언어와 바탕을 만들어낸다.

● 비즈니스 전문 기업을 이용한 프로세스 아웃소싱 : 비즈니스 프로세스 전문 업체는 수평적[예 : 인적자원(HR), 간접구매(indirect procurement)] 역량 분야와 수직적(예 : 식품제조업, 고객 데이터 분석) 역량 분야에서 이미 활발히 활동하고 있다. 이런 서비스를 제공하는 업체들이 성숙해짐에 따라, CP 기업들은 계속 성장세를 보이는 비즈니스 분야에서 더욱 효율적이고 효과적인 외부 능력을 확보할 수 있다.

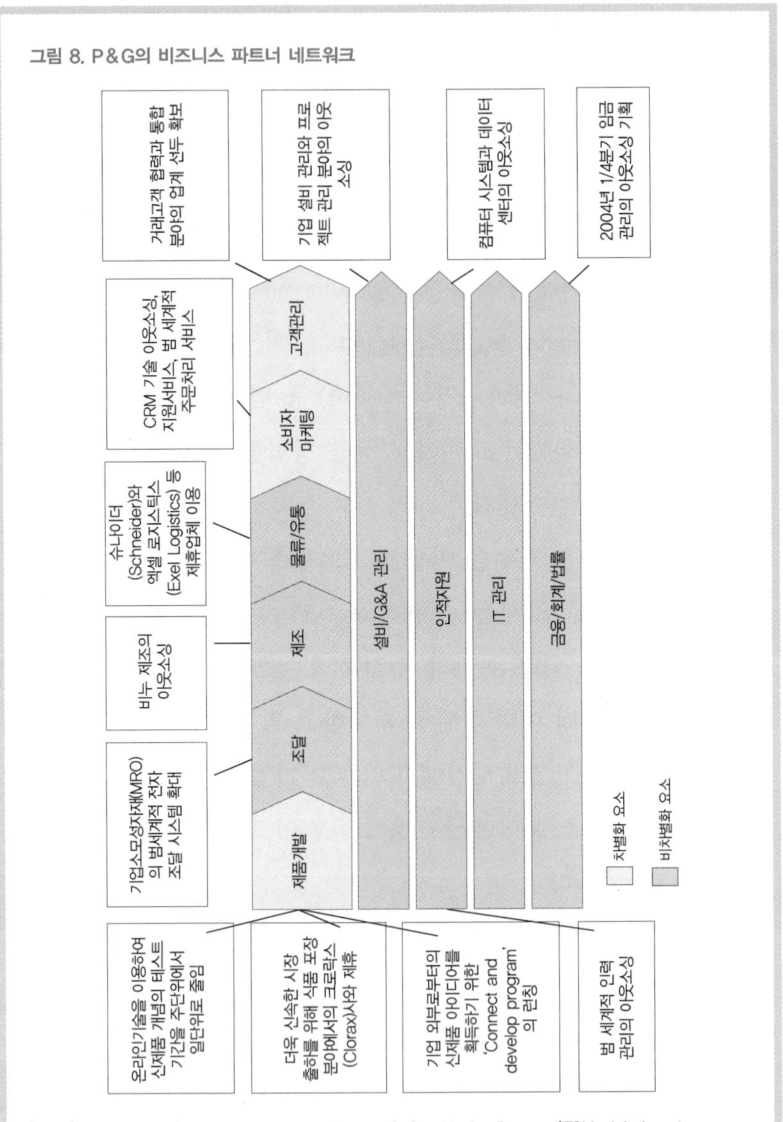


출처 : 'Sykes Enterprise, Inc. selected by Procter & Gamble for 5-year, $70M global customer care pact.' Dow Jones News Service. 2003년 6월 30일; Berner, Robert. 'P&G : New and Improved.' Business Week. 2003년 7월 7일; 'DJ. Jones Lang/P&G.' Oster Dow Jones Select. 2003년 6월호; 'Jones Lang LaSalle and Procter & Gamble finalize real estate outsourcing agreement.' PR Newswire, 2003년 6월 17일; Breen, Bill. 'The Big Score.' Fast Company. 2003년 9월 1일; 각 해당 기업 홈페이지.

이와 같은 새로운 능력을 효과적으로 이용한 P&G(Procter & Gamble) 같은 CP 업계 선두주자들은 현재 이러한 새로운 모델에 따라 운영된다. P&G는 전사업의 기능과 특정 기능 내부의 활동까지 검토해 어떤 기능이 잘 작동하는지, 그리고 더욱 중요한 것은, 어떤 기능이 작동하지 못하는지 점검한다(그림 8 참조). 이 회사는 이미 비즈니스의 몇 가지 주요 부분을 점진적으로 외부 파트너에게 넘겨주고 있다. 외부 파트너들은 이 회사가 소비자와 고객만족에 더욱 집중하여 시장점유율을 높일 수 있도록 돕는다.

오늘날 유통업계에서도 이미 다양한 동업의 사례들이 나타나고 있다(그림 9 참조). 일부 기업들은 고객에게 더 많은 가치를 제공하기 위해 서로 제휴하고 있다. 대규모 유통업체들의 위협에 대처하기 위해 제휴를 하는 경우도 있다. 많은 슈퍼마켓이 은행·약국·식당 등의 장소에 개설됨으로써 현장에서 제공되는 제품과 서비스의 폭을 넓혔다. 미국에 본사가 있는 라디오 샤크(Radio Shack)는 스프린트(Sprint) 및 DISH 네트워크와 같은 통신 서비스 파트너에게 점포 내 공간을 제공하면서 기술에 기반을 둔 서비스에 다양한 다른 분야를 성공적으로 접목시켰다.

기업 내적으로 유통업체들은 IT 및 시설관리와 같은 비핵심 활동을 아웃소싱함으로써 계속적으로 경쟁력을 증가시키고 운영비를 낮출 것이다. 그러나 점차적으로 그들은 고객 데이터 분석, 상품관리, 크레디트 서비스 등 전통적으로 핵심으로 간주되던 분야에서도 파트너를 구할 수 있다. 테스코와 크로거(Kroger) 모두 던험비(Dunnhumby)와 제휴하고 있다. 던험비는 구매자 거래 데이터의 분석과 로열티 프로그램 관리 전문 회사다.

마이다스(Midas)와 파이어스톤(Firestone)과 같은 기업들도 부품 공급

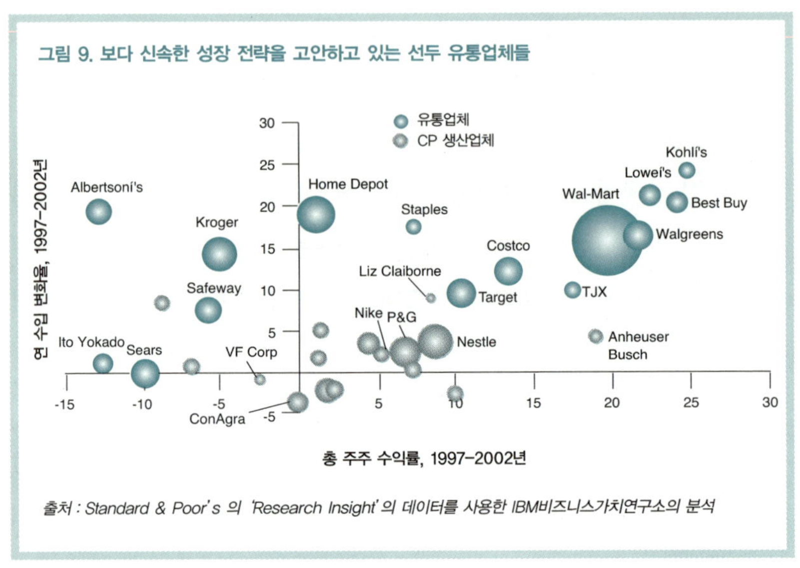


출처 : Standard & Poor's 의 'Research Insight' 의 데이터를 사용한 IBM비즈니스가치연구소의 분석

과 재고관리 분야를 오토존(AutoZone) 같은 자동차 부품 유통업체에게 아웃소싱해 왔다.

2010년 유통 시장의 리더십은 부분적으로 기업의 가치망이 얼마나 빠르고 효율적으로 변화하는 고객의 니즈를 충족시킬 수 있는지의 여부에 달려 있다. 업계의 관계는 더 복잡하고 다양하게 변해갈 것이며, 효율적인 제휴 관리를 중요한 역량으로 만들어갈 것이다.

## 진정한 승자와 진정한 패자

위에서 언급한 메가트렌드는 극단적으로 복잡성을 띠며, 진정한 승자와 패자가 존재하게 되는 양 극단의 세계로 우리를 몰아가고 있다. 이런 환경에서 정보에 쉽게 접근할 수 있고, 원치 않는 접촉을 차단할 수 있는 슈퍼 소비자들은 경제적 · 개인적으로, 가장 포괄적이고 높은 가치를 제공하는 제품을 구매한다. 시장 지배적인 유통업체와 메가 브랜드들은 한 분야에 집중하는 전문점과 공존할 것이며, 이들과 차별화되지 못한 중간 수준의 경쟁사들의 실패가 만연할 것이다. 이런 세계에서는 극도로 효율적이고, 범세계적으로 통합된 가치 네트워크가 시장을 지배할 것이다. 2010년의 승자들은 시장이 어디에 존재하는지, 그리고 그 시장에서 뛰어난 성과를 거두기 위해서 어떤 조직 능력이 필수적인지 명백히 이해함으로써, 기업운영 모델을 이에 맞춰 조정할 것이다.

# CHAPTER 02

# 소비재 기업의 대응전략
## ─극단의 세계를 주도해 나가기 위해

CP 기업들은 벨커브가 아니라 웰커브에 초점을 맞춰야 한다. 그리하여 새로운 스펙트럼상의 양 극점에서 성장을 유도하는 길을 찾아야 한다. 시장이 이분화됨에 따라 기업은 통찰력 위주의 혁신을 더욱 빨리 이룩하고, 유통업체 고객에게 더 나은 서비스를 제공하여, 더욱 많은 제품을 판매할 수 있도록 해야 한다.

## 핵심 요약

일부 CP 기업들은 앞장에서 제시한 2010년 메가트렌드와 그것이 요구하는 도전들을 인식하고 있으며, 또 다른 CP 기업들은 이 같은 도전에 어떻게 반응해야 하는지 그 비전을 갖고 있기도 하다. 그러나 나머지 기업들은 전통적인 비즈니스 방법만을 고집하여, 작은 개선을 이루지만 점점 더 뒤질 것이다. 오직 소수의 기업만이 2010년 양극화 세계를 선도하기 위해 필요한 조직 변화를 효과적으로 시행하고 있다. 현재에도 예전 방식으로 사업을 하는 CP 기업들은 점차 유통업체에게 경제적 가치를 상실하고 있다. 최근의 업계 이윤증대는 수익이 증대되서라기보다는 대부분 비용절감에 따라 발생한 것이다. 반면, 선두 유통업체들은 수요를 통합하고, 소비자에게 진정으로 중요한 것들에만 반응하여 수입과 시장가치(market capitalization) 면에서 더욱 빠른 성장을 이루고 있다.

이런 세계에서 성공은 차치하고, 생존하기 위해서라도 CP 기업 경영자들은 몇 가지 중대한 도전에 응답해야 할 필요가 있다. 이는 높은 수준의 정보화가 되어 있으며, 가치 최적화를 이룬 소비자들과의 관계 유지, 게임의 규칙을 변화시키고 있는 강력한 대형 유통업체에 반응하

## 【준비된 자만이 기회를 포착할 수 있다】

빅(C. P. Big)씨는 커다란 다국적 CP 기업 사장이다. 그는 전자 노트패드를 열고 회사의 실시간 실적 보고서를 살피면서 미소 짓는다. 빅씨는 경영진 정보 포털에서 특정 상품 라인을 누르고 회사 차원에서 지역별, 그리고 점포 단위까지의 결과를 철저히 조사한다. 회사의 현재 실적을 분석하면서 그는 생각에 잠긴다.

우리의 새로운 편의식(convenience meal) 신제품의 순익이 얼마나 빨리 성장했는지 살펴보면 놀라움을 금할 수 없다. 나는 실제 쇼핑객이 전자 카트(smart cart)에 써넣은 인용문으로 가득 찬 R&D의 초기 상품 시도 보고서를 아직도 기억한다. '왜 모든 조리제품(prepared meal)에는 브로컬리가 들어 있습니까?', '콩을 더 넣어주세요'라는 등의 인용이었다. 이처럼 소비자의 키패드(keypad)에서 나온 혁신적인 아이디어는 메가마트(MegaMart)사와 공동 후원하여 '빅 아이디어(Big Idea) 소비자 콘테스트'를 만들어냈다. 이것이 우리 두 회사를 얼마나 선전해 주었는가! 이것은 메가마트사가 계속해서 빅(Big)사와 손을 잡게 된 또 다른 이유였다.

우리는 이런 종류의 일들을 고려하여 '편의성(convenience)'이라는 단어의 정의를 다시 내리고 있다. 유통업체와 지역 식당들과의 제휴는 바쁜 고객들이 쇼핑하는 동안 저녁식사를 주문할 수 있도록 돕는다. 게다가 고객이 쇼핑한 식료품 값을 치르면 집까지 배달해 준다. 모든 시스템은 서로 연결되어 있으므로, 거래의 모든 단계는 모두 전자화되어 처리된다. 이것이 바로 소비자가 원하고 메가마트가 원하는 새로운 혁신이다.

우리의 전자식 영양가 분석 라벨을 설치해 운영하고 있는 유통업체에서는 건강식품류 전체의 판매량이 증가하는 것으로 나타났다. 상품의 RFID 태그가 제공하는 정보를 통해 건강을 의식하는 소비자들은 (라벨의 법정 필수 요건을 훨씬 초과하는) 상품의 정확한 영양구성 성분을 알 수 있다. 반면 사회적 의식이 있는 소비자들에게는 원재료 성분의 원산지와, 주변 환경이 얼마나 잘 보호되고 있는지, 그리고 농장 노동자들이 최저 '생계비' 이상을 지급받고 있는지의 여부를 알 수 있도록 해준다. 고객들이 이런 세부사항에까지 얼마나 관심이 있는지는 판매 실적을 보면 알 수 있다.

우리의 신제품 향신 오일을 이번 시즌에 가장 인기리에 방영되고 있는 TV 요리 프로그램에서 사용하도록 한 것은 놀랄 만한 차이를 낳았다. 밀어내기식 판매를 줄이고, 유인식 판매(pull)를 더욱 많이 사용한 것이다. 이는 바로 강매하지 않는다는 전략이다. 우리가 목표로 삼은 시장에서는 소비자들이 편안하게 거실에 앉아 쌍방향 미디어 기기를 이용해 우리와 접촉한다. 또한 더 많은 정보를 이용함으로써 스스로 그들의 모습을 드러내는 식이다. 이런 방식은 아무도 관심 갖지 않는 목표가 없는 시장에서, 홍보에만 수백만 달러를 사용하는 것보다 훨씬 효과적이다. 이러한 결과는 모든 유형의 관리자에게 반드시 한 번 일독해야 할 보고서라고 흔들어보여야 한다.

우리는 다양한 민족의 전통 음식들이 미드마켓머천트(MidMarketMerchant) 브랜드와 경쟁을 벌여 상당한 시장점유율을 보여주고 있는 모습을 볼 수 있다. 모든 사람이 두려워하는 것처럼 보였던 정보 중개상들이 우리의 가장 훌륭한 세일즈맨이 되어 소비자들에게 우리 상품을 사용하도록 영향을 미치고 있다. 우리는 이러한 변화의 물결을 대항해 싸우지 않고 오히려 그 물결에 편승했다. 우리는 그들에게 더 많은 정보를 제공했고, 찾아보기에서 많은 것을 보여주었다. '휴일 설계사'나 '식사 해결책' 설계사와 같은 정보 제공 서비스 업체에게 더 많은 가치를 부가시켜주는 방법을 찾아내었다.

최고급 유통업체와 제휴한 종이 제품 시범사업 또한 긍정적인 결과를 보이고 있다. 각 거래마다 상품보충 목적으로 구매하는 사람과 특별한 경우에 구매하는 사람들을 정확하게 구별하는 우리의 능력은 더욱 향상되었다. 상품보충 목적의 구매자 및 대량 구매자를 위한 할인 쿠폰과, 파티 구매인들에게 어울리는 플라스틱 제품의 할인 가격이라는 두 가지의 맞춤형 오퍼가 구매 시점에서 자동으로 제공되었을 때, 그 할인 쿠폰의 회수율은 75% 이상이나 되었다. 우리는 지속적인 시장 내 캠페인 분석을 통해 우리의 유통업체 파트너들에게 두 회사 모두의 이윤과 판매를 증진시키는 할인액에 관한 조언을 해줄 수 있었다.

비록 담당팀이 나에게 경고했지만, 그럼에도 불구하고 가정용 세척제품 부문의 판매 저조는 그 실적을 쳐다보기도 싫게 만들었다. 비용이 빨리 떨어지고 있는 것이 그나마 다행이다. 그러나 이번 분기 목표로 설정된 손익분기점을 달성하기에는 아직도 비용이 높은 상황이다. 자, 우리가 가장 많이 거래하는 생산 하청 업체가 어딘지 살펴보도록 하자. 재균형이 어떻게 이처럼 자동적으로 일어나는지 나는 아직도 신기할 뿐이다. 지역별 수요에 대한 신호, 생산 능력과 장소, 현재 유통비용, 그리고 내가 파악할 수 있는 것보다 더 많은 요인을 함께 섞으면, 최적의 자원 동원 계획이 나온다는 것은 정말 매력적이다.

의자를 밀어내며 책상에서 일어난 빅씨는 벽에 걸린 2010년 달력을 힐끔 바라보고 생각한다.

내 평생의 직장 생활 대부분 동안 우리 회사는 매년 운영을 점진적으로 개선해 나가는 데 초점을 두었지만, 실제로 사업에 근본적인 변화가 있었던 것은 아니다. 사실상 산업 전반에 걸쳐 거의 100여 년 이상 늘 같은 방식으로 운영된 셈이다. 그러나 현재는 많이 달라졌다. 마치 우리가 전혀 색다른 업종에서 일하는 것 같다. 지난 5년 간 시장은 정말로 혁명적인 변화를 이루어왔고, 이에 발맞춰 우리의 운영 모델도 급격하게 변모했다. 다행스럽게도 우리는 앞으로 다가올 신세계에 대해 나름대로 준비가 되어 있다.

며, 그리고 2010의 주요 긴급 과제에 민첩하게 대처하기 위해 현재의
제약들에서 벗어나는 일 등이 될 것이다.

## 신세계를 위한 전략적 긴급 과제

앞서 제시한 도전들을 염두에 둔다면 CP 기업에게는 다음과 같은 네
가지 전략적 긴급 과제가 있다는 사실을 알 수 있다.

- 통찰력에 근거한 혁신을 신속히 수행해야 한다.
  세그먼트별 및 점포 수준의 수요에 대한 통찰력을 개선하기 위
  해 새로운 데이터 소스에 대해 체계적인 분석을 실시하며, 신상
  품 개발을 촉진해야 한다.
- 탁월한 서비스를 통한 판매의 증진을 도모해야 한다.
  제품 파워를 강화하며, 주요 유통 고객에게 주문형 부가가치
  서비스를 제공하여 그들이 선호하는 공급자 지위를 확보해야
  한다.
- 합목적적인 서플라이체인을 구축해야 한다.
  특정 제품과 서플라이체인의 요구 조건에 공급 네트워크를 맞춤
  으로써 기업 성과를 빠르게 개선, 추구해야 한다.
- 차별화에 초점을 맞춰 조직을 개편하고, 그 이후에는 이 조직을
  지속적으로 유지해야 한다.
  전조직이 가장 중요한 부문에 초점을 맞추고 실제적으로 변화를
  초래할 수 있는 주요 운영 모델에 실질적이고 체계적인 변화를
  추구해야 한다.

## 더욱 신속한 통찰력 중심의 혁신 수행

높아진 소비자의 복합성으로 인해 업계의 정보 필수 요건들은 세밀해졌다. 또한 신디케이트 데이터와 같은 전통적인 통찰력의 소스나 시장에 대한 기본적이고 통합적인 관점은 더 이상 충분하지 않게 되었다. 예컨대 CP 기업은 점포 수준과 같이 자세한 정보와 이 같은 데이터를 혁신적인 방법으로 살펴볼 수 있는 고급 분석능력이 필요하다. 소비자들의 관심과 충성도를 유지하기가 더욱 어려워짐에 따라, 기업의 혁신은 매우 높은 수준에서 이루어져야 한다. 즉 소비자의 의사 결정, 그리고 기업과 제품에 대한 독점적인 강점 사실에 입각한 심도 있는 이해에 바탕을 두어야만 한다.

**더욱 풍부해진 데이터를 이용해 더욱 많은 사업을**

통합화와 디지털화의 확대로 인해 현재 CP 기업이 인지하는 소비자에 대한 통찰력의 크기와 질, 그리고 그 내용은 상당히 확장될 것이다. 기업들은 POS 데이터와 더불어 유통업체의 로열티 프로그램과 고객들에 대한 기타 다른 데이터, 그리고 소비자들이 인터넷에 제공하는 정보를 기업의 시장 조사와 함께 이용해, 소비자와 고객을 훨씬 포괄적으로 파악할 수 있을 것이다. 한 걸음 더 나아가, 2010년에는 상품 차원에서나 점포 매대 차원에서 다량의 RFID 데이터에 접근할 수 있을 것으로 보인다. 이러한 소스들을 이용한다면 구매 시점에서 고객들의 선택양식뿐만 아니라, 프라이버시 문제가 충분히 해결되었다고 가정했을 때, 상품이 소비된 장소마저 알려줄 수 있을 전망이다.

그렇다면 CP 기업은 이처럼 수많은 정보로 무엇을 할 수 있을까?

우선 특정 소집단 소비자의 쇼핑과 구매 행위가 경우에 따라 어떻게 변화하는지 밝혀낼 수 있을 것이다. 예컨대 구체적인 특징을 가지고 교외에 거주하는 중년 주부들에게 몇 가지 독특한 구매 패턴이 있다는 사실이 밝혀졌다(그림 1 참조). 이런 차원의 정보분석 능력은 좀더 구체적인 통찰력과 특정 분야에 집중된 혁신을 불러일으킬 수 있다. 예를 들어 편의성을 위한 구매 고객과 자신을 표현하기 위한 구매 고객 사이의 가격 민감도(price sensitivity)는 어떻게 다를까? 직접 상점에 가서 물건을 살펴본 후 좋은 물건을 발견하고 구매하는 고객의 경우, 어떤 종류의 경험이 가게에서 더 많은 시간을 보내고 물건을 더 많이 구입하도록 유인할 수 있을 것인가? 이 그룹의 소비자가 상품을 구입하게 만드는 가장 결정적인 가치 동인은 무엇인가? 그리고 이러한 것들은 지역 시장마다 서로 어떻게 다른가?

반드시 신제품 개발에만 개선된 혁신이 필요한 것은 아니다. 소비자에 관해 더욱 깊이 이해하면 기업은 기존 상품의 마케팅과 포장을 혁신할 수도 있다. 또한 새로운 요구와 새로운 집단에 상품을 맞추고 새로운 방법으로 프로모션할 수 있다. 이러한 두 가지 형태의 혁신은 수입을 증가시키는 데 결정적인 역할을 한다.

차세대 주요 소비자 트렌드는 이용 가능한 정보의 풍성함에 담겨 있다. CP 기업들이 소비자들의 소리를 더욱 효과적으로 '들을 수 있는' 조직으로 변한다면, 마침내 기술적인 필요성(technical push)과 소비자의 요구(consumer pull)에 따라 혁신이 이루어질 수 있을 것이다. 더욱이 기업은 어떤 제품, 또는 제품의 특성이 아직도 소비자의 관심을 끄는지, 그리고 어떤 제품이 상품화 되어가는지에 대해 좀더 심도 있는 통찰력을 얻을 수 있다. 시장의 방향성에 대해 깨닫는다면, 경영자들이 경쟁의 본질을 바꿀 수 있는 브랜드를 위한 운영 방식과 대체 전략을 준비할 수 있을 것이다.

2010년까지는 점포 내에 적용되는 신기술과 소비자 기기, 그리고 제품 태그에서 얻을 수 있는 데이터가 홍수처럼 쏟아지는 일이 가능할 것이다. 따라서 CP 기업들은 새로 들어오는 데이터를 관리·조정하는 일에 능숙해져야 한다. 이들 데이터는 여러 소스로부터 모아졌기 때문에 '정화' 되어야 하며, 유용한 정보가 되도록 데이터의 형식과 제품별·채널별·시간대별·소비자 집단별 등과 같은 카테고리를 상호간 일치시켜야 한다. 이처럼 풍성한 정보 자산을 분석·관리할 수 있는 도구와 인프라에 투자하는 일이 필수가 될 것이다.

하지만 새로 발견된 통찰력을, 이익을 취할 수 있는 진정한 나의 자산으로 만들고자 한다면 조직 내 사람들과 조직 문화가 이러한 통찰력을 중심으로 움직일 수 있어야 한다. 분석력과 창조력이 적절하게 균형잡혀 있어야만 귀중한 통찰력을 얻을 수 있다. 심도 있는 통찰력을 개발하기 위해서는 경험이 풍부한 선임자들뿐만 아니라, 초기 아이디어를 개발하기 위한 직원을 신중하게 선발·고용·훈련하는 작업이 필요하다. CP 업체는 이렇게 얻어진 통찰력의 적용과, 혁신으로 전환하는 데 필수적 수단인 창의성을 키우기 위해, 최상층의 헌신적인 하향성 참여가 필요할 것이다.

## 혁신 과정의 가속화

기업이 통찰력을 얼마나 빨리, 그리고 얼마나 수익성 있는 조직으로 전환할 수 있는가 하는 문제는 신제품 개발의 정교함과 신상품 소개과정, 그리고 유통업체나 다른 파트너들과 형성하는 통합의 정도에 달려 있다. IBM이 주도한 250개 이상의 기업을 상대로 조사한 연구를 비롯하여 많은 연구가 보여주듯이, 매출증가는 혁신과 분명히 관련돼 있다. IBM의 연구에 따르면, 총매출 중 신체품 비율이 큰 기업이 매출성장도 빠르다는 사실이 나타났다.

신제품이 계속 개발되도록 하기 위해서는, 혁신하는 방법 또한 쇄

신할 필요가 있다. 집중해서 쇄신해야 할 네 가지 주요 부분은 다음과
같다.


- 시장 출하 시간(on time to market)에 초점을 맞춘 리엔지니어링 과
  정 : 연구개발 부서를 설립하고 경쟁사 제품(유통업체 브랜드 포함)
  보다 더 신속하게 상점의 진열대에 신제품이 도착할 수 있도록
  할 서플라이체인을 구축하라. 최초 시장화와 시장을 독식할 수
  있는 시간이라는 두 가지 관점에서 볼 때, 초기 매출 창출과 시장
  선점화를 목표로 삼아야 한다.
- 효율성 증대를 위한 내부 통합 : 조달 · 제조 · 물류 · 마케팅 · 고
  객 서비스 등 주요 기능을 되도록이면 빨리 연계함과 동시에 더
  욱 철저히 통합해야 한다. 창의성과 혁신을 막는 관료주의를 청
  산해야 한다. 기업 전반에 걸쳐 지식과 정보, 그리고 콘텐츠를
  확보해 유통하라. 그리고 재활용할 수 있는 능력은 이루 헤아릴
  수 없는 가치를 지님을 상기하라.
- 실행력과 차별화를 증진시키기 위한 외부 파트너와의 제휴 : 프
  로세스 실행력, 시장 반응도와 개발만을 위한 속도를 개선하기
  위해서는 파트너와 밀접하게 연결되어 업무를 수행해야 한다. CP
  기업은 아이디어 창출과 상품화를 위해서[벤처 합작(Joint Venture)의
  형식 등] 공급자, 창의적인 파트너, 그리고 각자의 전문 지식에 의
  존해야 한다. 유통업체는 프로세스의 초기 단계부터 연관되어야
  한다. 왜냐하면 유통업체의 협력과 시점에 대한 조언은 신제품
  도입의 성공을 좌우하기 때문이다.
- IT 기술의 실행가능성을 통한 신제품 개발과 도입 과정의 진행 :

공정상의 표준 부품을 자동화하고, 내외부로부터의 협력을 폭넓게 유도해야 한다. 커다란 시장 차별화와 상업적 영향을 유도할 수 있는 고속 개발을 할 수 있기 위해 선구적인 혁신가들은 프로젝트 포털, 최적화된 단계별 프로세스(optimized stage-gate processes), 그리고 협력 도구 등을 이용하고 있다.

## 탁월한 서비스를 통한 판매의 증진

유통업체들과의 관계가 CP 제품의 성공에 영향을 미친다는 사실은 부정할 수 없다. 그러나 불행하게도 업계 간 거래관계는 계속해서 최적의 상태는 아니었다. 프로그레시브 그로서(Progressive Grocer)의 연간 보고서에 따르면, 조사에 응한 유통업체와 도매업체의 60% 이상이 지난 5년 간 거래 관계가 전혀 개선되지 않았다고 조사되었다. 전반적으로 식료품 제조업체는 조사된 유통업체 고객들로부터 여덟 가지 최우선 서비스 분야에서 50점(100점 기준) 미만의 점수를 얻었을 따름이다.

대형 유통업체들이 그들의 시장 지배력 확대를 꾀하고, 그들의 경쟁자들은 지속적으로 자신들이 생존할 수 있는 틈새 시장을 만들기 위해 노력함에 따라, 대형 유통업체들은 다음과 같은 분야에 기꺼이 투자하려는 공급자를 찾고 있다.

- 회계 관리 : 소비자들에게 비쳐지는 범세계적으로 공통된 모습, 소비자 위주의 형식으로 된 모든 터치포인트(touchpoint)에 적용할 수 있는 단일 송장(Invoice).
- 제품혁신 : 회계에 적합한 제품과 포장, 제품 런칭 지원 프로그

## 【신제품 개발의 시동 : 부츠 헬스케어 인터내셔널의 사례】

130개가 넘는 국가에 제품을 판매하고 있는 영국의 부츠 헬스케어 인터내셔널(Boots Healthcare International : BHI)은 세계에서 가장 빨리 성장하고 있는 (의사 처방전 없이 구입할 수 있는) 일반 판매용 제약회사다. BHI는 특히 세 가지 핵심 상품군에서 선두주자가 되고자 노력하고 있다. 이들 세 가지는 진통제, 기침 감기약, 피부관리 분야로서, 각각 뉴로 펜(Nurofen), 스트렙실스(Strepsils), 클리어실(Clearsil) 등과 같은 강력한 브랜드를 소유하고 있다. BHI는 야심찬 유기물질 계열의 성장 목표를 달성하기 위해 시장 출하 시간을 가속화할 필요가 있었다. 또한 단기적으로 주요 브랜드의 쇄신을 위해서 상존하는 기회를 잡을 필요가 있었다.

BHI는 '옥시겐(Oxygen)' 이라 명명된 변화를 위한 프로그램 하에서 신제품 개발과 도입 과정을 향상하기 위한 단축 리엔지니어링 프로젝트를 시작했다. 그 노력의 일환으로 헬스케어 계열의 다른 기업과 대비되도록, CP 업계로부터 최적 단계별 프로세스 점검법을 채택했다. 또한 초기 통찰력에서부터 상품의 철회까지 모든 단계별로 각각 책임을 분명히 하기 위한 조직 변화를 실시했다. 이처럼 최신화된 공정에는 초기 단계부터 서플라이체인과 채널을 연계하고, 필수적인 규제 사항들을 해결하기 위한 새로운 접근법 등이 포함되어 있다. BHI는 이렇게 개조된 공정을 더욱 잘 지원하기 위해서 기업들에게 범세계적인 기반에서 협력적으로 작업을 계획·수행할 수 있도록 하는 신제품 라이프사이클 관리 체제를 시행했다.

이 프로그램은 16주 만에 상품 출현 개발 시간을 25%나 절감하는 방법을 찾아냈다. 이와 같은 가속화 덕분에 신제품 발매 초기 5년 간 수백만 달러의 추가 수익을 창출할 수 있을 것으로 예상한다.

램의 실시간 변화(예를 들어, 프로모션 개선, 신제품 런칭시 발견된 통찰력을 바탕으로 한 제품전시 또는 광고).

- 머천다이징 및 프로모션 : 공급자 주도재고 관리(Vendor-led category Management), 상품과 공간 계획, 점포 내부의 다이내믹한 전시와 마케팅, 각 점포 차원의 프로모션에 대한 실시간 적응성.
- 주문과 재고 관리 : 점포 차원의 요구사항을 포함하는 데이터에 근거한 주문 창출, 점포 매대 이용가능성의 관리와 점검.
- 소비자 통찰력 : 지역 차원의 소비자 분화와 니즈 분석.

주요 유통 고객이 차별화될 수 있고, 수입이 증가하며, 비용을 절감하도록 도와준다면, CP 기업들이 제공해 주는 가치를 증진시킬 수 있을 것이다. 그 보답으로 CP 기업은 기업 상품화와 마케팅을 더욱 통제할 수 있고, 판매 시점, 프로모션 회수와 소비자 충성도 데이터와 같은 더욱 소중한 정보에 접할 수 있다.

CP 기업은 이 모든 것을 달성하고 서비스를 제공하는 주요 비즈니스 파트너의 하나로 변모하기 위해, 적절한 조직 정비, 비즈니스 관행, 공정과 인프라 등을 토대로 좀더 서비스 중심적인 조직으로 거듭나야 한다(그림 2 참조). 소비자 대면 직원과 그들의 점점 확대되고 있는 업무 영역은 그 동안 비즈니스 운영상의 비용으로 취급되었으나, 공급자가 가치를 제안하는 데 근본적인 요소가 되는 부분이다. 소비자 대면 직원이 수행하는 기능은 전술적 '판매' 행위에서 좀더 전략적이고 사려 깊은 '소비자 비즈니스 개발' 과정으로 움직일 필요성이 있다. 2010년 까지는 최첨단 부가가치 서비스가 CP 기업 성공의 결정적인 차별화 요인이 되고 성공의 열쇠가 될 것이다.

| 조직 | 프로세스 | 인프라 |
|---|---|---|
| • 각각 유인 동기가 부여되어 글로벌 고객에 하나의 통합된 단위로 서비스하기 위한 서로 조화를 이룬 영업팀과 마케팅팀<br><br>• 더욱 깊은 통찰력과 부가가치를 배양할 수 있는 데이터와 혁신 위주의 판매팀<br><br>• 고객의 비즈니스 목적 달성에 강력히 초점을 맞추고 제품과는 대비되는 맞춤형 서비스 제공을 위주로 한 기술 영업 | • 다국적 고객의 범세계적인 규모에 대한 협력적 수요 예측과 관리<br><br>• 공동의 비즈니스 계획과 성과표를 통한 브랜드 차원의 업적 성과 추적 및 보고<br><br>• 고객 이윤 증대와 이해를 위한 부문 간 팀 구성 | • 제품 가격과 프로모션 데이터의 소비자와의 동기화<br>• 영업팀, 유통업체 판매시점(POS), 그리고 서플라이체인에서 나온 데이터를, RFID에 의해 얻어진 데이터와 함께 체계적으로 통합·분석하는 능력<br>• 직원들이 보다 개선되고 빠른 의사결정을 할 수 있도록 해주는 의사결정 지원 도구<br>• 제휴업체와 거래 파트너 간의 공정과 응용을 통합할 수 있을 정도의 유연성을 지닌 인프라 구조 |

출처 : *IBM Business Consulting Services* 분석, 2004

# '합목적적' 서플라이체인 구축

시장이 양극화됨에 따라, CP 기업들도 각 시장의 양 극단에 위치한 특정한 제품군이나 소매업자들의 니즈에 초점을 맞춘 '합목적적' 서플라이체인 네트워크 개발이 필요할 것이다. 즉 한쪽 극단에 위치한 '범용(mass)' 제품 시장은 효율성 법칙이 지배할 것인 반면, 그 반대에는 강력한 브랜드가 프리미엄을 향유할 수 있는 '특정(targeted)고객을 위한' 시장이 존재하게 된다. 양 시장에 대해서 동일한 서플라이체인과 생산능력을 갖고 접근한다면 두 시장 모두 잃게 될 것이다. 두 시장 각각에 대한 접근법들 중에서 몇 가지 요소를 적당히 섞어서 사용한다면

## 【좀더 우수한 서비스를 통한 음료 판매 증대 : 펩시의 사례】

음료수 시장의 전쟁터는 단순히 콜라 제품들만의 전쟁은 아니다. 다수의 새로운 소다 맛 음료들이 차와 과일 주스, 그리고 생수들과 함께 같은 소비자 지갑을 놓고 경쟁하고 있다. 펩시(Pepsi) 라인은 불과 몇 년 전 50개 이하였던 제품과 포장 형태의 수를 100개로 늘렸다. 이와 같은 급속한 팽창은 펩시 제조 업체(Bottler)와 유통업체 고객을 매우 복잡하게 만들었다. 펩시는 더 많은 판매대 공간을 차지하고 판매고를 높이고자 그들의 고객 서비스를 한 차원 더 높였다.

'넥스트젠(NextGen)'이라 불리는 이 그룹의 모바일 영업 전략은 각 상점 차원에서 수익을 극대화할 수 있도록 펩시 프로모션 데이터와 재고, 그리고 소비자에 대한 풍부한 데이터를 실시간으로 활용하도록 그들의 영업팀들을 무장시켰다. SMART[(Specific(구체적), Measurable(측정 가능한), Attainable(달성 가능한), Relevant(적절한), Timebound(시간 제약)의 첫 글자로 구성된 단어]라 불리는 핸드헬드 기기를 지참한 판매 직원들은,

- 주별·월별 판매량을 비교하고 실제 결과가 할당량과 얼마나 차이가 나는지 강조할 수 있다.
- 특정 시장에 대한 특정 상품의 수요 예측을 다양한 가격과 제품전시, 그리고 재고 시나리오와 연결함으로써 재고가 바닥나는 일을 방지하기 위한 프로모션을 계획할 수 있다.
- 유통업체 고객에게 신제품과 포장 옵션, 그리고 앞으로의 광고 캠페인을 컬러 이미지로 보여줄 수도 있다.
- 개개의 상점 판매량에 기초한 구체적인 고객에 프로모션의 목표를 특정화함으로써 그들의 최고 고객들이 특별 대우를 받을 수 있도록 할 수 있다.

펩시 제조 그룹은 유례 없이 경쟁이 심한 이 시기를 맞아, 상점 관리자들 간 고객 충성도 형성을 위해 열심히 노력하고 있으며, 유통업체 고객 서비스를 위한 가시적인 투자로 그 결심을 뒷받침하고 있다.

비효율성을 불러일으킬 것이다. 또한 경쟁자들이 시장에서 더욱 나은 성과를 거둘 여지를 남겨둘 것이다.

낮은 마진의 양판 제품들은 안정된 수요를 갖는 고객 위주의 시장으로서 '매스 밸류'를 갖는 서플라이체인 네트워크가 가장 적절할 것이다. 여기서 유통업체들은 수요를 촉발하는 역할을 맡게 되며, 공급자의 초점은 제품의 추가 공급에만 맞추어질 것이다. 브랜드 충성도가 낮은 CP 생산 업체들이 상점의 진열대에 제품들을 계속 채워넣지 못한다면 다른 상품으로 대체될 위험에 처한다. 따라서 뛰어난 고객 서비스가 성공의 열쇠가 된다. 공급자는 여유 있는 공급물량, 유연한 포장방법, 그리고 다채널 유통을 위한 다채널 물류 등을 통해 점증하는 유통업체들의 수요에 대처할 수 있을 것이다. 매스 밸류 제품의 생산은 계속성과 탄력성 유지를 중시하는 장기 생산 주기와 효율적 공정으로 특징지을 수 있다.

역으로 높은 마진의 프리미엄 브랜드는 좀더 수요자 중심이라고 할 수 있다. 즉 이들이 프로모션에 어떻게 반응하며, 자유재량으로 구매를 결정하느냐에 달려 있다. 이 부문에서는 '감지·응답(sense-and-respond)형' 서플라이체인 네트워크가 CP 기업으로 하여금 변동하는 수요 수준을 충족하고 새로운 제품구성을 할 수 있도록 도와줄 것이다. 제품 생산과 배급 작업은 소비자의 수요가 촉발되었을 때 실시간으로 반응해야 한다. 이들 작업은 수요 중심의 예측, 짧은 제품 생명주기, 그리고 유연한 생산 공정 등에 따라 성패가 갈린다. 여기서는 위험도 공유된다. 즉 이 제품의 재고가 떨어졌을 경우 다른 대체품이 없기 때문에, 유통업체와 이 CP 제품 생산기업 모두 손해볼 수도 있다.

이러한 이분법은 서플라이체인 계획에 중요한 의미를 지닌다. 즉 계획을 수립하기 위해서는 제품 유형, 제품 주기, 또는 시장 경로를 기반으로 하는 것이 필수다. 저마진 양판 브랜드, 또는 제품 주기상 마지막 단계의 성숙기 제품에 대한 연속적 상품보충(Continuous Replenishments : CRP), 공급자주도 재고관리(Vendor Managed Inventory : VMI), 그리고 유통업체의 예측을 중심으로 한 상품보충 등의 매스 밸류 계획 메커니즘이 가장 큰 의미를 갖게 될 것이다. 반면, 높은 마진의 프리미엄급 브랜드나 제품주기상 초기 단계의 신제품들은 협력적 계획, 예측 및 상품보충(Collaborative Planning, Forecasting & Replenishment : CPFR), 수요중심 유통 자원계획(Demand-Driven Distribution Resource Planning : DRP), 판매시점 수요중심 상품보충(Point-of-sale demand-driven Replenishment) 등의 감지·응답형 계획 메커니즘이 필요할 것이다.

CP 기업은 생산성과 서플라이체인 성과를 극대화하기 위해 상품, 소비자와 채널 세트를 재평가하여 어떤 종류의 능력이 가장 접합한지 결정해야 한다. 매스 밸류형 서플라이체인은 생산량과 품질 유지에 초점을 둘 것이다. 반면에, 감지·응답형 서플라이체인은 변모하는 소비자 유행, 구매 패턴 및 구매 행태와 보조를 맞출 유연성을 가질 수 있도록 해줄 것이다. 어떤 브랜드나 비즈니스 단위도 선택은 양자 택일의 문제가 될 것이다. 왜냐하면 단 하나의 모델은 매스 밸류 상품에는 너무 비싸다는 약점이 있는 반면, 수요 변동에 높은 응답률을 요구하는 상품에는 충분히 유연하지 않다는 약점이 있기 때문이다.

# 차별화에 초점을 맞춘 조직 개편, 그 이후의 지속적 관철

대부분의 CP 기업은 변모해야 한다는 사실에 동의한다. 하지만 많은 기업이 서로 너무나 다른 부문에서 점진적인 개선을 이루고자 노력하고 있다. 단순히 외부의 압력에 반응하거나, 또는 복잡한 조직의 수렁에 빠지고 만다.

이 같은 유형에서 벗어나려면, 집중과 관철이 필요하다. 이는 기업이 시장에서 차별화될 수 있는 요인이 무엇인지 식별하고, 운영 모델을 위에서부터 아래까지 변화시킬 수 있는 능력을 의미한다.

### 진정한 차별화 요인의 결정

핵심적인 차별화 요인을 결정하는 출발점은 가장 많은 가치가 창조되는 비즈니스 부분이 어디인가를 이해하는 것이다. 이 점은 분명히 보이지만, 많은 기업이 데이터 부족으로 인해 이를 실행하지 않거나, 실행할 수도 없다. 왜냐하면 전략적 변화에 대한 시도는 사실에 근거해야 되기 때문이다. 목표는 기업이 어디에서 경쟁적 우위를 확보할 수 있고, 달성해야만 하는지 정확하게 파악하고, 그런 능력을 배양하는 데 자원을 집중하는 것이다. 차별화될 수 없는 분야는 비록 전통적으로는 '핵심'으로 간주되었더라도, 비교적 덜 중요한 활동으로부터 경영진의 관심의 강도를 덜어주기 위해 외부 파트너에게 아웃소싱할 수 있다. 우리는 전형적인 CP 기업 운영 활동의 반 정도까지(회계적 용어로 말하자면, 판매량의 약 40%까지는)는 차별화될 수 없는 분야라고 추정한다.

CP 기업은 진정한 차별화 요인을 갈고닦기 위하여 소비자와 거래고객(trade consumer)에게 그들이 갖는 기업의 상대적 중요성을 검토하

## 【이중 전략을 이용한 경쟁 : P&G의 사례】

최근까지 P&G에서 일어난 대부분의 서플라이체인 개선은 비용절감을 목표한 '매스 밸류' 전략으로서 내부에 초점을 맞추고 있었다. 그러나 다양한 제품구성을 갖고 점점 요구조건이 많아지는 시장에서 경쟁함에 따라, 그들은 '감지·응답' 능력 또한 갖추어야 한다는 점을 확신했다. P&G는 현재 '소비자중심 공급 네트워크(the consumer-driven supply network)'라고 명명된 비전을 추구하고 있다.

P&G는 범용 시장 측면에서 계속적인 보충과 공급자 주도 재고 전략의 선구자였다. 또한 상점 진열대에 지속적으로 자사 브랜드가 공급될 수 있도록, 유통업체의 머천다이징 계획을 확고하게 이해하기 위한 협력적 계획능력(collaborative planning capabilities)에 투자하고 있다. P&G는 최근에 나타난 전자 상품코드(electronic product code : EPC) 기술에 힘입어, 서플라이체인은 실시간 수요에 대한 정보에 근거를 둘 수 있을 것이다. P&G는 이제 판매 시점 정보에 의존하지 않고, 실시간 EPC 데이터를 서플라이체인의 필수불가결한 요소로 구성해 가고 있다.

소비자 구매 동기가 점점 다양해지고 있으며, 더욱 강력한 수요 변동성이 생김에 따라, P&G는 다음과 같은 또하나의 감지·응답 능력에 투자하고 있다.

- 수요에 따른 생산 제조방법 : 비록 매우 효율적이기는 하지만, 같은 제품을 장기적으로 생산하는 것은 과잉 재고를 만들고 부족현상을 방지하기 위해서 생산을 조정할 방법이 사라진다. 2년 전의 P&G는 모든 제품을 한 달에 한 번 정도 만들 수 있었다. 현재는 모든 제품을 1주일에 한 번 생산할 수 있고, 이 회사의 궁극적인 목표는 모든 제품을 하루에 한 번 생산할 수 있는 능력을 갖추는 것이다.
- 다이내믹한 보충과 배급 : 목표는 어제의 주문을 오늘 배달하여, 유통업체 고객에게 제품 보충 시간을 줄여주고 소비자를 위해 진열대에 상품이 계속 진열될 수 있도록 하는 것이다.
- 제품 차원의 EPC달기(목표시점 2008년) : P&G는 제품 차원에서 EPC를 달아 제품 수요에 관해 실시간으로 볼 수 있게 됨으로써 기업의 초과 재고, 또는 재고가 떨어지는 현상을 줄이고 소비자 수요 변동에 신속히 응답할 수 있도록 한다.

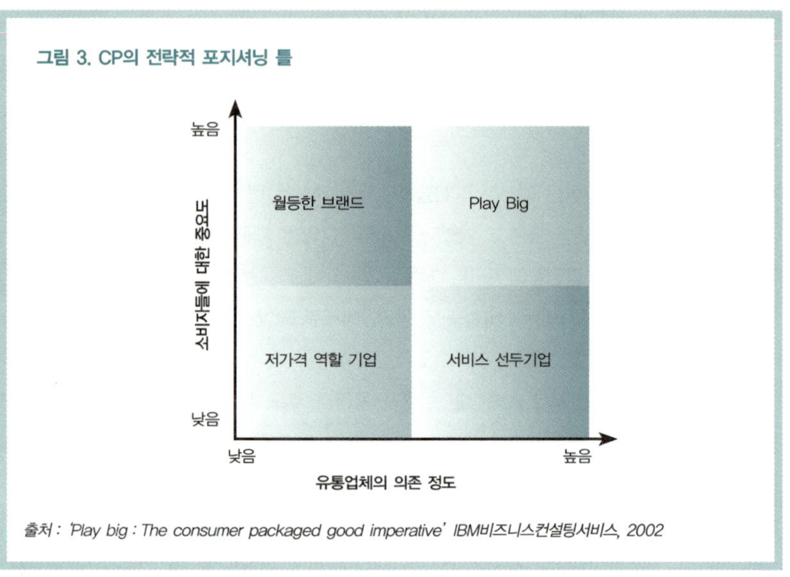



는 작업이 필요하다. 설령 그 특성이 명확해질 때조차, 상품 구성이 시간이 지나면서 변화하므로 정기적인 평가가 필요하다.

IBM은 CP 기업이 현재의 전략적 위치를 점검하도록 돕는 포지셔닝 프레임워크(positioning framework)를 개발했다(그림 3 참조). 기업이 자사의 브랜드, 제품군, 또는 비즈니스 편성 단위(unit)의 위치를 눈금상에 위치해 놓으면, 각자의 우선순의가 명확해진다. 어떤 부분이 눈금의 어디에 위치하는지 파악되면, 각각 독특한 경쟁적 동인에 기초하여 각 비즈니스 부문을 서로 다르게 경영할 수 있다.

예컨대 서비스 선두기업 사분면에 속하는 비즈니스는 주요 고객과 서플라이체인 관리에 우선순위를 놓아야 한다. 반면, 월등한 브랜드군에 속하는 비즈니스는 통찰력을 유도하고 시장 효율성을 증가시키는 일에 매진해야 한다. 금융, 정보기술(IT), 그리고 인력관리처럼 CP 기업이 포지셔닝과 관계없이 경영하지 않아도 되는 몇 가지 비즈니스 기능이 있다.

필수적인 비즈니스와 기술들로 인해 기업이 성숙해질 수 있음에 따라, CP 기업들은 수직적으로 통합된 비즈니스 모델을 해체하고 더욱 유연한 가치 네트워크를 형성하는 경제적 장점을 차츰 깨닫고 있다. 이미 상당한 추진력을 갖고 추진되고 있는 파트너와 제휴를 맺는 경향은 2010년까지 더욱 분명해 질 것이다. 모든 일을 독자적으로 추진하고(또한 모든 면에서 우월하려고 노력하면) 발전은 어려워질 뿐 아니라, 속도도 느려질 것이다.

물론 이 말이 비즈니스의 특정 부문을 경영할 때 '내부 소스를 이용할 것인가, 또는 외부 소스를 이용할 것인가?' 라는 단지 두 가지 방법만 존재한다는 의미는 아니다. 특정 비즈니스 역량이 얼마나 차별화되는가, 그리고 특정 조직에 얼마나 적합하게 구성되느냐에 따라, 기업이 하나의 공유된 서비스로서 그 비즈니스 역량을 내부적으로 통합되거나, 외부의 '유틸리티' 제공자로부터 조달하거나, 또는 그 분야의 전문가들과의 전략적 파트너십을 이용하는냐를 선택할 수 있을 것이다. 만약에 그 역량이 진정으로 차별화되고 있다면, 목표는 그 분야에서 경쟁적 우월성을 획득하기 위해 투자하는 일이 될 것이다.

기업의 기본 행위로 기업을 평가하는 새로운 접근방법인 CBM(Component Business Modeling)을 이용하면 CP 기업 경영인들은 이런 미묘함을 이겨낼 수 있다. CBM은 조직 분석의 전통적인 접근 방식과는 달리, 기존 관행의 결과인 내부 편견을 극복하고, 조직의 영역이 서로 중첩되는 부분을 발견·제거할 수 있도록 해준다. 또한 그 동안 인식하지 못했던 시너지 효과를 깨닫게 해줌으로써 특정 부문의 비즈니스 경영을 최적화시켜 준다(비즈니스 구성 요인 경영에 대한 다른 접근 방식의 논의는 그림 4참조).

출처 : IBM Business Consulting Services 분석, 2004

## 비즈니스 운영 모델의 모든 컴포넌트 재정립

고위 경영자들은 조직의 거시적 수준의 변화가 결정된 후, 선택된 핵심 부문을 중심으로 전체 조직을 재정립해야 한다. 이 부분에서 '재조직화'가 매우 피상적으로 이루어짐에 따라 많은 변화에 대한 시도가 주춤거리게 된다. 기업은 더욱 심도 있는 전환을 이루기 위해 비즈니스 운영 모델의 다음과 같은 여섯 가지 주요 측면을 다루어야 한다.

- 문화, 분위기, 역량 : 비즈니스 전략에 열쇠가 되는 구체적인 역량을 파악해야 한다. 어떤 점에서 독특한 경쟁적 우위성을 확보할 수 있는가?(예 : 브랜드, 혁신) 다른 곳에서 훨씬 잘 수행될 수 있는 부분은 무엇인가?(예 : IT 개발, 거래 과정) 어떤 가치와 신념, 그리고 행위가 성공에 절대적인지를 결정하고, 그런 점을 조직 문화에 체계적으로 키울수 있는 강화 전략을 만들어내야 한다. 예컨대 기업가 스타일을 원하다면 보고 라인을 짧게 해야만 한다. 최고 성과를 기록한 사람에게 남들보다 차별된 대우를 하고 싶다면, 그 목적이 반드시 보상 시스템에 반영되도록 해야 한다.

- 기업을 어떻게 조직할 것인가 : '최적의' 조직 구조를 파악하고 이에 부합하는 역할과 책임영역을 확립해야 한다. 당신은 비즈니스를 현지 차원(local)으로, 또는 지역차원(regional), 아니면 범세계적인 차원으로 경영하고자 하는가? 지표상 어떤 차원이 일차적이고 어떤 것이 이차적인가(예 : 고객, 채널, 기타)? 지금과 다른 법적 · 재정적 구조가 전략을 더욱 잘 지원할 수 있는지의 여부를 판단해야 한다.[예를 들면, 하나의 글로벌 기업으로 조직할 것인가, 아

니면 기업집단(conglomerate)형 조직 내에서 여러 개의 독특한 단위로 조직할 것인가? 범세계적으로 소수의 조세 관할지역을 관리하는가, 아니면 각 나라마다 하나씩 관리하고 있는가?]

● 사용 중인 자산(물리적, 또는 지적재산권) : 특정 과업을 완수하기 위해서는 인력, 공장, 소유권, 그리고 지적 자본 등과 같은 자산이 어느 정도 필요한지 결정하고, 그 자산을 동원하기 위한 최적의 위치를 평가해야 한다. 만일 지역적으로 재정적 과정이 있는 지역 수준의 비즈니스를 원한다면, 각 국가마다 재정 '공장'이 필요치는 않을 것이다. 만약 '고객들에게 하나의 통일된 면모'를 구축하기를 원한다면, 몇 개의 판매 사무실이 필요하고, 어디에 위치해야 하는지에 대해 재평가하는 일이 바람직할 수도 있다.

● 기업이 상호작용할 수 있는 공동체(communities), 즉 가치 네트워크와 제휴(alliances) : 기업이 상호작용하는 모든 외부 조직을 식별하고, 그들 관계 각각을 누가 관리할 것인지 결정해야 한다. 예컨대 '글로벌' 관계는 상황에 따라 글로벌 부서에 의해 관리되거나, 전세계를 대표하여 한 지역 부서가 관리할 수도 있다. 바람직한 관계의 유형에 대한 명확한 비전을 확립하고, 그에 따라 비전을 관리해야만 한다. 공급자·고객 관계, 또는 파트너 관계를 원하는가? 그리고 이러한 관계는 자원, 조직, 공정, 기타의 관점에서 그리고 기타 면에서 무엇을 의미하는가?

● 의사 결정과 정보의 사용 방법 : 이익과 손실에 대한 책임은 어디에 있으며 어떤 결정이 조직의 어느 차원에서 이루어져야만 하는가? 예컨대 당신은 현지 관리자인 P&L을 보유하고 있으면

서도 지역적, 또는 글로벌 차원에서 의사결정을 하려고 하지는 않는가? 의사 결정자에게 그들이 필요로 하는 데이터를, 그리고 필요시 공급할 수 있는 필수적인 정보의 흐름체계를 확립해야 한다.

● 프로세스와 기술 : 여러 카테고리에 걸친 공통의 구매 과정과 같은 특정 과정의 공통성의 최적 수준에 대한 정의를 내려주어야 한다. 그리고 가치를 최대화하고 비용을 절감하기 위해 어느 장소에서 실행되어야 하는지 결정해야 한다. 예를 들어 수요 예측은 현지에서, 공급 계획은 지역에서, 공급자 선택은 글로벌하게 결정할 수도 있다. 과정은 조직을 따라가고, 시스템은 과정을 따라간다. 따라서 적절한 수준에서(일반적으로 4 또는 5단위 수준) 그 순서를 이해하는 일은 매우 중요하다. 이런 과정을 지원하기 위해 필요한 기술 구조와 랜드스케이프(응용 소프트웨어와 하드웨어, 그리고 인프라)를 명확히 해야 한다.

이 정도의 깊이로 조직이 현격히 변모하는 일은 매우 어렵다. 그리고 모든 산업 분야의 경영자들은 이런 수준의 변화를 이루기에 그들이 전혀 준비가 되어 있지 않다는 것을 인정하고 있다. 최근 IBM이 최고경영자(CEO)들을 대상으로 조사한 바에 따르면, 이들 중 절반은 '내부 역량과 지도자급 인력자원의 제한'을 기업 변화에 가장 심각한 장애물로' 생각하고 있다. 그러나 빠른 속도로 변화하고 변동성이 심해 양극화된 2010년대 세계에서는 효과적인 변화 관리가 명확한 차별화를 이루어낼 요인으로 등장할 것이다.

# 결론

2010년은 CP 기업들에게 극심한 도전의 시기가 될 것이다. 일반적인 소비자 규범은 사라질 것이며, 가격 스펙트럼의 양 극단의 제품이 인기를 얻을 것이다. 그러나 어떤 구매 고객에게 인기가 있을 것인가? 기술과 규제의 장벽에 따라 소비자들은 기업들과의 대화에서 훨씬 많은 통제력을 갖게 될 것이다. 어떤 종류의 메시지가 소비자에게 통할 것인가? 소비자들은 용이한 정보 접근성으로 인해 강력한 힘을 가질 수 있게 되었으며, 기업의 약점은 모두 드러날 것이다. 과연 CP 기업은 이와 같은 의사소통 경로를 기업에 이득이 될 수 있도록 전환할 수 있을까?

CP 기업이 경쟁하는 장소와 방법도 변할 것이다. 대형 유통업체가 기존의 '크다'라는 개념을 초월하고, 시장의 원리를 재정의함에 따라, 시장은 어떤 공급자를 선호할까? 그리고 왜 그와 같은 공급자를 선호하게 될까? 2010년은 단지 다른 기업으로부터만 위협이 오는 것이 아니라, 크고 통합된 경쟁자들의 네트워크를 통해서도 다가올 것이다. 그렇다면 문제는 어떤 가치 체계가 시장의 여러 가지 요구에 대처할 수 있을 정도로 충분히 유연하며, 통합되어 있고, 또한 반응을 보일 수 있는가 하는 점이다.

이제 업계 경영자들은 새로운 스펙트럼상의 양 극점에서 성장을 유도하는 길을 찾아야 한다. 시장이 이분화됨에 따라 기업은 통찰력 위주의 혁신을 더욱 빨리 이룩하고, 유통업체 고객에게 더 나은 서비스를 제공함으로써 더욱 많은 제품을 판매할 수 있어야 한다.

또한 기업 상품이 경쟁할 수 있는 양극의 시장에 맞춰 '합목적적'인 서플라이체인을 구축해야 한다. 그러나 결정적으로 가장 중요한 점은 하나의 기업으로서, 조직을 진정으로 차별화하고 최신 도구와 기술을 사용하여 조직의 상부에서 하부까지 운영 모델을 변환시키는 데 전조직의 역량을 집중해야 한다는 것이다.

이와 같은 전략적인 필수 사항을 제도화시키는 일이 의지만으로는 충분하지 않다. CP 기업들은 예전에도 이런 부분에서 변화를 시도했지만, 예전부터 내려오는 함정에 빠져들기만 했다. 시장 리더십을 재확보·유지하기를 원하는 기업은 다가오는 양 극단의 세계를 맞아 기업을 극단적으로 운영해야 한다. 즉 소극적인 반응만 보이는 것에서 벗어나 전략적 의지를 실제 운영상 체계적으로 변환시키는 집중적이고 대담한 변모의 아젠다를 실천해야 한다.

# CHAPTER 03

# 유통업체의 대응전략

기업들이 경쟁하는 장소와 방법도 변할 것이다. 대규모 유통업체들이 과거의 개념을 초월하고 산업 세그먼트 사이의 경계를 벗어나고 있다. 그렇다면 경쟁자들이 지속적으로 시장의 위치를 고수할 수 있는 방법은 무엇인가? 2010년의 위협은 개별 기업들로부터 오는 것이 아니라, 경쟁자들의 네트워크로부터 도래할 것이다. 과연 어떤 기업의 가치망이 예측할 수 없는 고객 수요를 충족하기에 충분히 유연하고 통합되어 있으며 민첩할 것인가?

## 새로운 세계에 대한 전략적 대응방안

우리는 유통업체들이 2010년의 메가트렌드에 대한 대응전략을 수립하고, 그 전략을 실행하는 과정에서 진정으로 고객지향적이 되어야 한다고 믿는다. 그리고 기존의 비즈니스 모델을 위에서부터 아래까지 재평가하고 현재의 업무 관행에 고객의 중요성을 각인시켜야 한다. 특히 유통업체들은 미래의 시장환경에서 경쟁력을 유지하기 위해 오늘날 다음과 같은 네 가지 전략적 필요성을 추구해야 한다.

- 분명하고 명확한 브랜드 포지션을 제안한다 : 판매 제안과 고객의 니즈 만족과 같은 두 가지 중요한 분야에서 고객의 마음에 확실히 자리잡도록 한다.
- 깊은 통찰력을 통해 고객에 가치를 둔 혁신을 추구한다 : 고객의 니즈와 성향을 정확히 이해하기 위해 새로운 도구·기술·정보 등을 사용함으로써 성공적인 혁신을 도모한다.
- 구조적 지적 능력을 통해 핵심 활동을 최적화한다 : 첨단 분석기법을 이용해 전통적 접근방법을 확대함으로써 머천다이징, 가격, 점포 운영 등과 같은 핵심 기능의 성과를 향상시킨다.

- 고객중심으로 경영하기 위해 조직을 재정비한다 : 진정으로 고객에 초점을 맞추기 위해 조직의 모든 부문에 변화를 유도한다. 분리된 다채널 경영으로부터 고객 경험을 조화롭게 통합한다.

## 분명한 브랜드 포지셔닝

유통업체들은 대규모 유통업체 또는 전문점으로부터의 공세에 시달리는 것을 피하기 위해 차별화된 브랜드 포지셔닝을 설정함으로써 자신들을 경쟁자들과 명확하게 차별화해야 한다. 특히 유통업 전략 포지셔닝의 잠재적 차원은 제품의 종류, 선택의 다양성, 가격, 품질, 점포 디자인과 크기, 위치, 서비스 등과 같이 다양하다. 유통업체들에게 중요한 것은 그들의 표적 고객들에게 가장 중요한 분야에서 비즈니스의 각 부문(브랜드, 업태, 부서 등)에 명확하고 분명한 브랜드 포지셔닝을 수행하고 그들과 그들의 경쟁자들이 서로를 어떻게 비교하는지 정기적으로 점검하는 자세다.

IBM은 유통업체들이 시장에서 그들의 위치를 파악하는 데 도움을 주기 위해 '전략적 포지셔닝 매트릭스'를 개발했다. 이 매트릭스는 두 가지 중요한 영역에 초점을 맞추고 있다(그림 1 참조).

- 핵심 판매 제안 — 제품과 솔루션 중 어디에 집중할 것인가 : 고객들이 주로 제품 그 자체의 호소력 때문에 귀사에서 구매를 하는가? 아니면 귀사가 이 제품과 관련하여 서비스나 독특한 쇼핑 환경 등의 다양한 부가가치를 제공하기 때문인가?
- 고객 니즈 계층 : 귀사는 고객의 기본적인 니즈에 초점을 맞추는

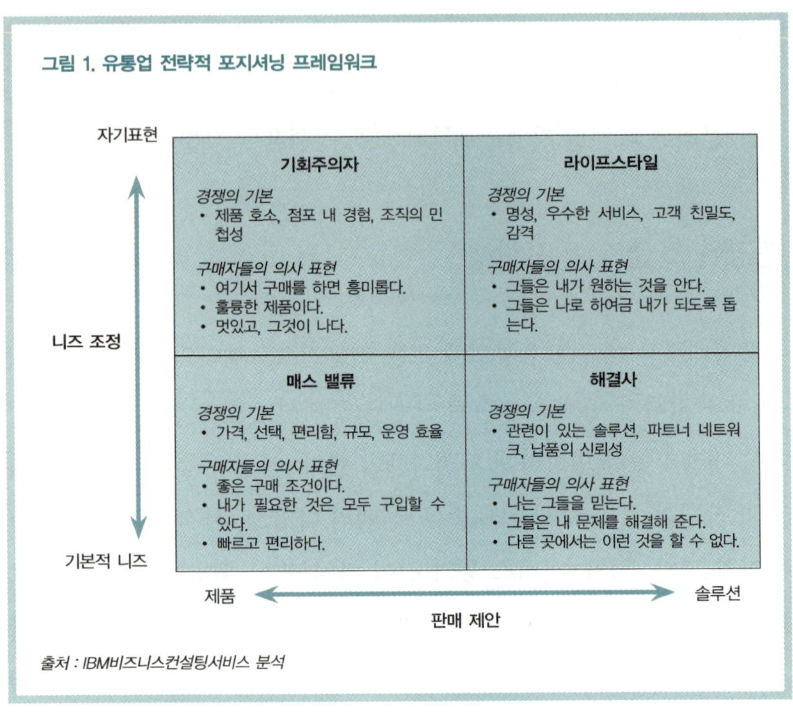



가, 아니면 고객에게(개인으로서 또는 규모가 큰 사회단체의 일부로서) 그들 자신을 표현할 수 있도록 도움을 주는가? 전자는 전형적으로 식품, 사무용품, 기초 의류 등과 같이 비교적 낮은 감성적 중요성을 가진 제품을 포함한다. 이와 대조적으로 후자는 보석, 패션, 가구 등 고객에게 중요한 개인적·감성적 가치를 제공하는 품목을 종종 포함한다. 그러나 어떠한 제품군도 스펙트럼의 한쪽 끝에 존재한다는 것을 알아야 한다.

위에서 설명된 두 가지 영역은 네 가지 분명한 포지셔닝을 창출한다. 각각은 명확한 운영 모델과 독특한 경쟁적 차별화 요인을 가지고 있다. 예를 들면, 매스 밸류 유통업체들은 편의성과, 원스톱 쇼핑, 돈에 대한 가치를 강조한다. 대조적으로 라이프스타일 유통업체들은 브랜드 명성을 쌓고, 고객에게 우수한 서비스를 제공하며, 고객들 스스로 개인적 아이덴터티를 찾을 수 있도록 돕는 데 중점을 둔다. 유통업체가 우수한 경쟁적 차별화를 성취할 때, 그 브랜드 가치와 포지셔닝은 고객·사원·주주들에게 분명해지며, 그 결과 뛰어난 성과를 올릴 수 있다. 다음 사례를 참조해 보자.

● 매스 밸류 : Tesco(슈퍼마켓과 하이퍼마켓), Aldi(하드 할인점), Costco(창고형 클럽), 월마트
● 해결사 : Lowe's(주택 개조), CVS(약국), Vodafone(통신 솔루션)
● 라이프스타일 : Tiffany & Co.(귀금속과 선물), Selfridges(백화점), Williams Sonoma(요리용품과 가정용품), REI(스포츠 용품)
● 기회주의자 : Zara(의류), Apple Computer의 소매점포, Virgin Megastores(서적·음악·비디오)

브랜드 포지셔닝의 선택은 유통업체가 중점을 두어야 하는 전략적 우선권과 경영 능력을 결정한다. 각각은 IT 및 인적 자원과 같은 기업 기능뿐 아니라 머천다이징, 공급사슬, 점포 운영, 고객관리 등과 같은 핵심적 기능을 관리하는 방법 면에서 분명한 DNA를 가지고 있다.

예컨대 주택개선 전문점인 홈디포 같은 '해결사'는 부분적으로 그들의 판매 상품을 더 광범위한 관련 솔루션으로 확대함으로써 성장을 추구한다. 이 모델은 신뢰할 수 있는 높은 수준의 서비스와 품질을 제공할 수 있는 일련의 파트너들(예를 들면, 숙련공과 디자이너)로 심오한 전문

기술을 가진 점포의 지원 부서원들을 필요로 한다. 또한 수익을 창출하기 위해 운영비와 제품 원가를 최대한도로 낮추기 위해 통제를 게을리 해서는 안 된다. 해결사들은 이를 지원하기 위해 깊게 뿌리 내린 서비스 지향적인 문화와 측정기준 및 프로세스를 가져야 한다.

대조적으로 10대들에게 음악을 테마로 한 옷과 상품을 판매하는 핫 토픽(Hot Topic)과 같은 '기회주의자'들은 (기업과 점포에서 정보를 공유하는) 시장과 밀접한 관계, 혁신적인 공급업자와 유연한 관계, 그리고 새로운 제품을 빠르게 출시하는 능력을 유지하는 사원들과 함께 빠르게 변화하는 고객의 트렌드를 앞서가야 한다. 기회주의자들은 하이 리스크, 하이 리턴의 게임을 한다. 매출 성장과 총이윤은 높을 수 있다. 그러나 '트렌드를 따라가지 못하면' 성과가 크게 하락할 것이다. 따라서 조직의 민첩성이 성공의 열쇠다.

물론 경쟁자들은 주어진 네 가지 부문에서조차 자신들을 차별화해야 한다. 그리고 그들은 다른 모델로부터 요소들을 끌어냄으로써 종종 그런 시도를 한다. 예를 들어 타깃사는 원래부터 매스 밸류 유통업체이지만 부분적으로 유명 디자이너와 동업을 하고, 제품(기회주의자 지향적인 접근방식)에 패션 요소를 도입함으로써 경쟁자인 월마트와 구별되는 브랜드 포지셔닝을 만들어냈다.

일부 유통 기업들은 매트릭스 내에서 다른 위치로 확산하는 타브랜드와 업태들로 구성될 수 있다. 예를 들어 Express, Limited, Henri Bendel, Bath & Body Works 등과 같은 브랜드 개념들을 생각해 보자. 여기에서 단지 판매된 제품에 기초해 정의된 일련의 사업 단위들이 같은 것이 아니라는 사실을 알아야 한다. 문제는 각각의 사업 단위가 다양한 고객 세그먼트의 분명한 니즈에 초점을 맞추는가, 또는 비즈니스 프로세스와 운영 모델이 이에 따라 형성될 것인가를 확인하는 것이다.

기업의 비즈니스 구조와는 관계 없이 중요한 첫번째 조치는 기업이 어디로 가길 원하고, 경쟁자와 어떻게 차별화할 것인가를 분명히 결정하는 것이다. 이를 바탕으로 기업은 선택된 전략적 포지셔닝과 직접적으로 연계된 전략과제를 이행하는 데 경영 자원을 적절하게 집중할 수 있다.

## 더 깊은 통찰력을 통해 혁신을 추진한다

유통업의 경쟁적 우위의 근원은 과거보다 더 빠르게 사라지고 있다. 정보와 아이디어는 시장에서 순간적으로 이동하고 있으며, 고객에게 능력을 부여하고, 경쟁자들로 하여금 성공적인 전략을 흉내낼 수 있도록 해준다. 비즈니스 프로세스 전문가 업체는 모든 고객에게 적용가능한 최고 수준의 서비스 능력을 만들어내고 있다. 유통업체들은 고객에게 저렴한 비용으로 더 큰 가치를 제공하라는 가중된 압력에 직면할 것이다.

그리하여 제품·서비스와 비즈니스 개념에서의 계속되는 혁신이 장기간 동안 성장을 추구하고 유지해야 할 유통업체들에게 매우 중요한 요소가 되었다. 예를 들면 크든 작든 오늘날 많은 유통업체가 독특한 비즈니스 포트폴리오를 구축하고 있다. 이것이 운영의 복잡성과 위험을 증가시키지만 성장을 추진하기 위해 매우 중요한 요소다. 고객의 수요가 다양화된 세계에서 유통업체들은 시장에 지속적으로 새로운 아이디어를 공급해야 한다. 그것도 경쟁자들보다 더 빨리 제공해야 한다. 유통업체들은 성공의 기회를 확대하기 위해 좀더 혁신적인 제품,

개념, 마케팅 전략 등을 가능하게 하고, 유용한 고객 통찰력을 갖출 수 있는 능력을(또는 그러한 능력을 갖춘 파트너를) 개발해야 한다.

첫번째 단계는 2010년의 고객을 이해하고 자신의 고객으로 만들어야 한다. 우리의 첫번째 메가트렌드를 회상하면 고객의 행동은 원래 다차원적이며 계속적으로 더 복잡해지고 있다(그림 2 참조). 전통적이고 피상적인 분류에 의지해서는(인구통계학적 특성에 기초하여) 행동을 정확하게 예측하기가 점점 힘들다. 예를 들면, 두 아이를 기르고 있으며 비슷한 소득을 가진 두 명의 40대 직장 여성은 그들 자신의 가치체계에 따라 각기 매우 다르게 구매할 수 있다. 한 고객은 좀 비싸더라도 수익을 사회에 기부하는 브랜드를 선택하고, 재활용품을 선호하며, 쇼핑 경험

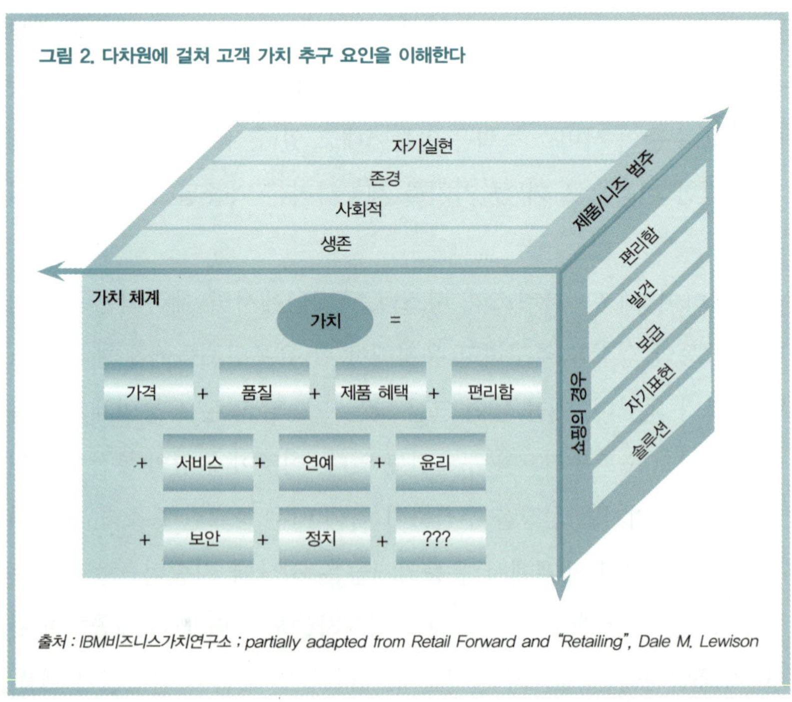

에서 편리함과 단순함에 중점을 둔다. 두번째 고객은 국내 기업과 브랜드의 제품을 구매한다. 그들은 쿠폰을 모으고 살 것을 선택하기 전에 가격을 주의 깊게 비교하고, 제품의 품질과 가치에 강조점을 둔다. 유통업체들은 이 두 명의 서로 다른 고객에게 서비스를 제공할 때 어떻게 대해야 하는가? 유통업체들은 누가 누구인지 어떻게 식별하는가? 이 두 고객의 니즈는 어떠한 제품군을 선택하며 쇼핑을 할 때 어떻게 다른가?

점원으로부터 출발하라. 고객 통찰력을 기르는 데에는 점원들이 고객과 함께 하는 매일매일의 상호작용이 가장 좋은 방법이다. 자라와 같은 기업은 점원들을 통해 고객 성향과 패션 트렌드에 대한 통찰력을 기르는 데 매우 뛰어나다. 즉 부가가치가 없는 활동에 관여하는 것보다 직원들이 고객과의 상호작용에 더 많은 시간을 보내도록 하는 유통업체들은, 고객을 이해하고 반응하는 속도를 향상시키기 위해 이러한 통찰력을 더 잘 이용할 것이다.

고객에 관해 더욱 자세하게 연구하기 위해서는 고객들이 무엇을 사고 어디에서 구매를 하는 것에 대한 이해가 아니라, 왜 고객들이 특정한 쇼핑 결정을 내리는지 더 깊이 이해해야 한다. 기업들은 새로운 기술 덕분에 고객 행동을 의사결정에 결정적인 영향을 미치는 특정 요소로 바꿀 수 있기 때문에 어떠한 요인이 가장 중요한지 확인할 수 있다. 그러한 통찰력을 가지고 유통업체들은 큰 효과를 보이는 조치를 취할 수 있다(더 자세한 내용이 필요하면 본서의 '소비자 구매 결정 모델링' 장을 참조하기 바란다).

유통업체들은 좀더 가치 있는 고객 통찰력을 이끌어내기 위해 그들의 가치망을 통해 정보를 통합하고 이용하는 데 능숙해야 한다. 지식의 잠재적 출처는 많을 뿐 아니라 폭발적으로 늘어나고 있다.

- 기업 내부 : POS 시스템, 로열티 프로그램, RFID를 할 수 있는 재고 관리 및 점포 내 감시 시스템
- 공급업체 : 카테고리 분석과 고객 시장 연구
- 제3자 : ACNielsen, NPD, GfK와 같은 전통적인 신디케이트 소스, 고객 연구 전문가, 광고 대행사
- 고객 자신들 : 점원들을 통해, 온라인 상호작용을 통해, 또는 웹을 통해(웹 로그와 채팅룸 등) 획득되는 정보

유통업체들이 이러한 귀중한 정보를 어떻게 유용한 통찰력과 독창력으로 잘 바꿀 수 있느냐가 2010년에 중요한 차별화 요소가 될 것이다. 오늘날 판매촉진을 디자인하기 위해 로열티 프로그램과 거래 데이터를 사용하는 것은 단지 시작에 불과하다. 미래에 혁신적인 유통업체들은 고객과 유통업체 모두를 위해 고객 통찰력을 가치로 바꾸는 여러 가지 새로운 방법을 고안해 낼 것이다. 그것들은 다음과 같다.

- 오늘 가장 가치 있는 고객뿐 아니라 성장 잠재력이 가장 큰 고객도 목표로 삼는다.
- 고객들에게 서비스를 제공하는 다양한 방법 중에서 고객 스스로 선택할 수 있도록 한다.
- 특정한 고객 집단들의 점포 내 경험(레이아웃, 디스플레이, 메시징을 포함하여)을 고객에 따라 맞춤 서비스를 한다.
- 제품의 구색을 보다 더 빠르게 변화하는 고객들의 입맛에 맞추도록 한다.

【고객 데이터의 전략적 사용 : 테스코의 사례】

영국의 선도적인 유통업체인 테스코 PLC는 고객 통찰력과 혁신적인 아이디어의 출처로서 성공적인 Club Card 로열티 프로그램을 활발하게 사용하고 있다. 이 기업은 고객의 충성도를 높이고 더욱 개인화된 '코너 식품점' 접근방법을 통해 쇼핑 경험을 개선하기 위해 1995년 이 프로그램을 시작했다. 정교한 분석 알고리듬과 세그먼테이션 기술을 사용하여 테스코와 이 기업의 마케팅 서비스 파트너인 덤험비는 고객의 프로필과 구매 행동을 알아내기 위해 1,000만 명 이상의 카드 소지자로부터 POS 데이터를 분석한다. 이 기업은 그 정보를 다음과 같이 사용하고 있다.

- 미래의 쇼핑 행동을 예측한다.
- 상품 제안에 있어서의 갭을 확인한다.
- 고객 라이프스타일과 라이프스테이지를 기본으로 하며 매우 개인화된 제안을 제공한다.
- 어떠한 고객이 테스코에서 구매하지 않는지 확인하고 장바구니를 채울 수 있도록 판매촉진을 시행함으로써 '소비점유율(share of wallet)'을 확대한다.
- 카테고리 내의 성과와 판매촉진 효과를 향상시키기 위해 공급업자에게 통찰력을 제공한다.

Club Card 프로그램으로 테스코는 점포에서 소비되는 돈의 80%를 추적할 수 있음으로써 고객을 자세히 이해하게 되었다. 이 고객중심적인 접근방법은 여러 가지 영역에서 이윤을 창출하고 있다. 이 회사의 쿠폰 회수율은 20% 이상에 이른다. 영국 식품시장에서의 점유율은 1995년 16%에서 2003년 23%로 증가했다. Club Card 데이터로부터 입수된 고객 통찰력은 현재 350만 명의 고객을 가지고 있는 테스코 퍼스널 파이낸스(Tesco Personal Finance)와 2003년 중반 회사 설립 이후 50만 명의 가입자를 확보한 테스코 토크 폰(Tesco Talk Phone)을 포함하여 새로운 제품과 서비스를 출시하는 데 도움을 주었다.

- 고객을 끌어들이고 로열티를 높이기 위해 보다 더 적절한 서비스를 제공한다.

**조직적인 지적 능력을 통해 핵심 활동을 최대한 활용한다**

종종 대규모 유통업체들의 위협에 대한 기업들의 초기 반응은 가격을 경쟁적인 수준으로 끌어내리기 위해 가격을 내리는 데 초점을 맞추는 것이다. 확실히, 운영 효율을 적정한 수준으로 유지하는 일이 많은 유통업체가 생존해 가는 데 필수적일 것이다. 그러나 단순히 가격을 낮추는 것이 기업 유지 전략은 아닐 것이다. 반대로 품질과 고객에 대한 서비스가 더 악화될 수 있고, 그럼으로써 고객의 수와 매출이 줄어들 것이 분명하다(파산 직전의 K마트가 좋은 사례다).

대신에 유통업체들은 단지 더 열심히 노력한다고 되는 것이 아니라 더 현명하게 대처해야 한다(즉, 너무 비용에만 집착하지 말라는 것이다). 기업들은 결정을 내리고 핵심적인 유통업 기능을 관리하기 위해 전통적인 양적·직관적 접근방법을 수십 년 동안 사용해 왔다. 그러나 향후 성과를 향상시키기 위해서 체계적인 지적 능력의 원리를 적용해야 한다(그림 3 참조). 머천다이징, 점포 운영, 공급사슬 관리 등의 분야에서(앞에서 논의된 바와 같이 고객관리 및 마케팅과 더불어), 오늘날 유통업체들은 생산성과 매출성장을 실질적으로 향상시키기 위해 첨단 분석 기법을 적용하는 능력을 가지고 있다.

유통업체들은 그들 임의대로 시장의 부와 경쟁, 그리고 경영 정보를 이용하여 시작할 수 있다. 그러한 정보는 기업 내부에서 획득될 수도 있고, 공급사슬 시스템으로부터 획득될 수도 있으며, 점포에서 얻어질 수도 있고, 외부의 공급업자나 고객으로부터 얻어질 수도 있다

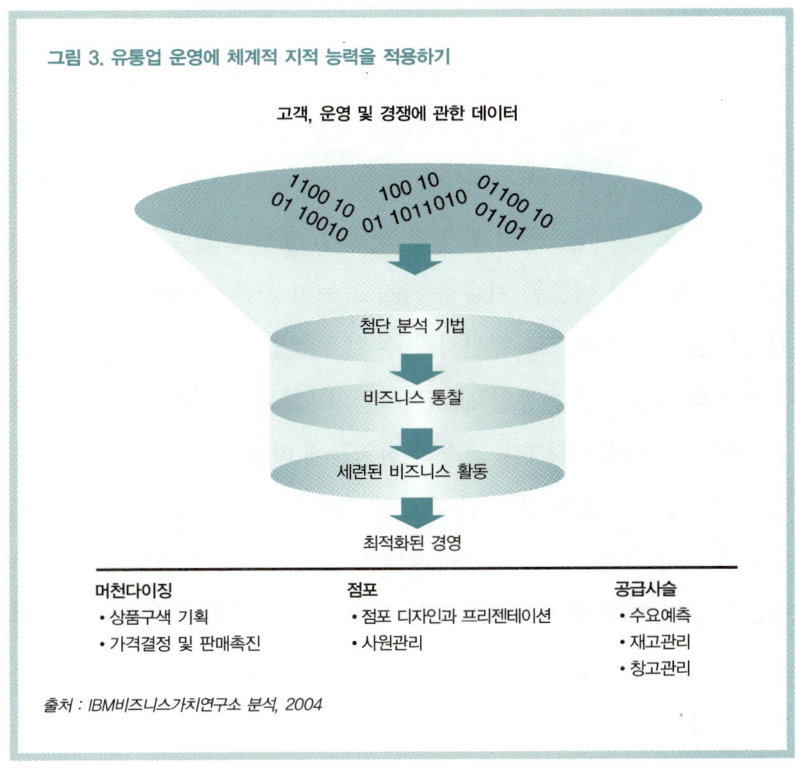


(따라서 데이터 관리 능력은 2010년에 경쟁적 우의를 차지할 수 있는 또 다른 중요한 요소가 될 수 있을 것이다).

그럼으로써 유통업체들은 자동화된 실시간 분석기법, 데이터를 기반으로 하는 결정 지원, 예측 모델링 등 구체적인 활동을 관리하는 데 도움을 주기 위해 설계된 다양한 도구를 이용할 수 있다. 관리자들은 이들 도구를 이용하여 과거에는 분명하지 않았던 판매·생산성·효율 등을 향상시키기 위한 새로운 기회들을 확인하는 데 도움을 얻을 것이다.

최종 단계는 새롭게 획득된 통찰력과 성과를 최대화하는 세련된 비즈니스 활동으로 변형시키는 것이다. 예를 들어 어떻게 하면 주간 또는 일일 단위로 점포 수준에서 가격과 할인을 최대로 이용함으로써 수익성을 높일 수 있을 것인가? 이익을 너무 많이 포기하지는 않는가? 수요를 최대화하지 못하고 있지는 않은가? 이러한 질문에 대한 해결책을 가지고 있다면, 어떻게 하면 빠르게 행동에 옮길 수 있을 것인가? 어떻게 하면 비슷한 기술을 가지고 능력 배분, 수요예측, 사원 평가활동 등을 효과적으로 개선시킬 수 있을 것인가?

미래의 성공적인 유통업체들은 그들의 업무에 체계적인 지적 능력을 이해·적용하는 신세대 점장과 점원들에 따라 매우 융통성 있는 운영을 해나갈 수 있을 것이다. 유일한 장애물은 프로세스와 사원들이 업무를 해나가는 방법을 변경하려는 유통업체의 능력 결여다. 이러한 중요한 변화 관리 문제를 처리하는 일이 유통업 경영에서 정보와 분석자료를 체계적으로 사용함으로써 큰 이점을 얻는 데 매우 중요한 관건이다. 선도적인 기업들은 오늘날 이러한 능력을 개발하고 중요한 교훈을 배우고 있다(82~83쪽 사례 참조).

## 고객중심 경영

'고객중심 경영'은 기업의 슬로건으로 제격이다. 그러나 진정한 고객중심 경영을 이루어내기 위해서는 분명하게 정의되고 고객에 초점을 맞춘 목표를 가지고 비즈니스의 모든 영역을 조율할 수 있어야 한다. 불행하게도 오늘날 많은 조직은 이러한 목표를 성취하고, 급변하며 날로 복잡해지는 고객의 니즈를 만족시켜 주지 못하게 만드는 기업 내부의 제약에 따라 제한받는다.

이러한 제약에는 조직적 단절(silos), 프로세스 단절, 유연하지 못한 인프라 등이 포함된다. 예를 들어 마케팅과 머천다이징 부서들은 종종 분리되어 있어서 계획이나 일정을 공유하지 않는다. 결과적으로 담당자들은 마케팅 부서가 목표로 하는 특정 고객 세그먼트의 니즈를 충족시키지 못하는 제품을 계획하고 개발할 수 있다. 그 이면에는 충분한 머천다이징 계획 없이 마케팅 활동이 이루어지거나, 사전에 공유되거나, 전혀 공유되지 않은 판매촉진 활동 또는 행사가 있을 수 있다. 그렇게 되면 머천다이징 담당자들이 판매촉진이나 행사의 요구사항에 준하지 않는 제품(예를 들면, 특정한 공급업자나 스타일 내의)을 구매할 수 있는 것이다.

고급 관리자들은 전략적 목적을 달성하고 고객중심 경영을 하기 위해서, 조직 전체를 선택된 분야와 정렬해야 한다. 이것은 조직 재구성이 매우 피상적인 방법으로 이루어지기 때문에 변화의 주도권이 약해지는 곳이기도 하다. 유통업체들은 좀더 심오한 변화를 성취하기 위해 그들의 비즈니스 운영 모델을 여섯 가지 주요 관점으로 제시하고 있다(그림 4 참조). 이들 요소는 모두 중요하지만 불행히도 대부분 무시되고 있다.

- 문화, 기후, 역량 : 어떠한 새로운 역량이 고객중심 경영을 가능하게 할 수 있을 것인가(예를 들면, 좀더 협력적이고 서비스 지향적인 문화 또는 통계적 분석기법)? 어떠한 가치, 믿음, 그리고 행동이 고객중심 태도와 일관성이 있을 것이며, 어떻게 우리가 동기부여 시스템을 포함하여 조직 문화 속에 그것들을 체계적으로 심어넣을 수 있을 것인가?

## 【좀더 현명하게 대처한다 :
체계적인 지적 능력을 통해 유통업의 성과를 향상시킨다】

유통업체들은 다양한 시장에서 기업 내 여러 가지 기능들의 수행 능력을 향상시키기 위해 체계적인 지적 능력을 적용하고 있다.

**블루밍데일스(Bloomingdale's)** - 페더레이티드 백화점(Federated Department Store)의 고급 백화점 부문은 고객의 니즈를 더 잘 만족시키고 매출과 수익을 증가시키기 위해 2003년 프로피트로직(ProfitLogic)의 머천다이징 최적화 솔루션을 선택했다. 이 도구는 구매 관리자가 구매, 배분, 자동보충, 가격산정 등을 할 때 자동 의사결정 지원 시스템을 제공한다. 블루밍데일스의 CFO 브루스 버먼은 이렇게 말한다. "프로피트로직의 솔루션은 우리에게 비즈니스를 바라보는 새로운 방법을 제공한다. 우리에게 머천다이징 성과를 높일 수 있는 뛰어난 안목과 고객 수요에 있어서의 변화에 반응하기 위해 필요한 정보를 제공한다."

**B&Q** - 영국에 본사를 둔 이 선도적인 주택개량 및 가든 용품 유통업체는 데이터에 기초한 가격결정 솔루션을 채용하기 위해 IBM 및 더만텍(DemanTec)과 일하고 있다. B&Q는 고객이 가격변화와 그러한 변화가 매출과 수익에 미치는 영향에 반응하는 방법을 더욱 더 잘 이해하기 위해 노력한다. B&Q의 프로젝트 책임자 호워드 랭거는 다음과 같이 말했다.
"우리가 IBM 및 더만텍으로부터 받는 서비스는 고객에게 제공하는 낮은 가격 전략을 우리가 더 효율적으로 수행할 수 있도록 해줄 것이다."
이 독창력은 혁신적인 공급 모델을 이용할 것이다. 이 모델로 IBM은 웹을 기반으로 하는 솔루션을 제공하고 사용량에 따라 B&Q에 비용을 청구한다.

**REI** - 우수한 옥외 제품을 취급하며 미국에 본사를 둔 다채널 유통업체인 REI는 워크브레인(Workbrain)의 인력관리 최적화 솔루션 사용을 통해 '적절한 시간에 적절한 팀'이라는 전략을 추구하고 있다.
REI는 우수한 서비스를 위해 작업 스케줄 프로세스를 표준화하고 고객의 수요를 더 잘 충족시키기를 원했다. 점원의 수준과 사원의 능력을 고객 규모와 더 잘 조화시키고자 노력하면서 직원의 과잉(노동비용 절감) 및 과소(고객만족 향상) 현상을 줄일 수 있었다. 프로세스 자동화를 통해 임금관리 비용을 60%까지 감소시켰고, 서류 프로세스 비용을 70%까지 줄일 수 있었다.

**카프라보(Caprabo)** – 이 스페인 식품점은 효율과 고객 서비스를 개선시킬 목적으로 여러 가지 'i2 머천다이즈 플래닝(Merchandise Planning)' 솔루션을 적용하기 위해 IBM 및 i2 테크놀로지스(Technologies)와 함께 일했다. 이 솔루션은 비즈니스 성과를 분석하고, 특정 제품의 특성에 대한 수요예측을 조정하며, 유통업체의 유통 센터를 위한 최적 재고 요구량을 계산하는 도구를 포함한다. 그 결과 이 유통업체는 생산성을 크게 높이고 재고를 크게 줄일 수 있었다(시험시에 8~20%의 효과를 보았음). 카프라보의 CEO인 자비에르 아르젠테(Xavier Argente)는 이러한 전략을 통해 "우리는 비즈니스를 적극적으로 성장시키기 위한 우리의 계획을 수행했다. 그 결과 고객에게 더 좋은 서비스를 제공하고 비즈니스 성과를 개선할 수 있었다"고 말했다.

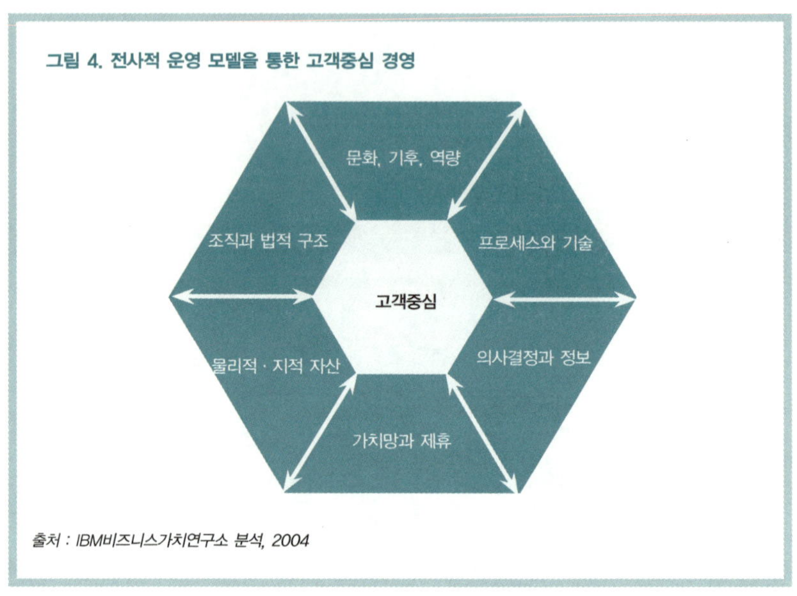


- 기업 조직 방법 : 기업 내 다른 기능과 부서 간의 최적 관계는 무엇인가? 어떻게 하면 조직 내에 고객에 초점을 맞춘 영역을 제대로 구축할 수 있을 것인가?

- 자산 배분 : 전략의 실행에 전개되어야 할 물리적 · 지적 자산은 무엇인가(기본적인 필수 지식을 포함하여)? 여러 가지 고객의 요구사항에 반응하는 능력을 최적화하기 위해 그들은 어떻게 관리되어야 하는가?

- 기업이 상호작용하는 지역사회(그 기업의 가치망) : 우리는 어떠한 주요 제휴 파트너가 필요한가? 어떻게 하면 고객에게 더 큰 가치를 제공하고, 운영 효율을 높이거나 중요한 차별화 역량에 적절히 초점을 맞출 수 있을 것인가? 그들 각각의 관계는 어떻게 관리되어야 하며, 누구에 의해 관리되어야 하는가? 제품과 쇼핑 경

험을 다른 고객 집단에 맞추기 위해 파트너와 공급업자 관리에
어떤 변화가 필요한가?

- 의사결정을 하고 정보를 이용하는 방법 : 이익과 손실에 대한 책임은 어디에 있는가? 관리자들과 점원들은 그들이 원하는 방식으로 고객을 대할 때 필요한 정보를 손에 넣을 수 있는가?

- 프로세스와 기술 : 고객 대응과 사무 업무가 고객 쇼핑 경험에서의 바람직한 변화를 성취할 수 있도록 적절하게 설계되어 있는가? 오늘날 고객 불만족을 야기하는 프로세스 단절을 제거했는가? 어떤 변화가 기술 인프라에서 더 깊은 고객 통찰력을 개발ㆍ이용하며, 특정한 고객 세그먼트를 더 잘 관리하고, 맞춤 서비스를 제공할 수 있도록 도울 것인가?

고객중심 경영을 실현하기 위해서는 다채널 통합이 필요하다. 2010년이 되면 유통업체들은 독특한 고객을 취급하고 통일된 고객 경험을 제공하는 능력을 갖추어야 할 것이다. 이를 위해서는 내적으로나 외적으로나 모든 접촉점과 일관된 정보 전달을 통해 지속적으로 상호작용의 상태를 유지하는 능력이 필요하다. 이를 달성하기 위해서 유통업체들은 위에 언급된 영역에 직접적으로 관계가 있는 여러 가지 문제를 해결해야 할 것이다.

- 채널을 통해 고객 행동을 인식하고 대응하는 능력을 기른다.
- 교차 채널 프로그램의 실행을 방해하는 조직적 사일로를 극복한다.
- 사업부/채널의 목표와 측정기준이 일치되는 것을 확인한다.
- 고객 정보, 머천다이징 계획, 재고, 보고 시스템을 통합한다.

## 【구매를 쉽게 한다 : 스테이플스의 사례】

미국에 본사를 둔 사무제품 전문업체 스테이플스는 통일된 고객 경험을 제공하는 데 큰 진전을 보았다. 이 기업은 전세계적으로 약 1,600개 점포, 카탈로그 영업, Staples.com 등을 운영하고 있다(2003년 회계년도에 20억 달러 이상의 매출을 기록했다). 테크놀로지 스트래티지 & 아키텍처(Technology Strategy and Architecture)의 부사장 마이클 라구나스에 따르면, 스테이플스는 세 가지 채널을 통해 고객들이 쇼핑을 쉽게 할 수 있도록 노력하고 있다. 이 기업은 마케팅 활동에서 이 개념을 강조하고 있다. 점포나 카탈로그 또는 웹사이트로부터 쉽게 구매할 수 있도록 한 것이다. 또한 각 채널은 서로를 지원한다. 스테이플스는 이러한 전략을 지원하기 위해 고객 경험과 공급 인프라를 바탕으로 하는 수많은 채널 통합 전략을 추구해 왔다.

- 고객들은 점포 내에서 그들이 찾고 있는 것을 발견할 수 없으면 선반 번호표나 판매 사원에 의해 점포 내 키오스크에 안내를 받는다. 고객들은 키오스크를 통해 Staples.com에 접속하여(점포 내의 7,000~8,000 상품에 비교하여) 4만 5,000가지의 재고 상품으로부터 주문할 수 있다.
- 고객들은 키오스크를 통해 온라인으로 주문을 하고, 주문에 대한 바코드 영수증을 출력하여 금전등록기에 지불할 수 있다.
- 가정에 가져가 볼 수 있도록 모든 점포에 카탈로그의 사본이 비치되어 있다.
- 온라인으로 구입된 제품은 점포에 반품할 수 있으며 가격은 일반적으로 모든 채널이 동일하다.
- 온라인 판매는 유통업체의 기존 콜 센터와 납품 서비스에 모두 연결되어 있다. 그리고 IT 시스템은 IBM MQ 메시징 미들웨어를 사용하여 모두 통합되어 있다.

고객을 위해 쉬운 구매 경험을 제공하는 스테이플스의 성과는 2003년 회계년도의 실적을 보면 잘 알 수 있다. 총매출은 13% 증가하여 130억 달러에 이르렀다. 그리고 온라인 매출은 30% 증가하여 21억 달러를 기록했다.

- 단기간 동안 또는 기술 자체를 위해 기술에 투자하는 것을 피한다.

궁극적으로 미래의 유통업체들은 고객 세그먼트 관리를 조직 매트릭스(제품의 범주, 채널, 브랜드와 같은)의 전통적인 차원과 동등하거나 그 위의 수준으로 위치를 높일 수 있다. 권한, 자원, P&L 책임 등을 지니며 특정한 니즈를 가진 고객 세그먼트에 집중하는 경영자들은 변화하는 고객의 요구사항에 조직을 일치시킨다. 여행·연예·금융 서비스 분야의 혁신자들에 의해 습득된 교훈은 이 길을 향해 가는 유통업체들에 유용한 길잡이 역할을 할 것이다.

그러나 고객중심 경영을 정확하게 정의하지 못하면 이 단계에서 깊이 있는 변화를 도모하기 어렵다. 여러 산업계의 경영자들은 그들의 조직이 이를 성취하기에는 아직 준비가 부족하다는 사실을 인정하고 있다. 실제로 IBM에서 조사한 바에 따르면, CEO의 절반이 제한된 내부 능력과 리더십 자원을 그들 조직 변화의 가장 큰 걸림돌이라고 말하고 있다. 2010년, 빠르게 변화하고 변덕스러운 양 극단의 세계에서 변화의 효과적인 관리와 실행은 명확한 차별화로 대변될 것이다.

## 결론

2010년의 시장은 오늘날의 시장과는 판이하게 다를 것이기 때문에 유통업체들은 어려운 도전에 직면할 것이다. 전통적인 고객의 기준도 달라질 것이다. 가격 스펙트럼의 양 극단에 있는 제품이 인기가 있을 것이다. 그렇다면 어떤 구매자에게 인기가 있을 것인가? 기술과 규제 등으로 인해 고객들은 기업들과의 상호작용에 더 큰 역할을 기여할 수 있을 것이다. 어떤 종류의 메시지가 효과적일까? 유비쿼터스 정보의 접근으로 고객은 힘을 얻게 될 것이고 기업의 약점이 노출될 것이다. 유통업체들은 고객의 충성심을 얻기 위해 유통업체와 고객들 사이에 가치 교환을 재정의할 능력을 보유할 것인가?

기업들이 경쟁하는 장소와 방법도 변할 것이다. 대규모 유통업체들이 과거의 개념을 초월하고 산업 세그먼트 사이의 경계를 벗어남에 따라, 경쟁자들이 어떻게 지속적으로 시장의 위치를 고수할 수 있을 것인가? 2010년의 위협은 개별 기업들로부터 오는 것이 아니라 경쟁자들의 네트워크로부터 도래할 것이다. 어떤 기업의 가치망이 예측할 수 없는 고객 수요를 충족하기에 충분히 유연하고 통합되고 민첩할 것인가?

양 극단의 세계에서 유통업체들은 훨씬 더 고객중심적인 방식으로 스스로를 재정의할 필요가 있고 이러한 개념을 경영 현실에 반영하도록 해야 한다. 더 깊은 고객 통찰력은 성공적인 새로운 개념을 추진하고 더 높은 매출성장을 이루는 데 중요한 역할을 할 것이다. 경쟁력을 유지하고 더 큰 고객 가치에 투자하기 위한 수익을 창조하기 위해 핵심 경영이 최적화되어야 한다. 진정한 고객중심 경영은 문화, 측정 기준, 채널 관리, 기업의 제휴 네트워크 등을 포함해 비즈니스 운영 모델의 모든 주요 요소로서 융합되어야 한다.

첫번째 단계는 비즈니스의 각 부문에 대해 바람직한 전략적 포지셔닝을 명확하게 정의하고, 핵심 비즈니스 프로세스를 통해 브랜드 전략으로부터 경영 인프라에 이르기까지 모든 변화의 주도권이 회사의 집중된 전략을 지원하도록 명확히 일치해야 한다. 과거의 유통업체들은 대규모이며, 상대적으로 동질의 매스 마켓을 대상으로 하며, 단순한 개념 위에 설계된 성장전략을 추구했다. 점차 복잡해지고 경쟁이 극심해지는 글로벌 시장에서는 이 같은 접근방법이 더 이상 효과가 없다. 유통업체들은 미래 시장에서 리더십을 구축·유지하기 위해서, 그들의 조직을 통해 속도, 유연성, 고객중심 경영을 일상의 현실로 만들어야 할 것이다.

# PART 2

## '감지와 응답(Sense & Respond)'으로 전환하기 위한 실천적 해법

# CHAPTER 04

# 고객만족의 열쇠
## - 최고 유통업체로부터 배운다

CRM 전략은 고객만족의 요인들을 이해하고 비즈니스와 기술 시도를 이들 요인과 명백히 연결하는 것에서부터 시작돼야 한다. 유통업체들은 이런 접근을 통해 매우 만족스러워하는 고객과 매우 수익성이 있는 비즈니스 결과를 얻는 환상적인 '전체적 경험'을 제공할 수 있다.

고객관계관리(CRM) 전략은 매출과 수익성을 향상하려고 시도하는 유통업체들에게 주요 실천사항이 되고 있다. 그러나 현재의 많은 시도는 오늘날의 시장이 요구하는 고객중심의 초점이 부족한 실정이다. 눈 앞의 매출에 급급한 많은 유통업체들은 성공적인 CRM을 달성할 수 있는 기회를 놓치고 말았다. 고객만족으로 이끌어가는 진정한 힘은 무엇일까? IBM비즈니스가치연구소는 1,000명에 가까운 고객 설문을 통해 최고 유통업체와 그들의 경쟁업체를 구분하는 것이 무엇인지를 알아보았다.

## 서론

CRM 프로그램이 고객과 관련된 경제적 측면에 긍정적인 영향을 미친다는 점 때문에, 많은 유통업체가 CRM 능력을 향상하기 위한 광범위한 기술과 프로세스를 조직적으로 시도했다. 이렇듯 CRM을 매우 강조하고 엄청난 투자에 공을 들이지만 고객만족은 향상되는 것 같지 않다. IBM비즈니스가치연구소가 최근에 조사한 바에 따르면, CRM 투자와 그 혜택 사이에 괴리가 있는 이유는 고객만족 향상을 CRM의 (최우선의 목적은 아니더라도) 핵심 목적으로 보지 않기 때문일 수도 있다. 실제로 많은 유통업체가 고객만족도 측정을 고객 서비스 부서에 떠넘긴

채 매출확대와 비용절감에만 집중하는 경향이 있다.

우리의 조사에 따르면, 비록 고객만족과 수익성 사이에 직접적인 상관관계는 없어 보여도 고객만족은 유통업의 운영 실적과 재무 실적의 핵심 지표다. 10개의 주요 유통업체를 이용하는 약 1,000명의 고객을 대상으로 설문을 실시한 결과, 재무적으로 최고의 실적을 보인 유통업체들은 고객만족 면에서도 높은 점수를 얻은 것으로 나타났다. 뿐만 아니라, 이러한 고객만족은 이런 톱 유통업체들이 고객들에게 우수한 고객경험을 제공했기 때문에 가능하며, 이러한 고객경험이 바로 최고의 유통업체들을 경쟁업체와 구분하는 기준이다. 실제로 소비자들의 응답을 살펴보면 개별 마케팅, 특정 고객 대상 혜택, 특별 가격 등의 전통적인 CRM 투자 분야보다 전반적인 경험에 관련된 요인들이 고객만족에서 훨씬 중요하다는 사실을 알 수 있다.

## 오늘날의 CRM : 미개척의 시대

고객확보, 비용절감, 고객유지 증가, 고객만족 향상, 이윤 증가, 주가 향상 등, 성공적인 CRM이 보장하는 약속은 믿기 어려울 정도로 좋게 들린다. 그럼에도 불구하고 유통업체들은 이런 결과를 실현할 능력이 없는 관계로 CRM 시도를 보류하거나 포기하는 경우가 많다. 현재의 CRM 프로그램들은 목표와 제안, 기술적 선택 등이 서로 상충하여 성공적인 CRM 접근방식을 식별하기 어렵게 만들기 때문에 가볍게 여길 문제가 아닌 것이 현실이다. 솔루션 업체나 분석가, 기타 '전문가' 들이 제공하는 CRM 비전은 성공을 거둘 수 있는 실용적인 방법을 제공하지 못하는 경우가 많다. 많은 조직은 기업 경계를 넘어 고객 정보를 효과적으로 공유하고 활용하기 위해 필요한 기술 인프라와 능력을 아직 지니고 있지 않다. 마지막으로, 대부분의 유통업체는 CRM을 성공적으로 수행하기 위해 필요한 기업문화, 프로세스, 조직상의 변화를 가져오는 것을 어려워한다.

무수한 도전과 싸우고 있는 많은 유통업체는 중요한 한 가지 요인을 간과하고 있다. 즉 성공적인 CRM은 무엇이 고객만족을 이끌고 있으며 고객 관계를 견고히 하는지를 이해하는 것에서부터 시작된다는 사실이다. 더 좋은 가격, 정확한 대상을 겨냥한 마케팅, 더욱 관심을 끌 만한 판촉혜택 등의 고객만족은 유통업체가 고객경험을 향상하기 위해 투자하지 않는 한 이끌어낼 수 없다.

## 고객의 심리 : 만족을 이끌어내는 요인

우리는 미국 내 10개 유통업체 고객을 대상으로 설문을 실시했다. 그 결과 5개의 유통업체는 지난 3년 간 동 매장 매출증가와 순익증가를 기록한 톱 유통업체였으며, 5개의 유통업체는 실적 유지 또는 감소를 기록한 유통업체였음을 알 수 있었다. 전반적으로 톱 유통업체는 '매우 만족'한 고객의 비율이 35%를 차지하여, 28%를 차지한 실적이 저조한 유통업체보다 훨씬 컸다.

전반적인 만족을 평가하는 것은 그리 단순하지 않다. 모든 소비자의 심리에는 좌뇌가 통제하는 '논리'와 우뇌가 통제하는 '감성'이 뒤섞여 있다. 우리는 전반적인 고객만족을 이끄는 힘이 무엇인지를 완전히 이해하기 위하여 두 개의 설문을 준비했다. 하나의 설문에서는 과제를 중심으로 하고 사실에 근거해 좌뇌의 심리에 집중한 질문들로 구성하여 품질, 서비스, 청결, 가치 등을 물어보는 만족 요인을 다루었다.

다른 설문에서는 경험과 지각에 근거한 우뇌의 심리에 집중하여 신뢰와 인식 등을 물어보는 관계 요인을 다루었다. 선두 유통업체들은 핵심 만족 요인과 관계 요인을 효과적으로 활용하여 고객에게 최적의 '전체적 경험' 또는 회사나 브랜드의 유형과 무형의 차원으로부터 고객이 받는 전체적인 인상을 제공한다.

## 좌뇌적 요소 : 소비자의 만족을 위해 가장 중요한 요인

설문 결과에 통계적 분석을 적용하여 다섯 가지 그룹 또는 '클러스터'의 만족 요인을 발견했다. 이들 묶음은 고객만족에 미치는 영향이라는 차원에서 서로 상관이 있는 개별 요인들로 구성되어 있다.

- 대인 경험 : 매장에는 고객의 필요를 미리 고려하고 고객의 기대에 앞서가는 친절하고 지식이 충분하며 도움이 되는 직원이 있다.
- 매장 경험 : 매장은 청결하고 설계와 정리가 잘 되어 있으며 품질 좋은 상품들을 충분히 구비하여 '즐거운' 경험을 제공한다.
- 가격과 가치 : 고객이 지불하는 가격은 그 상품을 구매함으로써 얻게 될 것으로 인식하는 가치와 동일하다.
- 마케팅과 커뮤니케이션 : 매장이 제공하는 판촉행사는 충분히 잘 전달되고 있으며, 판촉혜택은 받기도 쉽고 고객에게 가치가 있다.
- 데이터 통합과 분석 : 매장은 모든 판매 방식을 동원해 동일한 상품 목록과 상품 정보를 제공하며, 고객의 지난 구매기록을 잘 활용해 더 좋은 서비스를 제공한다.

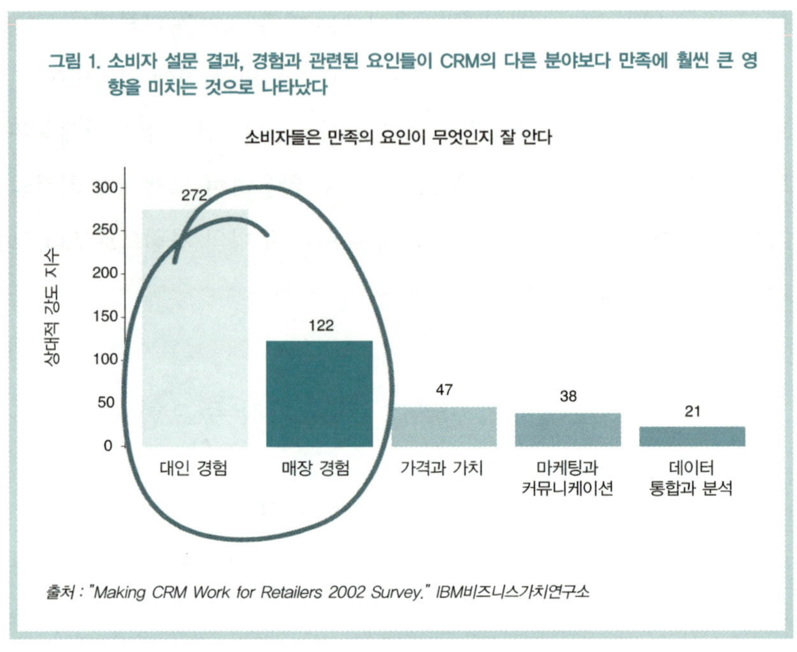


설문에 참여한 소비자들은 대인 경험과 매장 경험 요인이 전반적인 만족에 더 많은 영향을 미친다는 점을 명확히 표시했다(그림 1 참조). 실제로 만족에 가장 중요하다고 대답한 상위 15개의 개별 요인은 모두 이 두 묶음에 해당됐다. 나머지 요인들은 만족 요인으로서 중요하기는 해도 상당히 영향이 적은 것으로 나타났다.

## 경험은 만족의 가장 큰 요인

대인 경험과 매장 경험은 궁극적인 고객 경험을 만들어주고 고객만족을 이끌어내는 데 따로 떼어놓을 수 없는 요소다. 고객들은 대인 경험을 만족을 가져다 주는 핵심 요인으로 평가하고, 매장 경험을 두번째로 중요한 요인으로 평가했다. 매장 직원과의 만족스럽지 못하거나 표준에 미달하는 경험이 어떻게 매장 경험에 영향을 미칠 것인가를 상상해 보면, 이 두 클러스터의 만족 요인이 얼마나 서로 의존하는지를 쉽게 이해할 수 있을 것이다.

각 유통업체별로 실적의 차이는 컸지만 톱 유통업체와 저조한 유통업체 사이의 평균적 대인 경험 요인에는 그리 큰 차이가 없었다(그림 2 참조). 유통업체들이 최소한의 경쟁력을 유지하려면 이 경험 요소에서

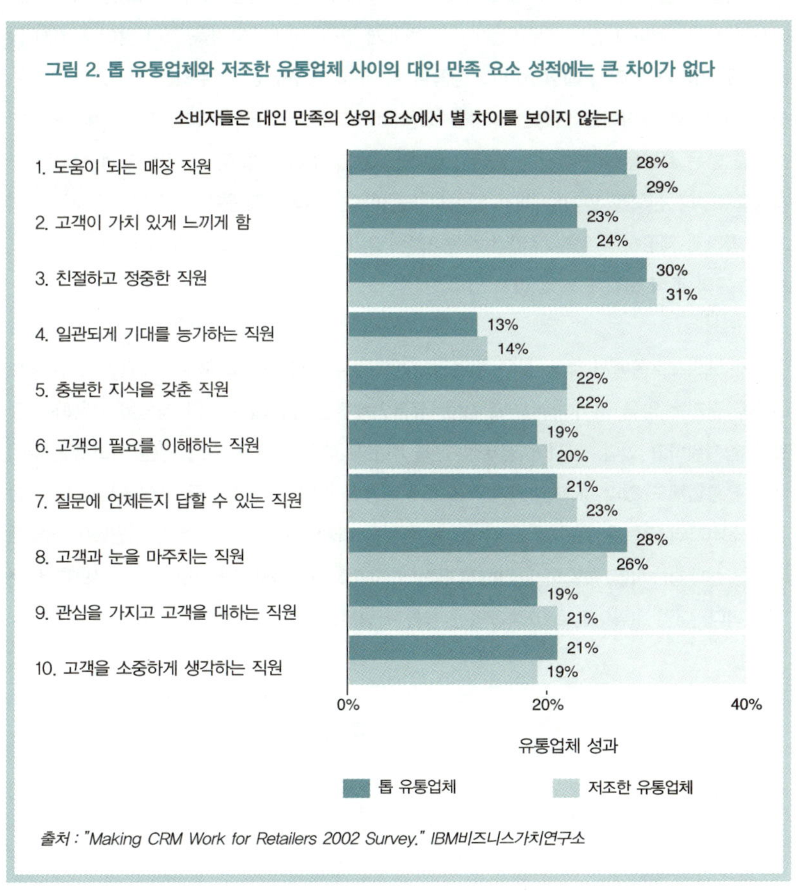

## 【CRM 사례 : 노드스트롬의 훌륭한 대인 경험】

노드스트롬(Nordstrom) 백화점의 고객 서비스는 세계적으로 유명하다. 노드스트롬은 IBM 비즈니스가치연구소가 실시한 설문에서 평균 45%의 소비자로부터 '매우 만족'하다는 응답을 받음으로써 소비자와의 대인 교류 면에서 가장 좋은 성적을 받은 유통업체다.

그렇다면 노드스트롬은 어떻게 대인 교류를 하길래 이런 결과를 얻었까? Nordstrom.com의 마케팅 국장 브래드 메이어(Brad Mayer)에 의하면, 성공적인 고객 서비스는 직원 고용에서부터 시작된다고 한다. "우리는 신입직원에게 고객 서비스 훈련을 그리 많이 시키지 않는다. 두 가지가 우리의 매장 서비스 성공을 가져온다고 판단한다. 우리는 고객을 도와주는 것을 진정으로 좋아하는 다정한 사람을 고용한다. 그런 사람들은 이미 부모로부터 충분한 훈련을 받은 사람들이며, 우리는 그저 그들을 고용할 뿐이다. 둘째, 우리는 고객 한사람 한사람으로부터 신뢰를 얻기 위해서 열심히 노력한다. 우리는 훌륭한 쇼핑 경험을 지속적이고 완벽하게 제공하기 위해 우리가 하는 모든 일의 초점을 맞추고 있다. 이러한 사명은 노드스트롬의 조직 문화에 널리 퍼져 있다."

우리가 노드스트롬에서 배울 점은 무엇일까? 모든 유통업체의 고객이나 직원이 모두 노드스트롬 같지는 않을 것이다. 실제로 많은 유통업체들은 매장에 충분한 직원을 고용하는 것조차 힘겨워하고 있다. 심지어 경제적 현실 때문에 매장 직원을 최소 인원 이하로 줄여야 하는 유통업체도 있다. IBM의 조사와 노드스트롬의 결과는 매장과 콜 센터에서의 대인 교류가 소비자의 만족을 위한 주 요인이라는 사실을 다시 한번 확인해 준다. 직원들이 어떻게 고객을 상대하는지를 특별히 고려하지 않는 CRM 프로그램을 개발하는 것은 무모한 노력일 것이다. 대인 교류야말로 고객과의 관계를 확립하는 기본적인 연결지점이다.

## 【CRM 사례 : 훌륭한 매장 경험을 제공하는 윌리엄스 소노마】

윌리엄스 소노마(Williams-Sonoma, 주방·인테리어 전문 유통업체)는 설문의 '매장 경험' 묶음에서 최고의 성적을 받은 업체다. 평균 53%의 윌리엄스 소노마 고객이 매장 경험이 매우 만족스럽다고 응답한 것이다. 80%의 고객은 매장의 정돈에 매우 만족스러워했으며, 거의 절반의 고객은 윌리엄스 소노마에서의 '재미있고 즐거운 쇼핑 경험'에 높은 점수를 주었다.

윌리엄스 소노마는 매장 경험의 강점을 살려 흥미롭고 관련이 많은 매장 행사를 마련해 고객을 확보하고 있다. 예를 들어, 최근에는 온라인 매장의 브라이덜 레지스트리(bridal registry, 신부가 결혼 선물로 받고 싶은 목록을 특정 매장에 등록해 놓으면 선물을 할 사람이 그 중에서 골라 구매하도록 하는 미국의 결혼 풍습 중 하나 : 역자주)를 통해 선물을 구입한 잠재고객을 파악했다. 그리고 이들이 매장을 방문하도록 유도하기 위해 요리 강습과 시범 행사를 마련하여 이들을 초대했다. 참가비 30달러에는 인기 요리의 조리법 강습과 전문 요리사와 이야기를 나눌 수 있는 기회, 무료 시식, 요리책 등이 포함된다. 이 행사는 강력한 브랜드 인상을 심어주고 수익성이 있는 고객층의 프로필에 맞을 만한 고객(요리를 좋아하는 사람)의 관심을 얻을 수 있도록 해주었다.

유통업체들은 윌리엄스 소노마의 사례를 통해 무엇을 배울 수 있을까? 우선, 실제로 쉬운 일이 아니더라도 매장의 미적 매력을 더하도록 매진해야 한다. 이러한 노력은 고객들이 인식하게 되고, 실제로도 톱 유통업체와 저조한 유통업체 사이의 차별을 주는 핵심 포인트임이 밝혀졌다. 둘째, 고가의 제품에서부터 저가의 제품까지 골고루 구비하는 일반적인 방법보다는 특정한 고객의 통찰력에 의한 제품을 구비하고 마케팅을 추진해야 한다. 마지막으로, 가장 열정적이고 수익성이 높은 고객의 목소리에 귀를 기울이고 이런 고객층을 기쁘게 해줄 수 있는 매장 경험을 마련해야 한다.

최소 수준의 성적은 받아야 한다.

반대로 저조한 성적은 가장 뛰어나고 잘 설계된 CRM 프로그램마저 잠식할 수 있다. 이러한 사실 하나만으로도 왜 오늘날의 수많은 CRM 프로그램들이 개인 간의 교류를 관계 향상을 위한 열쇠로 보지 않는지 묻지 않을 수 없게 한다.

톱 유통업체와 저조한 경쟁 유통업체들은 대인 경험 요인에서 큰 차이를 보이지 않았지만 매장 경험은 전체 만족도 차이인 7%의 대부분의 이유라고 말할 수 있다(그림 3 참조). 따라서 매장 경험은 유통업체가 다른 업체들과 구분할 수 있는 좋은 기회가 될 것이다.

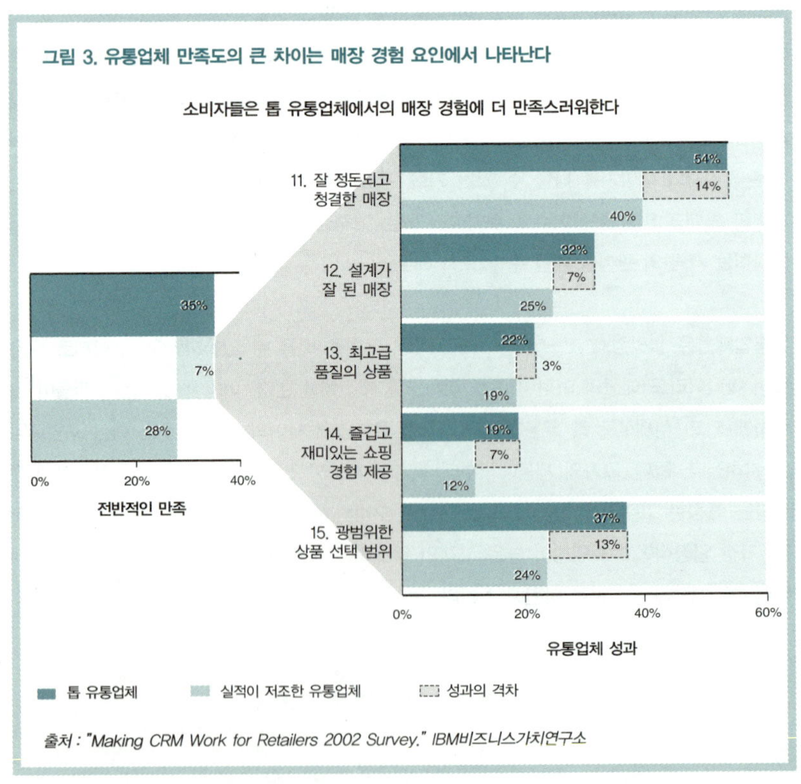

## 보조 클러스터 : 궁극적 경험 확보

멋진 매장 경험을 제공하기 위해 투자하는 유통업체가 경쟁업체와 구별된다는 것은 확실하다. 가격과 가치, 마케팅과 커뮤니케이션, 데이터 통합과 분석 등의 보조 클러스터들은 어떨까? 우리의 조사에서는 이들 요인이 만족을 위한 주요 요인은 아닌 것으로 판단되었지만, 이 모두는 여전히 더욱 훌륭한 고객 경험을 지원할 수 있는 요인이다.

가격과 가치 면에서는, 설문 응답자의 절반 이상이 가격이 특정 유통업체에서 쇼핑을 하는 주요 이유가 아니라고 대답했으며, 13%만이 가격이 큰 요인이 된다고 대답했다. 가격의 중요성은 업체의 특정 브랜드와 가치 전제에 따라 차이가 있는 것이 분명하지만, 가격만을 강조하는 판촉 메시지에 초점을 맞추는 유통업체는 다른 종류의 고객 관계, 즉 소비자에게 의미를 줄 수 있는 요구의 내적 만족에 근거한 관계를 형성할 기회를 놓치고 있는지도 모른다.

고객만족이 높은 유통업체는 고객에게 신제품과 판촉혜택에 관한 적당한 분량의 정보를 적당한 시간에 제공하고, 소비자가 선택한 판촉혜택을 더 잘 제공했다. 매출이 저조한 유통업체 고객 중 36%는 이런 업체로부터 "특별 행사 안내를 받는 것이 달갑지 않다"고 대답한 반면, 같은 대답을 한 톱 유통업체 고객은 29%에 머물렀다. 마케팅과 커뮤니케이션 예산은 고객에게 연관이 있을 뿐 아니라 고객의 시간과 사생활, 그리고 편리함을 빼앗지 않는 행사를 위해 사용돼야 한다. 또한 고객이 행사의 혜택을 누리기 위해 매장을 방문하면 그 혜택을 제공하기 위한 만반의 준비를 갖추고 있어야 한다.

끝으로, 설문에 응한 대부분의 고객은 매장에서 쇼핑을 하는 고객

【CRM 사례 : 고객 한 사람까지 알고자 노력하는 스테이플스】

스테이플스는 데이터와 마케팅을 이용하여 단순히 할인이나 제공하는 차원이 아닌 지속적인 고객 관계를 개발하는 방법을 보여주는 가장 좋은 예다. 스테이플스의 고객 개발 국장인 미셸 오르메스(Michelle Ormes)는 "스테이플스에서는 CRM이 프로그램이나 시도가 아니라 우리가 하는 일의 일부"라고 말한다. 스테이플스는 다양한 접근 방식을 사용하여 고객들이 쇼핑하는 방법과 가치 있게 여기는 것의 핵심에 접근한다. 미스터리 쇼핑, 제3사 조사, 월간 고객설문 등은 고객이 원하고 필요한 것이 무엇인지를 파악하려는 스테이플스의 꾸준한 노력의 일부 예다.

스테이플스의 목표는 고객 데이터를 활용하여 '모든 고객과 개별적으로 대화' 하는 것이라고 오르메스는 말한다. 스테이플스의 B2B 로열티 프로그램인 비즈니스 리워드(Business Rewards)는 고객 쇼핑 양상의 가시성을 만들어서 고객의 필요에 가장 적합한 방법으로 마케팅하여 꾸준한 쇼핑을 유도하는 데에 초점을 맞추고 있다. 스테이플스는 이 프로세스를 지원하기 위해 자동 분석법을 이용하여 고객을 평가하고, 고객이 원하는 창구를 통해 적합하게 고객의 필요에 부응하고 있다. 이 방법을 통해 고객의 소비 양상과 가능성을 분석하고 충성도 주기에 따라 적합하게 대응할 수 있다.

기술이 주도하는 마케팅, 가격 결정, 분석법 등이 CRM 시도의 주도적인 역할을 해서는 안 된다. 선두 유통업체들은 이런 도구를 사용하여 고객 경험을 향상하고 있다. 스테이플스는, 유통업체가 고객들이 모든 판매 채널을 통해 똑같은 수준의 정보를 얻을 수 있도록 해야 한다는 사실을 알고 있다. 스테이플스는 고객 데이터를 통합하고 고객에게 만족과 전반적인 경험, 브랜드 신뢰 등을 향상시켜 줄 수 있는 모습을 보여주기 위해 노력하고 있다.

이었지만, 유통업체의 다양한 쇼핑 창구에 대해 아는 것이 없거나 적었다. 다양한 쇼핑 창구에 대해 아는 것이 있는 고객마저도 이런 서비스에 대해 그리 좋은 인상을 가지고 있지 않았다. 실제로 응답자의 절반 이상은 매장에 직접 가지 않고 특정한 상품의 정보를 얻는 방법을 모른다고 대답했다. 인터넷과 네트워크화된 장비가 전반적인 쇼핑 경험의 중요한 부분으로 자리를 잡아감에 따라 모든 창구를 통한 교류·서비스·혜택 등을 잘 조화하는 일은 필수적인 소매 능력이 될 것이다.

## 우뇌적 요소 : 만족과 고객 관계

유통업체들이 지속적인 고객 관계를 형성하려면 감정에 따라 자극을 유도하는 우뇌와 관련된 소비자 요구와, 기대에 벗어나지 않는 쇼핑 경험도 만들어주어야 한다. 두번째 설문에서는 소비자들에게 유통업체에서의 경험을 평가하도록 했다. 응답을 분석해 보니 역시 전반적인 고객만족과 상호 연관이 있고, 이들 요인 사이에서도 연관이 있는 네 가지의 관계 요인 묶음이 나타났다.

- 편리성 : 쇼핑이 편리하다. 유통업체는 고객으로 하여금 환영받는 느낌을 만들어준다. 유통업체는 고객의 모든 기대에 부응한다.
- 강한 영감 : 가장 먼저 떠오르는 유통업체다. 고객이 이 유통업체를 가족이나 친구에게 기쁜 마음으로 권한다. 고객은 이 유통업체가 경쟁업체에 비해 가장 좋은 가치를 제공한다고 느낀다.
- 자부심 : 쇼핑이 고객에게 친숙한 느낌을 제공한다. 고객은 쇼핑

이 올바른 판단을 반영한다고 생각한다. 고객은 쇼핑을 통해 일종의 '소속감'을 느낀다.

● 가격 관계 : 고객은 특별 할인과 저렴한 가격을 이용하는 것을 즐긴다.

관계 요인의 중요성은 가치 제안의 차이, 브랜드 포지셔닝(brand positioning), 상품 구색 등에 근거해 분야와 개별 매장마다 차이가 있다. 유통업체들은 만족스러워하는 고객의 감정이 매력을 느끼는 관계 요인을 이해하고 고객이 쇼핑 경험을 어떻게 처리하는지를 이해함으로써 경험의 여러 양상이 어떻게 바뀌어야 하는지를 정확하게 파악할 수 있다.

예컨대 대인 경험은 모든 유통업체에 가장 중요한 요인임이 확실하지만, 그렇다면 이런 교류에서 무엇이 강조되어야 할까? 일부 유통업체에게 고객의 편의는 가장 중요한 문제다. 다른 유통업체에서는 사회적 가치와 감정적 애착이 열쇠이기도 하다. 전반적인 쇼핑 경험에 영향을 미치려면 (따라서 고객의 만족을 달성하려면) 유통업체들이 핵심 만족 요인의 실적을 향상하고 적합한 관계 요인을 일관되게 제공할 수 있도록 신중한 조치를 취해야 한다.

## 고객 경험 관리를 통한 CRM

우리의 고객 설문과 수십 개의 유통업체 CRM 사례를 분석한 결과, 다음과 같은 영역이 CRM 전략을 통해 손익의 향상을 추구하는 유통업체가 고려해야 할 핵심 요인으로 부각되었다.

유통업체는 개인화와 데이터마이닝(data mining)과 같이 더욱 발전한 CRM 능력을 추구하기 전에 유통의 기본요인들을 충분히 다루었는지 고려해야 한다. 경영진은 현재 제공하고 있는 대인 경험과 매장 경험을 점검하여 고객의 기대에 못 미치는 부분이 어디인지 알아보고 개선할 부분을 찾아야 한다. 뿐만 아니라, 지속적인 직원 훈련과 평가가 유통업체의 고객 전략의 핵심이 되어야 한다. 간단히 말해 유통업체의 물리적 매장이(고객이 매장 직원과의 교류에서부터 원하는 상품을 쉽게 찾을 수 있는 편리함에 이르기까지) 즐겁게 쇼핑할 수 있는 장소가 아니라면 다른 영역에서의 CRM 시도는 의미가 없을지도 모른다.

마케팅과 커뮤니케이션은 CRM 시도의 유일한 목표가 되어선 안 되지만 고객만족을 향상하는 데에 초점을 맞추는 전략을 완벽하게 지원하도록 해야 한다. 고객에게 소중하고 고객 수익성을 향상하는 판촉 혜택을 제공하는 것은 성공적인 유통업체와 수익이 낮은 유통업체를 구분해 준다. 절약을 제공하기보다 골치만 아프게 하는 혜택은 고객을 멀어지게 한다. 판촉을 통해 좋은 결과를 달성하는 것은 마케팅과 커뮤니케이션 시도가 전반적인 고객 경험과 얼마나 잘 어울리는가에 따라 크게 좌우된다. 훌륭한 판촉은 가격에서 시작하여 가격에서 끝나는 판촉이 아니라, 고객 관계를 결속해 주는 요소를 고려하는 판촉이다.

데이터 통합과 분석은 잘 마련된 CRM 접근방식의 지원 요인으로 보아야 하며 CRM 시도의 주 목표로 여겨서는 안 된다. 고객 데이터에 대한 전체적이고 포괄적인 시각을 만드는 것은 온라인 경험과 매장 내에서의 경험을 향상하기 위해 더욱 중요해지고 있다. 그러나 이러한 능력은 그 자체가 끝이 아니다. 유통업체가 스스로에게 던져야 할 첫번째 질문은 "이런 데이터에서 얻어내고자 하는 지식이 무엇이며, 그 지식을 어떻게 활용할 것인가?"다. 결국 분석을 통해 얻은 통찰력은 특정하고 신중한 방법으로 고객 경험을 향상시켜야만 하는 것이다.

모든 경험은 나아질 수 있다. 취약점을 찾아 수정하고 강점을 찾아 견고히 하는 것이 열쇠다. CRM 전략은 정기적이고 지속적인 의견수렴 채널을 포함하고 터득한 통찰력에 기초한 행동을 취할 조직적 체계를 포함해야 한다.

## 다음 단계로의 이행

고객이 진정으로 소중하게 여기는 것이 무엇인지 파악하면 확실한 고객 관계를 형성하는 방법에 대한 통찰력이 생긴다. 다음에 나열한 질문들은 유통업체들이 CRM의 성공을 위해서 기본적이고 중요하게 다루어야 할 내용이다. 유통업체들은 이들 질문을 통해 고객 경험을 개선하고 고객만족을 향상하는 작업을 시작할 수 있을 것이다.

- 어떻게 고객 경험이 발전하기를 원하는가? 개선을 위한 가장 중요한 기회는 무엇인가? 이런 경험은 다른 대상 고객층에서 어떻게 달라야 하는가?
- 고객에 대해 어떤 종류의 통찰력을 개발하고 싶은가? 어떤 종류의 데이터 소스가 필요한가? 이들 데이터 소스가 어떻게 통합될 수 있고 통합돼야 하는가?
- 비즈니스 프로세스와 실행에서 실질적인 변화의 결과를 얻기 위하여 이런 통찰력이 어떻게 적용될 것인가?

- 기술 인프라는 CRM과 기타 비즈니스 전략을 지원하기 위하여 단기적·장기적으로 어떻게 발전해야 하는가?
- 직원과 프로세스가 더욱 고객중심의 모델로 전환할 준비가 되어 있는가? 어떤 변화가 있어야 하는가?

## 결론

고객들은 이미 확실한 목소리를 냈다. 훌륭한 경험을 제공하는 것을 효과적인 고객 관계 관리를 위한 출발점으로 생각하는 유통업체는 경쟁적인 시장에서 만족스러운 고객을 확보할 가능성이 훨씬 높다. CRM 전략은 고객만족의 요인들을 이해하고 비즈니스와 기술 시도를 이들 요인과 명백히 연결하는 것에서부터 시작돼야 한다. 유통업체들은 이런 접근을 통해 매우 만족스러워하는 고객과 매우 수익성이 있는 비즈니스 결과를 얻는 환상적인 '전체적 경험' 을 만들어낼 수 있다.

유통업은 고객의 기대가 더욱 증가하는 시대에 매우 힘든 비즈니스다. 회사들은 더 많은 고객을 더 오랫동안 만족시킬 수 있도록 현명하고 빠르며, 초점을 맞춘 시도에 CRM 예산을 사용해야 한다.

# CHAPTER 05

# 고객 세분화의 새로운 접근방법과 혁신사례

세그먼테이션 기술과 도구를 활용하는 기업은 세그먼테이션 결과를 효과적으로 적용하여 전통적인 비즈니스 활동을 개선할 수 있다. 세그먼테이션 기술과 도구는 정확성을 향상하고 시간을 줄이기 위해 마련된 것이다. 이는 기업이 더욱 효율적으로 고객 데이터를 분석하고 세그먼테이션 조사의 결과를 시장에 적용할 수 있도록 해준다.

## 서론

보편적인 의미에서 고객 세그먼테이션(Segmentation)은 고객에 대해 더 잘 알고 그런 지식을 기업 수익성 향상을 위해 사용하는 것이다. 효과적인 고객 세그먼테이션은 고객 요구를 충족하는 능력을 향상함으로써 수익증대를 가져온다. 고객 세그먼테이션은 기업의 총소득, 고객 수 확대, 고객 1인당 매출액, 고객의 평생 가치 등에 큰 영향을 미친다. 그러나 비용적인 측면, 즉 비용분배 최적화에도 영향을 미쳐 각 단위고객 세그먼트를 더욱 경제적으로 관리하도록 해줄 수 있다. 간단히 말해 세그먼테이션은 고객 수익성에 영향을 주고, 이는 곧 기업 수익성에 영향을 미친다. 고객 세그먼테이션에 관심을 가지는 만큼 비례하여 기업은 그 열매를 수확하는 것이다.

일반적으로 기업들은 고객 세그먼테이션의 혜택을 원한다. 다차원적이고 역동적인 고객 세그먼테이션을 적극적으로 추진하여 양적 · 질적 혜택을 얻는 것을 보는 것은 많은 시사점을 줄 뿐 아니라 흥미롭기도 하다. 이런 혜택의 몇 가지 예에는 수천만 달러의 매출증대, 30~50%의 고객 자산 유지 증가, 고객 세그먼트 정렬에 맞춘 조직 변화, 기업 전략의 확대 및 변화 등이 있다.

기업들은 이런 결과에서 시사점을 찾아, 마케팅 성과(고객 확보, 유지, 고가치 부문으로의 이전)를 향상할 뿐 아니라, 고객에 대해 좀더 깊이 이해하는 것을 기업의 일상으로 만들어서 모든 부서와 계층에서 세그먼테이션을 다양한 목적에 사용할 수 있는 기회가 있다는 것을 상상할 수 있다. 그러나 오늘날의 많은 기업은 시간에 근거한 특성에 관심을 가지고, 고객이 구매하는 이유를 이해하려는 태도를 보인다. 하지만 시간이 흐르면서 고객이 어떻게 변화하는지를 유심히 관찰하는 것에 많은 기회가 있음에도 불구하고 적극적으로 활용하지 못하고 있다.

흥미로운 사실은, 기업들이 누릴 수 있는 최근의 모든 기술 발달과 고도의 연산, CRM 능력에도 불구하고 고객 세그먼테이션은 여전히 철저한 비즈니스 분석과 해석을 거쳐야만 진정으로 실용성이 있고 영향을 미칠 수 있다는 점이다. 고객 세그먼테이션에 착수하여 고객 세그먼테이션을 개선하는 기업이, 고객 세그먼테이션의 기초가 되는 고객 세그먼트 특성·시간·수익성에 초점을 맞추면 좋은 결과를 얻을 수 있다.

그러나 위의 요소들 중에서 정확히 어떤 고객 세그먼트 특성이 가장 의미가 있는지(그리고 언제도 마찬가지)는 각 기업마다 다르다. 이를 파악하기 위한 일반적인 방법은 요소 분석과 통계 모델, 유효성 증명, 시행 착오 등과 같은 복잡한 방법이다. 세그먼테이션 선택은 세그먼테이션의 목적(예 : 전략 대 수단, 기업 전체 대 이니셔티브, 1 대 1 대 포트폴리오 수준), 제품 대 서비스의 유형, 기업과 업계의 사양 등과 같은 다양한 요인에 근거한다.

우리는 이 자료에서 기업들이 고객 세그먼테이션을 활용하여 수익성이 높은 고객을 확보하는 것은 물론이고 고객 세그먼테이션을 일상

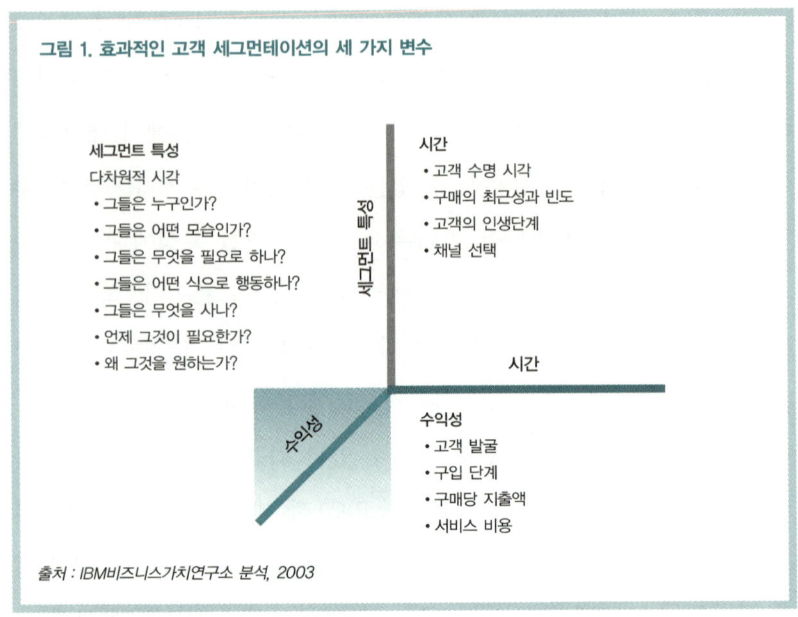



으로 만들어 기업의 모든 분야에 도입함으로써 비즈니스 성과와 총매출, 이익을 향상하는 것에 얼마나 성공적인지 평가했다. 그 결과 거의 모든 기업이 적용할 수 있고 혜택을 이끌어낼 잠재력이 있는 기회를 찾아냈다.

## 효과적인 고객 세그먼테이션의 특성

오늘날 고객 세그먼테이션은 더 이상 단순하고 정적인 마케팅 기술이 아니다. 오히려 성공적인 기업들이 기업을 운영하는 핵심 수단이다. 미국 5대 금융기업 가운데 한 중역은 "고객 세그먼테이션 결과가 기업 전체에 걸쳐 사용된다"면서, "고객 세그먼테이션은 우리 기업의 많은 부서에서 결정적인 역할을 한다"고 말했다. 실제로 우리가 설문한 기업들(대부분이 1억 달러 이상의 매출을 올리는 120여 개 기업) 중 77%가 고객 세그먼테이션을 시장접근 전략의 중요한 일부라고 대답했으며, 97%는 전략을 세울 때 고객 세그먼테이션에 의존한다고 답했다.

오늘날처럼 어렵고 불확실한 경제에서 고객에 대해 더 깊이 이해하는 것과 수익성 있게 그들의 요구에 부응하는 것은 지속적인 기업 성장을 위해 필수다. 투자자들은 타격이 큰 마케팅 실패나 ROI가 낮은 프로젝트, 고객의 호응을 받지 못하는 잘못된 성장 계획 등에 관대하지 않다. 고객 세그먼테이션은 기업이 중요하고 핵심적인 결정을 내릴 때 고려해야 할 고객에 관한 포괄적인 시각을 가져다 줌으로써 기업이 꼭 필요로 하는 적절한 방향을 제공한다.

여러분은 고객에 대해 얼마나 잘 알고 있는가? CRM 시스템을 마련했다고 안심한다면 다시 생각해 보아야 한다. CRM 시스템을 마련하는 것은 좋은 출발이긴 하지만 그것만으로는 부족하다. CRM 솔루션을 도입한 기업 중 17%만이 마케팅과 고객 분석 애플리케이션을 사용하고 있다. 이들 애플리케이션은 고객과 고객 세그먼트의 수익성을 판단하고, 고객 프로필을 구성하는 것을 개선하며 표적 마케팅 노력의 자동화를 도와줄 수 있다. 404명의 IT 산업과 마케팅 분야 경영진을 설문한 결과 97%의 응답자가 향후 24개월 내에 CRM 기술에 대한 지출을 늘릴 계획이라고 대답한 반면, 7%만이 이 지출을 '고객의 프로필 구성과 타게팅 향상'에 할당할 계획이라고 대답했다.

우리가 인터뷰한 기업들은 고객 세그먼테이션을 많은 목적에 사용하고 있으며, 세그먼테이션 조사를 다양한 수준에서 실시하고 있다.

고객 세그먼테이션은 그 목적에 따라 단순하거나 복잡할 수도 있고, 1차원적이거나 다차원적일 수 있다. 한 주요 CP 기업은 핵심 비즈

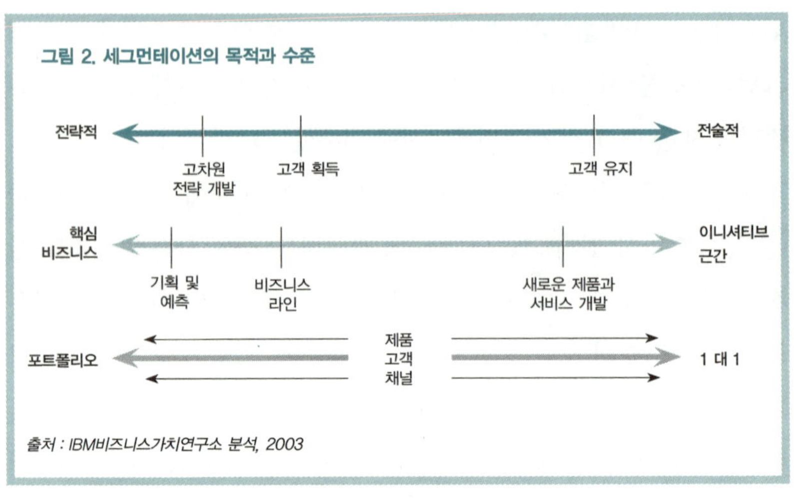



니스에 영향을 미치고 제품, 고객, 채널의 전체 포트폴리오에 영향을 주는 상위차원의 전략적 의사결정을 위해 고객 세그먼테이션을 활용한다. 이 기업은 또한 단일 고객 세그먼트나 채널을 표적으로 정하는 것과 같은 전술적 개별 프로젝트들을 감독하기 위해서 고객 세그먼테이션을 활용한다. 이 CP 기업은 상부에서 세그먼테이션을 사용하여 광고 미디어 구매를 모으고 할당한다. 고객 세그먼테이션은 기업에게 어떤 광고 캠페인과 브랜드 포지셔닝(positioning)이 어떤 고객 세그먼트에 호소력이 있을지를 알려준다. 이 기업은 이런 정보를 통해 광고비 지출의 일부를 여러 제품과 사업부에 걸쳐 활용하면서 다른 일부는 특정 채널과 고객에게 활용할 수 있다. 동시에 총지출의 규모 경제를 활용한다. 이 CP 기업은 전술적인 수준에서 고객 세그먼테이션을 통해 특정 고객 세그먼트의 필요 변화에 대응할 신제품을 디자인하도록 한다.

고객 세그먼테이션으로부터 완전한 가치를 얻고 세그먼테이션을 정확하게 적용하려면 포괄적이고 동적인 세그먼테이션을 추구해야 한다. 오늘날의 고객들은 항상 움직이며, 항상 배우며, 쉬지 않고 변화한다. 기업들은 고객들이 오늘 어떤 모습인지만 알아서는 안 되고 다음 주에는 어떤 모습으로 바뀌고, 다음 달에는 어떤 모습으로 바뀔지 알아야 한다. 뿐만 아니라, 기업들은 고객들이 어떤 식으로 행동하는지도 알 필요가 있다. 첫인상은 많은 것을 알려주긴 하지만 모습만으로는 잘못된 판단을 하기도 쉽기 때문이다. 비슷한 모습의 고객들이 모두 똑같이 행동하는 것은 아니다.

세그먼테이션은 기업이 자사의 고객 포트폴리오를 파악하고 관리하는 수단이다. 고객 세그먼테이션은 정보를 알려주고 방향을 제시하며 수익성과 직접 연결된다. 기업은 고객 포트폴리오를 효과적으로 관리·확장하면서, 고객 세그먼테이션에서 다음과 같은 질문의 답을 찾아볼 수 있다.

- 매우 수익성이 높은 고객 : 이런 고객들을 유지하고 그들이 계속 구매를 하도록 유도하려면 어떻게 해야 하나? 이런 사람들을 더 유치하려면 어떻게 해야 하나?
- 수익성이 있는 고객 : 더 많은 이런 고객들이 매우 수익성이 높은 고객과 같은 습관(구매)을 갖게 하려면 어떻게 해야 하나?
- 수익성이 없는 고객 : 이런 고객들은 어떻게 경제성을 확보하면서 퇴출시키나?

"고객 포트폴리오는 기업이 조직화되고, 평가되며 관리되는 기반이 되어야 한다."

**그림 3. 유사한 모습의 고객의 필요와 태도 : 식품점의 예**

| | 인구통계 | 인생단계 | 필요 | 태도 |
|---|---|---|---|---|
| | 여성, 40대 초반, 기혼, 가계소득 12만 5,000달러 | 두 자녀, 직장 | 메뉴 계획 조언 (저지방 및 가치 중심), 요리 동호회 | 가치 쇼핑객, 저지방 제품 선호, 요리하기를 즐김 |
| | 여성, 40대 초반, 기혼, 가계소득 12만 5,000달러 | 두 자녀, 직장 | 바로 먹을 수 있는 제품, 사전 조리된 요리, 식품 택배 서비스 | 편의 쇼핑객, 무공해 식품 선호, 요리하기를 좋아하지 않음 |



고객 세그먼테이션을 충분히 활용하려면 세 가지 핵심 변수, 즉 고객 세그먼트 특성, 시간, 수익성의 동적 상호작용을 고려해야 한다(그림 1 참조).

더 나아가, 전통적인 마케팅 노력을 위한 세그먼테이션에만 의존하는 기업들은 고객 세그먼테이션 활용을 확대해야 한다. 기업들은 기업 전체와 다양한 부서적 영역에 걸쳐 세그먼테이션을 활용해야 한다. 세그먼테이션의 잠재력을 완전히 활용하려면 정확성을 예측하고, 전략 개발의 방향을 정하며, 조직 구성을 결정하기 위해서도 이를 활용해야 한다.

## 변수 1 : 고객세그먼트 특성

우리가 설문을 한 기업들의 75%와 인터뷰에 응한 사람들의 100%는 고객에 대한 다차원적인 시각에 의존한다. '다차원적' 이란 고객에 대한 포괄적인 시각을 가지는 것을 말한다. 즉 그들이 누구인가, 어떻게 생겼는가, 무엇을 필요로 하나, 어떻게 행동하나, 무엇을 사는가, 언제 사는가, 그리고 왜 사는가 등을 포함하는 시각이다.

'고객이 왜 사는가?' 하는 문제는 그에 대한 정보를 얻기 힘들다는 이유 또는 경영진이 태도에 관한 데이터를 '감성적'이라고 보는 이유 때문에 뒷전으로 밀리는 경우가 많다. 그러나 '왜'야말로 소비자들이 많은 결정을 내리는 요인이다. 즉 '왜'는 구매의 뒤에 있는 동기를 설명하고, 실제로 고객이 내리는 구매 결정의 거의 절반을 차지하는 이유다.

모든 기업이 고객에 대한 1차원적인 시각이 아니라 다차원적인 시각을 가지는 것이 도움이 되기는 하지만, 각 세그먼테이션 유형의 무게(또는 중요성)는 비즈니스와 업계에 따라 차이가 있다.


## 변수 2 : 시간

많은 기업은 적절한 채널을 통해 적절한 시간에 적절한 고객에 접근하는 것과 같은 시간 변수를 간과한다. 설문 대상자의 37%만이 집합적 행동 특성에 근거한 세그먼테이션 특성을 활용하고, 34%는 라이트 스테이지에 근거한 세그먼테이션 특성을, 21%만이 이벤트에 근거한 세그먼테이션 특성을 활용한다고 대답했다.

시간 변수는 고객과 고객의 구매 패턴이 시간에 따라 어떻게 변하는지를 보여주기 때문에 매우 중요하다. "어떤 고객들을 표적으로 해야 할까?", "고객이 얼마나 구매할 것인가?" 등의 질문으로는 충분하지 않다. 효과적이기 위해서는 세그먼테이션이 "어떤 고객들을 언제 표적으로 해야 할까?"와 "고객이 얼마나 구매할 것인가, 얼마나 자주 구매할 것인가, 다음 구매가 얼마나 눈앞에 있는가, XYZ 고객은 현재 어떤 구매 국면에 들어섰는가, 어느 채널을 통해 구매를 할 것인가, 어떤 구매 성향을 예측할 수 있는가" 등의 질문에 대한 대답을 해주어야 한다. 또한 성장·변화하는 고객을 추적하여 선택점, 즉 고객의 인생 단계에서 구매 특징이 바뀌는 시기를 파악해야 한다.

### 변수 3 : 수익성

효과적인 고객 세그먼테이션은 질적인 면과 양적인 면을 모두 가지고 있어야 한다. 세그먼테이션에 기초한 정확한 결정을 내리기 위해서는 개인 수준, 하위 고객 세그먼트 수준, 고객 세그먼트 수준, 전체 고객 포트폴리오 수준 등 다양한 수준에서 수익성을 측정해야 한다. 기업들은 가치 척도, 즉 가장 적합한 수익성 변수를 찾아내야 한다. 우리의 조사에 따르면, 이런 척도는 업계와 기업에 따라 RFM(recency·frequency·monetary) 지수, 고객·가치 지수, 고객당 매출 대비 소요비용 지수 등 다양한 것으로 나타났다.

수익성 척도를 선택할 때 한 가지 주의할 점은 정확하고 포괄적인 실적을 보여주는 척도를 선택해야 한다는 것이다. 예를 들어 고객당 매출만을 보여주는 척도에 의존하는 것은 잘못된 정보를 줄 수 있다. 즉 똑같은 매출 수준에 있는 고객들이라도 임대료가 낮은 위치에서는 수익성이 있을 수 있고, 임대료가 높은 위치에서는 수익성이 낮을 수 있기 때문이다. 따라서 척도가 포괄적인지 확인해야 한다.

## 세 가지 세그먼테이션 변수의 상호작용

변화하는 고객의 패턴(고객 세그먼트 특성과 시간, 그리고 수익성의 상호작용으로 정의)을 활용하는 기업은 경쟁사보다 고객의 선택점(구매 습관이 변화하는 시점)에 먼저 다가가는 조치를 취함으로써 지속적인 가치를 달성할 수 있다.

변화하는 패턴의 분석은 예측 모델링을 통해서 이루어진다. 즉 변화하는 패턴은 비즈니스 해석을 적용해 이유를 설명하는 것이다. 중요한 것은 시의 적절한 조치다.

고객의 변화하는 패턴을 파악하고 그에 대한 조치를 취하는 것은 시장에서 경쟁사보다 우위를 차지하기 위한 결정적 요소다. 한 주요 유통업체는 패턴 변화 분석을 도입하여 마케팅과 유지 노력에 초점과 표적을 맞춘다. 이 기업은 세그먼테이션의 각 변수를 3차원의 기회 지도에 축으로 하여 고객의 클러스터를 표시한다. 한 주요 유통업체의 간부는 "데이터를 객관적으로 받아들이는 것도 중요하지만 데이터에 비즈니스 분석을 추가하여 그 결과가 분별력이 있도록 해야 한다"고 말했다.

경쟁사도 비슷한 표적 고객세그먼트를 가지고 있는 게 당연할지도

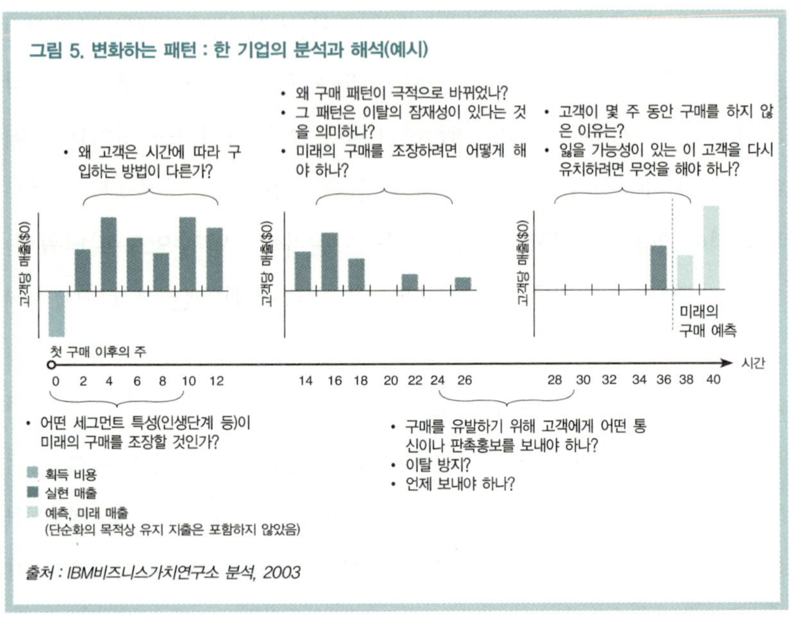



모른다. 따라서 변화하는 패턴을 이해하고 먼저 대응하는 것이 경쟁사와 차별될 수 있는 방법이다. 예컨대 기회의 규모가 1년에 700억 달러 규모의 소비라고 가정하자. 이는 결혼 후 첫 1년 간 총 700억 달러를 소비하는 신혼부부 시장을 표적으로 할 경우에 얻을 수 있는 잠재적 혜택의 시장 규모와 맞먹는다. 평균 가정이 10년 간 소비하는 금액보다 많은 지출이다. AOL 타임 워너(AOL Time Warner)사는 이런 점을 놓치지 않고 뉼리웨드 키츠(Newlywed Kits)라는 신혼용품 판매 프로그램을 만들었다. AOL은 미국 전역의 행정구역 혼인신고 창구를 통해 수십 종류의 신혼용품을 소개함으로써 경쟁사보다 먼저 신혼부부에게 다가간다. P&G, 클로락스(Clorox), 콜게이트 파몰리브(Colgate-Palmolive) 등의 가정용품 업체들은 이 프로그램에 앞다투어 참여하고 있다. "업계가 하는 대로 똑같이 한다면 AOL이 남보다 나을 것이 없다."

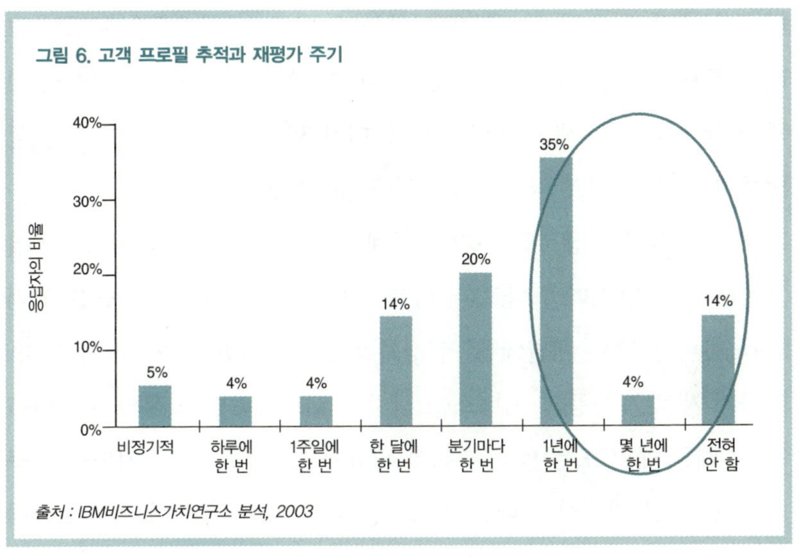



고객의 패턴 변화 추적의 잠재적 가치에도 불구하고 오늘날 고객의 패턴 변화 추적을 위해 신속하게 행동하는 기업은 그리 많지 않다. 이는 기회의 손실이다. 변화하는 패턴에 관심을 기울이지 않는다면 더 이상 수익성이 없는(또는 수익성이 전혀 없었던) 고객에게 표적을 맞추며 기업의 시간과 돈을 낭비하는 결과를 초래할 수 있다.

실효성이 있고 시기를 놓치지 않으려면 고객 추적을 '1년에 1번' 하거나 '전혀 하지 않는' 차원에서 벗어나야 한다. 고객들은 그렇게 오래 기다려주지 않는다. 로열 뱅크 오브 캐나다(Royal Bank of Canada : RBC)는 매달 고객을 추적하여 현재와 미래의 수익성과 위험, 타은행으로의 이전 가능성, 채널 선호도, 추가 금융상품 구입 경향, 인생단계 등을 파악한다. 이 은행은 종합적 행동의 패턴 변화를 추적하고 예측 분석과 비즈니스 해석을 사용하여 이들 패턴이 나타내는 의미를 파악한다. 예를 들어 입금 회수나 금액이 감소하면 그 고객이 타은행으로 이전할 준비가 돼 있다는 것을 의미할 수 있고, 모기지론을 구입한 고객은 주택융자가 필요하다는 것을 의미할 수 있다. RBC는 고객 추적과 고객 이해를 통해 마케팅 노력에 대한 30%의 놀라운 응답률을 달성하고 있다. 참고로 금융업계의 평균 응답률은 3%다.

고객 추적의 이상적인 주기는 업계, 세그먼테이션의 목적, 고객 상호작용의 성격에 따라 다르다. 예를 들어 금융 서비스 기업들은 고객들과 만나는 모든 채널에 걸쳐 정기적이고 빈번한 상호작용을 한다. 따라서 새로운 상품과 서비스를 적시에 제공하려면 고객의 움직임을 자주, 때론 매일 또는 매달 추적할 필요가 있다. 반면 CP 기업들은 구매가 훨씬 덜 빈번하기 때문에 고객들과의 상호작용이 훨씬 적다. 데이터는 이런 거래분석과 함께 포커스 그룹과 고객 설문을 통해서 수집된다. 따라서 CP 기업들은 분기별, 또는 1년에 1번씩 고객의 움직임을 모니터링하는 것도 괜찮을 때가 종종 있다.

업계에 상관 없이 모든 기업은 고객 추적을 '1년에 1번' 또는 '전혀 하지 않는' 방식에서 벗어날 때 소중한 기회를 놓치지 않을 수 있다. 우리가 인터뷰한 어느 건강식품기업은 쉬운 방법으로 고객을 추적하여 성공을 거두고 있다. 즉 고객 스스로 하게 하는 방법이다. 고객들은 자신들의 기록을 12주마다 온라인에서 업데이트한다. 이 기업은 각 고객에 대한 상세하고 업데이트된 기록을 통해 세분되고 개인화된 메시지와 혜택을 고객에게 정기적으로 보낼 수 있다. 이 기업의 대표 서비스의 갱신 비율은 50%에 달한다.

마지막으로 매우 중요한 것은, 고객을 열심히 추적하는 기업이 성공한다는 것이다. 예컨대 영국의 주요 테마 바, 나이트클럽, 레스토랑 개발·운영사인 루미나(Luminar)는 실시간으로 고객을 추적하여 최적의 투자회수를 하고 있다. 이 기업은 회원 카드(가입 고객은 음료를 주문할 때 할인을 받음)에서 수집한 고객 데이터를 통해 고객을 추적하고 그날 밤 내내 그들을 다른 클럽과 바로 안내한다.

바에 설치된 광고 스크린은 고객들에게 마진이 높은 항목을 소개하고, 고객이 넘치는 장소의 고객에게 문자 메시지를 보내 할인과 판촉을 제공하여 손님이 적은 장소로 유인한다. 또한 18세 이하를 위한 나이트클럽에서는 14~17세 손님들의 데이터를 수집하여 18세가 되면 "이제 합법 음주 나이가 됐으니, 오셔서 자축하세요!"라는 전화를 건다. 루미나의 CEO는 "생각이 비슷한 사람들에게 그들이 원하는 것을 엮어주면 항상 비즈니스가 성공하게 돼 있다"라고 말한다.

## 세그먼테이션에서의 착안점으로 수익성 있는 고객에게 접근

기업들은 오랜 고객에게 새로운 방식으로 호감을 사고, 잠재 고객을 혁신적인 방법으로 유혹하며, 잠재력이 높은 고객을 더 높은 가치로 이동시키기 위하여 세그먼테이션을 추구한다. 설문 결과를 살펴보면 대부분의 기업이 전통적인 마케팅 활동을 성공적으로 실시하기 위해 세그먼테이션이 '매우 중요' 하거나 '중요' 하다고 생각하는 것을 알 수 있다.

그러나 당신의 기업이 이런 마케팅 활동의 각 분야에서 세그먼테이션을 활용하고 있다고 해도 이러한 전통적인 방법의 세그먼테이션에는 여전히 향상의 기회가 있다.

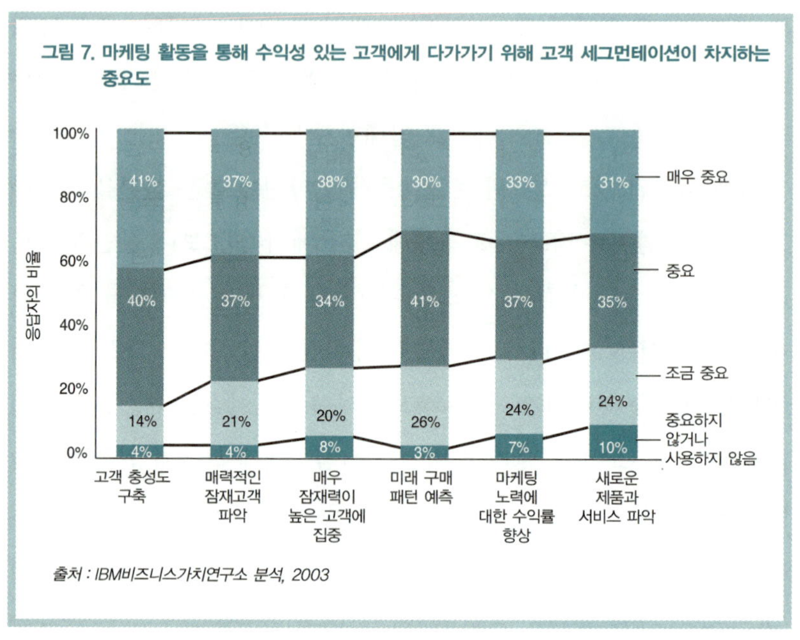



# 향상의 기회

1. 경쟁력 우위 : 경쟁력 우위를 위한 새로운 원천을 찾아라. 단골 고객의 변화 패턴을 활용하라. 즉 고객들을 유심히 관찰하고 경쟁사보다 먼저 변화하는 그들의 필요에 대응하라. 설문에 응한 기업들 중 20~35%의 기업들만이 오늘날 이를 실천하고 있다. 시간에 근거한 요소들에 관심을 가지고 언제, 어떻게 고객들이 변화하는지 파악하고 변화하는 그들의 필요에 대처하라.

2. 구매 동기 : 고객들이 구매를 하는 동기를 파악하라. 태도에 관한 시각을 적용하여 무엇이 고객들에게 구매를 할 동기를 주는지 이해

한다. 또한 다른 고객세그먼트의 특성과도 연결하여 실용적인 비교를 해보자. 설문에 응한 기업들 중 20%만이 이를 실천하고 있다.

3. 고객 세그먼테이션의 수치화 : 고객의 수익성에 확실한 연계고리를 확립하고 실적을 추적해 보자. 고객 수익성과 세그먼테이션 사이의 고리를 강화하고, 세그먼테이션을 사용하여 전체 고객 포트폴리오의 수익성을 최적화한다.

다음 사례들은 어떻게 일류 기업들이 세그먼테이션을 다음 수준으로 올림으로써, 그림 7에 나타난 여섯 가지 전통적인 마케팅 활동이 향상됐는지 보여준다. 각 사례는 위에 언급한 일부 주요 향상 기회를 활용한 기업의 이야기를 담고 있다.

**고객 충성도 확보―향상 기회 1 : 경쟁력의 우위**

홀마크(Hallmark)는 고객 습관에 관한 지식을 효과적으로 이용하여 맞춤형 마케팅을 개발하고 고객의 충성도를 구축한 기업의 좋은 예다. 1994년부터 시작한 홀마크 골드 크라운 카드(Hallmark Gold Crown Card) 고객 충성도 프로그램은 그리팅 카드(greeting card) 업계에 처음으로 등장한 고객 사은 프로그램이다. 2001년 홀마크의 CRM 데이터베이스에는 2,400만 명의 고객이 기록돼 있었는데, 그 중 1,300만 명의 고객은 골드 크라운 카드를 사용하는 고객이었다. 이 단골 카드는 홀마크가 구매 패턴과 구매 기록에 관한 상세한 고객 데이터를 수집할 수 있도록 해준다. 홀마크는 단골 카드 데이터와 판매시의 고객 데이터를 종합하고 분석하여 구매 습관에 따라 고객을 세그먼테이션한다. 홀마크 비즈니스 개발부의 한 간부는 다음과 같이 설명한다. "우리가 기업으로서 이해해야 하는 것은 장시간에 걸쳐 어떻게 가치를 최대화하고 고객들을 '잠재 고객'에서 '구매 고객'으로, 그리고 '단골'로 올릴 수 있는가 하는 문제다. 그리고 고객의 충성도가 올라갈수록 고객과 대화하는 방법도 바뀌어야 한다."

카드를 소지하고 있는 고객은 포인트를 적립하고 홀마크 매장이나 Hallmark.com에서 적립 포인트를 사용할 수 있다. 고객들에게는 적립 포인트에 따라 회원에게만 제공하는 혜택과 구매 기록에 근거한 특별 판촉 혜택을 보내준다. 판촉과 혜택은 고개에 대한 이해를 보여주는 방법을 통해 충성도를 확보하는 것에 초점이 맞추어져 있다. 이런 예에는 다음과 같은 것이 있다.

- 다양한 고객 세그먼트를 겨냥한 맞춤식 마케팅 캠페인과 판촉 개발(예 : 특정 제품 라인의 수집가에게는 수집하는 제품에 대한 판촉 메시지를 보낸다)
- 특정 카드 소지 고객 세그먼트에게 그들이 관심을 가질 만한 제품에 관한 신제품 출시 발표(예 : 장식 수집가에게 새로운 계절 장식 출시 발표)

**매력적인 잠재 고객 파악—향상 기회 3 : 고객 세그먼테이션의 수치화**
미국 5대 자산관리 기업 중 한 기업은 고객 세그먼테이션 결과를 외부의 잠재고객 데이터와 성공적으로 비교·정리하여 기업에 매력이 있을 만한 잠재 고객을 파악한다. 이 기업은 고객을 그들의 현재와 미래 가치에 근거하여 고가치 시장, 핵심 시장, 대중시장 등 세 가지 주요 고객 세그먼트로 분류한다. 매우 수익성이 높아질 잠재력에 근거한 고객 세그먼트 차하위 분류는 각 주요 고객 세그먼트를 매우 잠재력이 높은 고객(매우 수익성이 있고 가치가 높음), 배양할 고객(어느 정도 수익성이 있고 긍정적인 면이 많음), 관리할 고객(수익성이 낮고 잠재력이 낮으며 긍정적인 면이 최소임)으로 나눈다.

이 기업은 고객 세그먼테이션 방식을 활용하여 가장 매력적인 잠재고객을 파악하고 그들에게 마케팅을 실시한다. 가장 이상적인 잠재고객을 찾아내기 위해 내부의 고객 세그먼테이션 데이터를 외부의 소비자 데이터와 비교한다. 즉 고가치의 매우 잠재력이 높은 고객과 가장 비슷한 고객들을 찾는 것이다. 그리고 고가치의 매우 잠재력이 높은 고객 세그먼트에 속하는 현재의 고객에 대해 얻은 지식을 통해 고객 확보 마케팅 노력에 집중한다. DM(Direct-Mail)은 비슷한 현재의 고객들이 무엇을 구매했는지에 근거해 만들어진다.

**미래의 구매 패턴 예측―향상 기회 1, 2 : 경쟁력의 우위와 구매 동기**

10대 보험기업 중 한 기업은 예측 모델링을 사용하여 특정 보험상품에 가입할 가능성이 가장 높은 고객을 파악하고 그들에게 마케팅을 수행한다. 이 기업은 기업의 모든 시스템에 저장돼 있는 현재 고객과 과거 고객의 데이터를 하나의 데이터마트(datamart)에 모은다. 그리고 내부의 고객 데이터를 인구통계적 데이터와 합쳐 각 고객에 대한 단일 세부 프로필을 작성한다. 이 기업은 구매 경향 모델을 사용하여 고객이 특정 상품에 가입할 가능성을 평가한다. 현재 특정 상품에 누가 가입하는지를 파악한 후, 이런 고객들을 전체 고객 데이터에 비추어 이 상품에 관심을 둘 만한 고객들을 선별한다. 그 결과를 이용해 현재 고객들을 대상으로 한 교차판매(cross-selling)와 상향판매(up-selling) 마케팅을 준비한다.

**마케팅 투자의 회수 향상—향상 기회 1, 2 : 경쟁력의 우위와 구매 동기**

영국의 주요 피부 관리 및 모발 관리 제품 업체인 보디숍 인터내셔널 (The Body Shop International)은 성공적인 세그먼테이션 분석을 통하여 새 카탈로그 우송에 대한 응답률과 카탈로그당 소득을 높인다. 보디숍 은 ① 우송하는 카탈로그 수를 절반으로 줄이고, ② 카탈로그에 대한 응답률을 높이며, ③ 카탈로그당 소득을 올리고 싶었다. 우편 주문 및 신규 비즈니스 개발 담당 이사인 버지니아 뉴먼(Virginia Newman)은 "경 제적으로 어려운 해가 될 것임을 알았기 때문에 최대한 수익성을 높이 고자 했다"고 말한다.

우선 보디숍은 예측 분석을 통하여 카탈로그에서 물건을 구입할 가 능성이 가장 높은 고객과 현재까지 고객 1인당 평균 매출보다 많은 주 문을 할 가능성이 가장 높은 고객 12만 명을 파악했다. 이 분석을 위한 고객 데이터는 모든 구매 채널(웹 · 카탈로그 · 매장)에서 수집한 과거의 구매 데이터, 제3사로부터 구입한 인구통계 데이터, 고객 설문을 통해 수집한 선호도 및 태도에 관한 데이터 등 다양한 출처로부터 모아졌 다. 이 결과를 토대로 만들어진 고객 세그먼트는 고객들을 구매 가능 성과 구매액에 근거하여 나누었다. 이런 노력의 결과는 매우 긍정적이 었다. 전체 응답률이 증가하고 카탈로그당 매출도 10~20% 증가했다. 뉴먼 이사는 세그먼테이션 작업을 마치고 "우리는 구매할 가능성이 높고 카탈로그당 매출을 올릴 가능성이 있다고 생각되는 고객을 적절 한 방법으로 현명하게 겨냥할 수 있었다"고 밝혔다.

**새로운 상품과 서비스 파악—향상 기회 1, 2 : 경쟁력의 우위와 구매 동기**

메리어트 인터내셔널(Marriott International)은 새로운 상품 개발의 기회를 파악하기 위해 고객 세그먼테이션과 브랜드 이해를 활용하고 있다. 메리어트 인터내셔널은 개별 고객은 물론 고객 세그먼트의 필요와 요구를 심도 있게 이해하도록 해주는 훌륭한 세그먼테이션 전략을 갖추고 있다. 세그먼테이션 데이터는 브랜드 향상과 새로운 브랜드 소개의 기회를 의미하는 브랜드 간의 갭(예 : 제공된 적이 없는 가격대, 적절한 처우를 받지 못한 고객 세그먼트)을 파악한다.

브랜드의 향상과 확장은 일단의 고객이나 고객 세그먼트가 특정한 새 서비스가 현재 런칭하고 있는 브랜드에서 제공되기를 원한다는 표현을 할 경우에 이루어진다. 예를 들어 이 기업은 고객 조사를 통하여 페어필드 인(Fairfield Inn)에 자주 투숙하는 알뜰 고객 세그먼트가 더 넓은 객실과 더 많은 부대설비를 원한다는 사실을 파악했다. 그리하여 메리어트는 더 넓은 객실을 구비한 페어필드 인을 열어 이런 객실을 페어필드 스위트(Fairfield Suites)라고 부르게 되었다.

신상품은 일단의 고객이나 고객 세그먼트가 현재의 브랜드에 없는 완전히 새로운 서비스를 원할 때 추구된다. 예컨대 메리엇은 고객 설문을 통해 엘리트 여행객들의 요구와 기대에 부응하지 못하고 있다는 사실을 파악했다. 이런 여행객들은 상급의 고객 서비스와 고급 부대시설을 원했다. 메리엇은 이런 고객들의 요구에 부응하기 위해 리츠칼튼 호텔(Ritz-Carlton Hotels)을 인수했다.


**모든 분야의 노력과 활성화―향상 기회 1, 2, 3 : 경쟁력의 우위와 구매 동기, 고객 세그먼테이션의 수치화**

5대 금융기업 중의 한 기업은 전조직에 걸쳐 고객 세그먼테이션을 활성화한다. 이 기업은 데이터 마이닝과 활동에 근거한 비용계산을 통해 고객을 수익성과 자산에 따라 세그먼트로 나눈 피라미드로 세분한다. 각 세그먼트에서 가장 성장 잠재력이 높은 고객을 따로 떼어내어 '높은 잠재력' 고객이라는 꼬리표를 붙인다. 이 기업의 많은 세그먼테이션 관련 활동은 이런 '높은 잠재력' 고객을 유지하거나 다음 세그먼트로 올리는 데 집중한다. 조직적인 차원에서는 영업팀의 인센티브 프로그램을 '높은 잠재력' 고객을 피라미드의 다음 세그먼트로 올리려는 기업의 목표와 연결시켰다.

이 기업은 세그먼테이션을 세 가지 전술적 방법으로 실천한다. 첫째, 고객의 수익성에 따라 적절한 서비스 수준을 제공할 수 있도록 고객 서비스 사원의 능력을 강화했다. 기업은 고객이 속한 세그먼트와 차하위 세그먼테이션 분류에 따라 영업과 서비스 수준을 위한 지침을 설정한다. 창구 직원이 '높은 잠재력' 고객의 기록을 열면 플래그(flag)가 나타나 적절한 서비스 수준과 특정 상품을 알려준다. 둘째, 영업사원은 '높은 잠재력' 고객에게는 50 기본 포인트 감소를 제공할 수 있지만 중간 레벨 세그먼트의 고객에게는 35 기본 포인트 감소만을 제공한다. 끝으로, 전화 상담 서비스의 수준과 질도 기업의 세그먼테이션 계획에 따라 제공된다. 높은 세그먼트 고객과의 통화는 대기 고객의 앞으로 이동되고 경험이 많은 고객 서비스 직원이 담당한다. 이 기업은 전 기업에 걸쳐 고객 세그먼테이션 계획을 활용하여 우수 고객을 피라미드의 높은 위치로 올려 높은 가치를 발휘하도록 노력하고 있다.

## 조직 전체에 고객 세그먼테이션 적용

오늘날 기업들은 고객 세그먼테이션을 다양한 부서적 분야에 적용한
다. 설문에 응한 기업의 75% 이상은 마케팅, 상품 개발, 비즈니스 개
발, 전략 기획 등 기업 내의 다양한 부서에 걸쳐 고객 세그먼테이션을
적극적으로 활용하고 있다.

　가장 성공적인 비즈니스는 고객을 더 깊이 이해하는 것을 일상으로
삼는다.

### 핵심 비즈니스 전략 추구

고객 세그먼테이션은 기업 전략 개발에서 더 큰 부분을 차지하고 있
다. 설문에 응한 대부분의 기업들은 전략 개발의 초기 단계에서 또는
전략 개발의 전체 프로세스에 걸쳐 고객 세그먼테이션을 도입해 기업
이 고객의 관심을 받을 수 있고 고객을 끌어들일 수 있는 방향으로 향
하도록 노력한다.

　한 주요 국제 건강식품 제조 및 서비스 기업은 비즈니스 전략을 추
구하기 위해 고객 세그먼테이션을 성공적으로 사용하는 좋은 예다. 이
기업은 고객의 태도에 관한 세그먼테이션 데이터에 의존하여 상품 중
심의 유통업체에서 건강 서비스 기업으로의 전환 결정의 합리성을 확
인했다. 이 기업은 태도에 관한 조사에서 다음과 같은 몇 가지 주요 질
문을 다루었다.

- 현재의 고객들은 좀더 서비스 중심적인 상품에 어느 정도까지
  관심이 있을까?

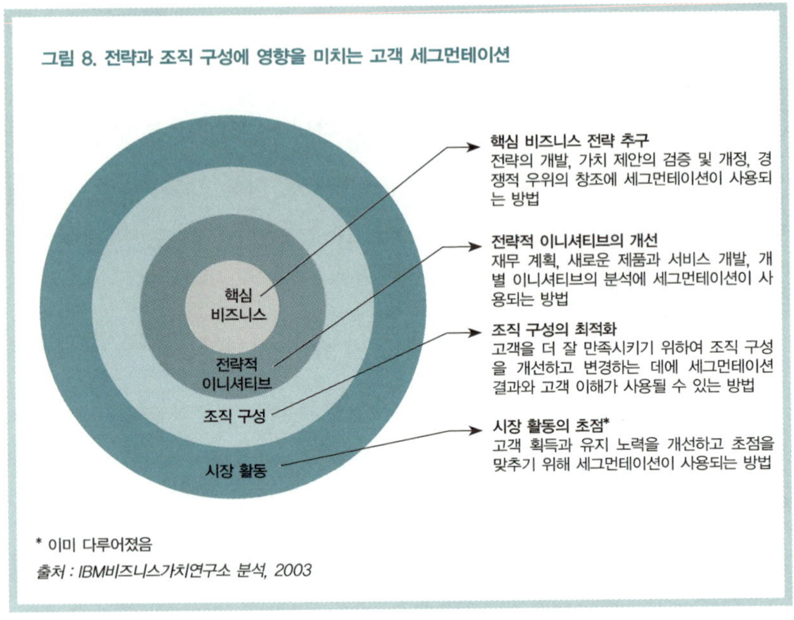


- 새로운 상품에 관심이 있을 만한 매력적인 잠재 고객 세그먼트가 존재할까?
- 어떤 고객 세그먼트가 새로운 홍보전략이나 상품에 가장 적합할까?

다양한 고객 세그먼트의 태도와 요구, 그리고 필요를 이해하는 것은 이 기업이 상품을 구성하고 새로운 서비스의 가격을 결정하며 가장 적합한 고객에게 상품을 홍보하는 일에 도움이 되었다.

이 기업은 세그먼테이션 데이터를 활용하여 경쟁사와 차별화할 수 있었다. 고객들이 어떻게 세그먼테이션 되어 있는지 이해함으로써 성숙한 전략적·전술적 비즈니스 결정을 내릴 수 있었고 매출을 대단히 신장시키는 결과를 얻었다. 일례로 특정 품목을 중단하고 새로운 품목을 출시하기로 결정함으로써 영업매출을 향상했다. 그 결과 이제 상당한 경쟁력 우위를 차지하고 있다. 그리고 같은 지역에 있는 90%의 다른 유통업체보다 고객에 대해 더 잘 알고 있다. 이런 지식을 적극적으로 활용하여 시장을 확대하고 있다.

일류 국제 요양기업(hospitality company) 중 한 기업도 고객 세그먼테이션 데이터를 사용하여 주요 비즈니스 전략 결정을 내린다. 이 기업은 고객 세그먼테이션을 통해 가치제안을 가다듬고 확장하며, 고객 서비스와 브랜드 전략을 개발·수정하고, 기업 차원과 개별 브랜드 차원에서 전략적 시도의 우선순위를 정한다. 프랜차이즈 비즈니스 모델을 사용하는 이 기업은 세그먼테이션 결과를 이용해 광범위한 바이인(buy-in)을 확보하고 프랜차이즈 소유주로부터의 지지를 확보한다. 예를 들어 현재 제공하고 있는 상품과 겹치는 새로운 특정 브랜드와 관련된 목표와 전략을 강화하는 데 세그먼테이션 데이터가 사용됐다. 세그먼테이션 결과를 활용한 결과 통합된 마케팅 커뮤니케이션 계획이 수립되어 이제는 모든 프랜차이즈 소유주와 가입자들이 이를 따르고 있다. 세그먼테이션은 각 브랜드와 고객 세그먼트에 대한 마케팅 커뮤니케이션을 마련할 수 있게 하며, 현장 직원들이 올바른 서비스를 제공하기 위해 필요한 훈련과 능력강화에 특히 효과를 발휘한다.

### 전략적 과제의 개선

경영진들은 세그먼테이션 조사의 결과를 많은 전략적 과제의 초점을 맞추고 방향을 정하는 데 사용한다. 한 주요 사무용품 유통업체의 중역은 세그먼테이션 데이터가 그 기업의 충성도 프로그램을 재편성하는 데에 도움이 되었다며 "세그먼테이션 조사의 결과를 이용하여 우리의 충성도 프로그램을 재구성하고 가장 가치가 높고 수익성이 높은 고객들에게 더 많은 보상을 제공하게 됐다"고 말했다. 한 국제 호텔업체의 재정기획부는 세그먼테이션 데이터에 많이 의존한다. 이 기업은 "분석가들이 예측 모델링을 사용하여 과거의 '투숙 유형'에 근거한 장래의 '투숙 유형'을 판단하고, 재정부서가 이 데이터를 사용하여 재무계획의 정확성을 향상한다"고 강조한다.

한 주요 보험기업의 중역은 세그먼테이션 데이터를 전략 계획에 어떻게 사용하는지를 다음과 같이 설명했다. "세그먼테이션 조사의 결과를 전략계획위원회에 전달하여 장래에 시장과 신규 시장에 어떤 초점을 맞추어야 할지에 대한 판단을 내린다."

또 다른 기업들은 세그먼테이션 데이터가 제품 개발에 아주 중요하다는 점을 깨닫는다. 미국 내 5대 자산관리 기업의 한 중역은 "우리의 상품개발부는 세그먼테이션 결과를 통해 가장 가치가 높은(수익성이 높은) 일부 고객에게만 제공하는 특별 고객 겨냥 상품을 개발한다"고 말했다.

다임러 크라이슬러(DaimlerChrysler)의 한 사업부인 메르세데스 벤츠(Mercedes-Benz)는 고객 세그먼테이션의 이해를 전략적 시도의 방향을 정하는 데에 적용한다. 과거 메르세데스 벤츠는 주로 50세 이상의 부유한 남성을 겨냥했다. 이 기업은 고객 세그먼테이션 조사를 통해 매력적인 젊은 고객 세그먼트가 있음을 시사했다. 성공적이고 부유한 젊은 전문가들로 구성된 이 고객 세그먼트는 10년 전까지만 해도 존재하지 않던 고객 세그먼트였지만 결혼 연령이 늦어지고 예전보다 젊은 나이에 높은 연봉을 받는 인구가 늘면서 생겨난 결과였다. 메르세데스는 2001년까지 '고급 승용차를 처음으로 구매하는 고객 세그먼트' 가

고급 승용차 시장 매출의 75%를 차지할 것이라는 판단을 내렸다.

2001년 메르세데스는 'C 클래스 스포츠 쿠프'라는 이름으로 C 클래스 승용차의 스포티한 버전을 출시하고 2만 4,950달러에 가격을 책정했다. 메르세데스의 마케팅 담당 부사장은 "C 클래스 스포츠 쿠프는 우리에게 엄청난, 그리고 완전히 새로운 기회를 의미한다"면서 "이 차의 마케팅 개념은 젊은 고객 세그먼트에게 다가가야 할 뿐만 아니라 그들이 메르세데스 벤츠에 대해 가지고 있는 가격과 이미지에 도전하는 것"이라고 말했다. 그리고 이 신차를 홍보하기 위해 30대의 명랑한 운전자가 등장하는 TV 광고를 만들어 젊은 세그먼트가 많이 보는 시트콤 프로그램과 드라마, 토크쇼 및 음악 채널에 이 광고를 삽입했다. 메르세데스의 마케팅 담당 부사장의 말에 따르면 "메르세데스는 처음으로 고급 승용차를 구매하는 고객에게 '차선을 바꾸라'고 말하는 것"이라고 한다. 메르세데스의 대변인은 "메르세데스를 사는 것이 괜찮고 쿨하다고 판단하는 성공적인 젊은이들이 늘고 있다"고 밝혔다.

## 조직 구성의 최적화

소니(Sony)는 고객 세그먼테이션을 사용하여 기업 조직을 완전히 새롭게 구성했다. 소니는 2002년 초에 고객에 대한 이해를 높이고 고객에게 더 맞는 제품을 제공하기 위해 고객 세그먼테이션을 통해 기업 내외의 조직을 재편성했다. 소니는 고객의 인생 단계와 선호도, 필요에 따라 제품과 서비스를 겨냥할 수 있도록 고객 세그먼트에 의한 재편성을 하기로 결정했다. 심층 고객 세그먼테이션 조사의 결과 새로운 고객 세그먼트가 탄생했으니, 곧 부유층 세그먼트, CE Alpha 세그먼트(조기 구매자), Zoomer 세그먼트(55세 이상), SoHo 세그먼트(small office/home office), 젊은 전문인/D.I.N.K 세그먼트(자녀 없는 맞벌이 부부, 25~34세), 가족 세그먼트(35~54세), Y세대 세그먼트(25세 미만) 등이 그것이다.

소니는 이런 세그먼테이션을 통해 세그먼테이션에 근거한 새로운 조직 구성을 단행했다. 새로운 조직 구성은 마케팅, 제품 개발, 유통 상품화, 광고, 소비자 충성도 프로그램 등의 모든 부서에 걸쳐 리더십 위치와 시장접근 전략에 영향을 미쳤다. 과거에는 제품 매니저가 제품을 관장하고 마케팅했지만, 새로운 조직에서는 경영진에게 고객 세그먼트를 관장하고 관리할 책임이 주어진다. 또한 신제품 개발 사업본부가 재편성되어 파악된 고객 세그먼트의 선호도에 근거한 새로운 세대의 제품을 설계할 책임이 주어졌다.

소니는 조직 재편성을 지원하기 위해 고객 세그먼트 마케팅 사업부(Consumer Segment Marketing Division)라는 새로운 사업부를 발족했다. 이 사업부는 모든 고객 세그먼트에 걸친 마케팅 커뮤니케이션을 위한 세그먼테이션 조사와 분석을 제공하고 "요람에서 무덤까지의 모든 소니 고객에 대한 친숙한 이해를 확보"하기 위해 노력한다. 소니의 의지는 확고하다. "우리는 새 회계년도부터 약 80억 달러 규모의 소비자 비즈니스를 고객 세그먼트별로 수정하여 가상 손익계산서를 만들고 보고할 것이다."

**모든 분야의 노력 : 조직 내의 고객 세그먼테이션 적용**

한 종합유통업체는 어떻게 기업이 고객 세그먼테이션을 조직 내에 적용할 수 있는지를 잘 보여준다. 이 기업은 고객에 대해 깊이 이해하는 것을 사내 문화로 정착시키고 필요한 바이인(buy-in)을 적극적으로 찾아봄으로써 이런 노력을 일상이 되게 하고 있다. 기업 전체에 걸친 고객 세그먼테이션의 목표는 실효성이 있고 전략적인 결정을 위해 필요한 심도 있는 고객 이해를 갖추는 것이다.

세그먼테이션은 과거(지난 4년 간)의 거래 데이터, 설문 데이터, 인터뷰 데이터, 제3사 데이터에 기초한다. 이 기업은 행동 유형, 인구통계, 태도, 재정 등의 몇 가지 주요 고객 이해 유형을 동원하여 고객 세그먼테이션을 실시한다.

이 기업의 한 중역은 바이인을 확실히 하기 위한 방법의 핵심을 다음과 같이 설명했다. "고객 세그먼테이션은 어떤 방법이 되더라도 직관적이지 않으면 아무도 신뢰하지 않고 바이인을 하지 않을 것이다." 이 기업은 여러 방법으로 기업 바이인을 획득한다. CEO와 직속 간부들로 구성된 고객자문회의(Customer Advisory Council)는 매달 공식 회의를 개최한다. 회의의 핵심 주제는 고객 세그먼테이션을 실용적이게 하는 것이고, 목표는 상부 경영진의 바이인을 획득하는 것이다. 기업은 주요 납품업체와 3시간에 걸친 1 대 1 회의를 20회 이상 마련한다. 기업 경영진은 이 회의에서 납품업체에게 세그먼테이션 조사의 결과를 알려주고 고객이 어떤 모습인지, 왜 고객이 이 기업을 찾는지, 그리고 고객들이 어떤 점에서 서로 비슷하거나 다른지 등을 설명한다. 또 기업은 정기적으로 각 비즈니스 라인(LOB)의 책임자와 회의를 열고 LOB 차원에서 어떻게 기업 전체에 걸친 세그먼테이션을 실효성 있게 할 수 있는지 논의한다. 이 기업의 한 중역은 서로 다른 이런 회의가 왜 중요한지를 설명한다. "바이인은 한 번에 하나씩 이루어지니까요."

# 결론

효과적인 고객 세그먼테이션이 기업의 성공에 기여하는 정도는 단순히 다음 마케팅 홍보 방안을 채택하는 정도가 아니다. 포괄적이고 역동적이며 다차원적인 접근은 기업이 고객에 대해 알게 해주고 고객에 대해 알게 된 것을 최대한 활용해 고객에게 더 좋은 상품을 제공할 수 있게 도와준다. 고객에 대해 알게 된 지식은 마케팅의 차원뿐 아니라 기업 전체에 충분히 활용되어 고객이 전략 수립과 결정의 핵심 부분이 될 수 있도록 해야 한다.

## 부록 : 세그먼테이션의 실용화를 위한 활용 도구 및 기술

다른 실용화 도구보다 복잡하고 효과적인 세 가지 세그먼테이션 도구를 자세히 살펴보면 이런 도구와 기타 검증된 기교와 기술을 사용하면 수주에 걸릴 목표를 수일에 달성 가능하다는 것을 알 수 있다.

1) 예측 모델링과 분석 : 고객과 잠재 고객이 특정 행동(예 : 상품 구매, 판촉홍보에 대한 응답, 채무의 불이행)을 할 가능성을 예측하기 위해 장래의 조건에 대한 추측과 함께 과거 데이터를 모델링하는 도구.

2) 고객 피라미드 도구 : 기업에 대한 고객의 수익성과 가치에 따라 고객을 '세그먼트'로 나누기 위해 사용되는 도구. 각 세그먼트 내에서 잠재력이 높은 고객을 파악하여 피라미드의 더 높은 세그먼트로 올리기 위해서도 사용된다.

3) RFM과 RFA : 최근성(recency, R), 빈도(frequency, F), 금액(monetary,

M : 고객이 지출하는 금액) 또는 평균(average, A : 평균 구매액)의 변수를 사용하여 가장 우수한 고객을 정량적으로 파악하는 분석.

## 예측 분석

예측 모델링과 고객 분석 모듈은 마케팅과 비즈니스 투자에 높은 회수가 가능하도록 해준다. 예측 분석을 활용하면 수백 가지 변수를 도입하는 복잡한 모델을 만들어 고객에 대해 더욱 정교한 전제와 예측을 만들 수 있다. 예측 분석에는 몇 가지 종류가 있다.

- 예측 : 데이터 마이닝 연산을 사용하여 경향을 파악하고 장래 매출과 행동을 예측하는 것.
- 예측 프로파일링(경향 분석) : 데이터 마이닝 연산을 사용하여 고객이나 고객 세그먼트가 특정 행동(예 : 상품 구매, 판촉홍보에 대한 응답, 배상 청구 등)을 할 가능성을 예측하는 것.
- 예측 매핑(mapping) : 모델을 사용하여 수익성이 있는 고객의 특성을 찾아내고, 예측 분석을 적용하여 현재의 어떤 고객과 어떤 잠재 고객이 우소 고객과 유사한 행동을 하고 우수 고객이 될 가능성이 있는지 판단하는 것.

캘리포니아 주 오렌지 카운티의 웨스트민스터(Westminster) 경찰서는 예측 분석을 아주 독특한 방법으로 활용한다. 이 경찰서는 범죄 분석과 예측 시스템에 예측 모델을 사용하여 지역 범죄 패턴을 예측하고 순찰 인원을 배치하며 자원을 할당한다. 이 시스템은 앞으로 범죄 경향을 예측하고 순찰 배정을 개선하며 더 나은 범죄 예방 프로그램을 개발하는 데에 사용될 것이다.

IBM 연구소와 파머스 그룹 보험기업(Farmers Group Insurance)은 보험 가입자들이 약관 때문에 야기될 수 있는 위험을 정확하게 파악하기 위해 동질의 보험 위험 그룹을 찾아내기 위한 예측 모델링 애플리케이션을 공동으로 개발했다. 이런 공동 노력으로 보험약관과 청구 데이터를 파헤쳐 위험을 예측·파악하는 보험계약 수익성 분석(Underwriting Profitability Analysis, UPA) 애플리케이션을 탄생시켰다. IBM의 예측 데이터 마이닝 엔진인 ProbE는 수백만 보험 계약 기록을 파헤쳐 이익 실현을 위한 규칙을 만들어낸다. 이 분석은 한 주에서만 가장 이익 잠재력이 높은 보험계약에 6개 규칙을 적용하면 수백만 달러의 순익을 낼 수 있음을 발견했다. 예컨대 한 가지 규칙에 따르면, 한 가정에서 소유하고 있는 유일한 승용차가 스포츠카가 아닐 경우, 스포츠카의 사고 확률은 현저히 줄어든다. 어떤 견적에서는 이런 운전자들에게 그들이 소유하고 있는 고급 승용차를 그들이 매일 타고 다니는 승용차와 같은 보험계약에 포함시키도록 함으로써 청구액이 많이 오르지 않으면서도 2년 동안 450만 달러의 추가 소득을 기업에 가져다 주었다.

### 고객 피라미드 도구

고객 피라미드 도구는 기업에게 현재의 고객 수익성과 미래의 고객 수익성의 차이를 파악할 수 있도록 해준다. 수익성에 의한 고객 세그먼테이션의 열쇠는 고객당 유치비용과 유지비용을 소득 정보와 통합하는 것이다.

기업이 고객을 피라미드의 높은 수준으로 올리기 위해 도입할 수 있는 전술에는 여러 가지가 있다.

- 풀서비스 제공 : 고객의 구매를 증가시키려면 골드 고객들이 다른 기업에서 구매하는 서비스를 제공하라.
- 상품 범위 확장 : 골드 고객의 구매를 유혹하기 위해 핵심 상품과 관련된 상품을 제공하라.
- 금전적이지 않은 비용감소 : 가격을 인하(즉 수익 감소)하는 대신 고객이 귀사와 거래하는 것을 쉽게 만들어라.

미국 내 5대 금융기업의 한 기업은 ① 관계의 깊이(고객이 소유하고 있는 상품의 수와 자산의 규모)와 ② 고객 수익성이라는 두 가지 주요 요인에 근거해 고객에 대한 인식을 향상하고 초점을 맞추기 위해 고객 피라미드를 사용한다. 각 세그먼트에서는 성장 잠재력에 따라 고객의 순위가 정해진다. 목표는 각 세그먼트에서 가장 성장 잠재력이 높은 고객들을 한 단계 높은 세그먼트로 올리는 것이다. 각 고객 접촉점에서는 고객들에게 꼬리표를 붙여서 고객 서비스 사원이 각 고객에게 적합한 서비스를 제공할 수 있도록 한다. 잠재력이 높은 고객들은 분기별로 추적하고 분석한다.

## RFM과 RFA

RFM과 RFA는 직접 마케팅을 하기 가장 좋은 고객들을 파악하기 위해 자주 사용되는 3차원 세그먼테이션 기술이다. RFM을 이용해 세 가지 고객 속성을 살펴볼 수 있다.

- 최근성(R) : 최근에 구매한 적이 있는 고객이, 한참 전에 구매한 고객보다 다음 판촉 홍보에 응답할 가능성이 높다.

- 빈도(F) : 구매 빈도가 많은 고객이 빈도가 적은 고객보다 응답할 가능성이 높다.
- 금액(M) : 많이 소비하는 고객이 적게 소비하는 고객보다 응답을 더 잘 하는 경우가 많다.


RFA는 총 구매액(M) 대신 평균 구매액(A)을 사용하여 가장 우수한 고객을 파악한다. RFA 분석을 사용하는 이유는 가장 높은 M 고객 세그먼트가 반드시 낮은 M 고객 세그먼트보다 실적이 좋은 것은 아니기 때문이다. 오히려 가장 높은 A 고객 세그먼트가 가장 높은 M 고객 세그먼트보다 실적이 좋은 경우가 많다. 평균 주문 금액이 고객 세그먼트 사이에 현저하게 차이가 날 경우에 RFA는 특히 효과적이다. 뿐만 아니라 평균 주문 금액이 총 주문 금액보다 장래에 대한 예측에 훨씬 도움이 되는 경우가 자주 있다. 또한 금액이나 평균을 계산할 때 비용을 간과해서는 안 된다. 상품 간의 비용이 현저히 다를 경우나 고객 서비스 관련 비용이 클 때에는 특히 그렇다.

비영리단체를 위한 DM 마케팅 기업은 RFM을 종종 사용하여 기부할 가능성이 큰 사람들을 겨냥한 우편을 보낸다. 각 고객에게는 R, F, A 변수 별로 1~5점 사이의 점수가 주어진다. '5,5,5'의 점수를 기록한 고객에게는 최고 고객이라는 꼬리표가 붙는다. 대부분의 경우, 최근성이 가장 중요한 척도이고, 빈도가 두번째로 중요한 척도다. R, F, M, A의 각 변수가 가지는 상대적 중요성은 고객 세그먼트에 따라 차이가 있다는 점도 기억해야 한다.

RFM 분석을 사용하여 최악의 고객을 최고의 고객으로 착각한 사례가 있다. 수집품을 카탈로그를 통해 판매하는 한 기업은 RFM 분석을 통하여 지난 6개월 간 구매를 한 적이 있고(R), 세 번 이상 구매를 했으며(F), 300 달러 이상을 구매한(M) 고객의 목록을 만들기 시작했다. 그러나 결과를 자세히 분석해 보니 RFM 점수에 따라 최고의 고객으로 파악된 고객이 실제로는 소액의 구매를 많이(그 해에만 20회 이상) 한 것으로 나타났다. 많은 소액 구매는 이 고객에 대한 전체 고객 서비스 비용이 높아지는 결과를 가져왔다. 실제로 이 기업은 이 고객이 구매할 때마다 손해를 보고 있었던 것이다. 이 기업은 이런 오류를 수정하기 위하여 대신 평균 금액을 들여다보기로 했다. 결국 평균 금액(A)으로 바꾸어 대입하여 '사은' 혜택을 보낼 가장 수익성이 높은 최고의 고객을 더욱 정확하게 파악할 수 있었다.

**고객 세그먼테이션 기술의 시험**

주어진 시나리오에서 RFM이 RFA보다 더 나은 방법인지 여부를 판단하는 가장 좋은 방법은 이 두 방법을 비교하는 것이다. 한 시험이 가치가 있는지 판단하려면 데이터베이스에서 다름 정보를 검토하면 된다. 어느 한 질문에라도 '예' 라는 대답이 나오면 RFA를 시험해 봐야 한다.

- 최고의 고객들 사이의 평균 주문 금액에 차이가 많은가? 만일 그렇다면 평균 구매액을 보는 것이 총 구매액을 보는 것보다 낫다. 평균 주문 금액이 가장 높은 고객 세그먼트가 총 주문액이 가장 높은 고객 세그먼트보다 실적이 좋기 때문이다. A와 M 사이의 차이는 평균 주문 금액이 고객세그먼트 사이에 현저하게 다를 때 가장 두드러진다.
- 귀사의 대부분 고객들은 금전적 가치가 낮고 1 이상의 빈도를 가

지고 있는가? 주문을 많이 하는 것은 좋지만 잦은 소액 주문은 비용이 많이 들 수 있다. 평균 주문 금액을 검토하면 소액 고객 사이의 차별을 할 수 있다.

● 귀사의 고객들은 일정한 금액의 주문(고액 고객은 계속 고액 주문, 소액 고객은 계속 소액 주문)을 하는 편인가? 만일 그렇다면 '평균'이 총금액보다 장래의 행동을 더 잘 예측해 줄 것이다. 많은 고객들은 구매를 할 때마다 자신에게 편안한 금액이 있다. 기업은 평균 주문 금액을 파악해서 이런 고객에게 적당한 마케팅을 해야 한다.

정리하면, 세그먼테이션 기술과 도구를 활용하는 기업은 세그먼테이션 결과를 효과적으로 적용하여 전통적인 비즈니스 활동을 개선할 수 있다. 세그먼테이션 기술과 도구는 정확성을 향상하고 시간을 줄이기 위해 마련된 것이다. 이는 기업이 더욱 효율적으로 고객 데이터를 분석하고 세그먼테이션 조사의 결과를 시장에 적용할 수 있도록 해준다.

# 소비자 의사결정 프로세스 모델링을 통한 매출증대 방안

전세계의 CEO들은 기존 소비자의 점유율을 높이거나 새로운 경로와 시장을 확장함으로써 기존 제품과 서비스를 통한 급성장에 초점을 맞추고 있다. 이런 성장을 달성하기 위한 방법은, 무엇이 소비자의 결정을 귀사 쪽으로 향하게 하는지 깨닫는 것이다. 그러나 소비자가 특정 구매 결정을 내리는 이유를 들여다보면 그 세부 내용의 양은 엄청나다. 말 그대로 수천 가지 요소가 하나의 구매 결정에 영향을 미친다. 어느 요소가 다음 소비자를 확보하거나 확보하지 못하는 요인으로 작용하는지를 아는 것은 매출증대를 달성하기 위한 열쇠다.

## 서론

귀사는 성장할 준비가 돼 있는가? 소비자가 귀사의 제품을 구입한다면 그 이유가 무엇인지 알고 있는가? 또는 경쟁사의 제품을 구입한다면 그 이유는 무엇인지 알고 있는가? 모든 소비자의 호감을 얻지 못하는 이유를 모르면서 시장을 더 점유할 수 있는가? 소비자 의사결정 프로세스(CDP) 모델링은 전통적인 시장 조사와 독특한 계량적 모델링을 합친 것으로서 소비자가 구매를 하거나 하지 않는 이유를 알려준다. 기업은 CDP를 통해 상세한 소비자 통찰력을 활용하여 소비자의 구매 이유를 세분하고, 여기서 얻은 정보를 시장점유율을 확보하고, 점증적인 수익향상을 위한 전략으로 사용할 수 있다.

## CEO들이 가장 역점을 두는 이사회 안건은 매출증대

IBM Global CEO Study의 설문에 응한 CEO의 83%는 향후 3년 간 자사의 재무실적 강화를 위한 핵심 요소로 매출증대를 꼽았다. 이들 CEO는 새로운 제품과 서비스야말로 성장을 위한 가장 좋은 기회를 제공하지만, 빠르고 효율적인 성장을 위해선 기존 소비자를 더욱 확보하고 기존의 핵심 제품들을 정확한 신규 경로와 시장에 소개해야 한다는 점을 잘 이해하고 있다. 급성장에 대한 요구에 부응한다는 것은 기업이 예전보다 더욱 넓은 분야를 망라하고, 기존 제품을 통한 매출이 증가하며 시장점유의 기회를 놓치지 않는 것을 의미한다. 그러나 기존 제품을 통해 더욱 많은 소비자를 확보하는 방법은 여전히 쉬운 문제가 아니다.

오늘날 소비자들에게는 많은 선택이 주어져 있으며, 이런 선택에 영향을 미치는 변수 또한 전례 없이 많다. 소비자 경험은 기업의 마케팅 전략, 영업 전략, 공급사슬 전략, 운영 전략 등과 합쳐지면서 소비자가 구매를 하거나 하지 않는 이유에 영향을 미치게 마련이다. 따라서 오늘날의 CEO들은 기업 조직을 넓게 바라보고 자사가 "금년에 점증적 매출증대를 달성하기 위하여 무엇을 하고 있는가, 또는 무엇을 하지 않고 있는가"라는 질문을 한다. 비용절감의 방법을 찾기 위해 밤잠을 설치며 고민하던 CEO들에게 이 질문에 대한 대답은 큰 도움이 될 것이다.

## 매출증대 열쇠는 소비자가 구매하는(구매하지 않는) 이유 파악

기업이 시급한 매출 문제에 대처하려면 오늘날의 일반적인 시장 조사가 제공하는 것 이상의 통찰력을 필요로 한다. 어떤 방안이 매출증대에 적합한 효과가 있을지를 파악하고 우선순위에 배치하기 위해서는 소비자가 내리는 결정의 이유를 수치화할 수 있어야 한다. 소비자들이 특정 제품과 채널, 경쟁사를 선택하는 이유를 더욱 잘 설명할 수 있는 통찰력으로 무장한 기업은 기존 제품의 유통량을 증가하고 경쟁사로부터 시장점유율을 빼앗아옴으로써 성장에 집중할 수 있다.

CDP 모델링은 소비자의 구매 의사결정에 대한 더욱 깊은 통찰력을 제공하여 수익증대 과제를 해결할 수 있도록 해준다. CDP는 소비자의 의사결정 과정을 소비자의 태도에서 가격의 경쟁성에 이르기까지, 광고의 메시지에서 영업사원의 수단에 이르기까지, 소비자의 감성에서 제품의 성격에 이르기까지, 의사결정에 영향을 미치는 수천 개의 전략적 요소로 해부한다. CDP는 수백 가지 소비자 의사결정 데이터를 사용하여 특정 요소가 최종 구매 결정에 얼마나 영향을 미치는지를 측정한다. CDP 모델링을 활용하면 빠른 수익증대를 이끌어내고 시장점유율을 확보할 수 있다. 미국의 한 유통업체는 CDP 통찰력을 사용하여 10억 달러 이상의 점증적 성장을 기대할 수 있는 변화에 투자했다.

## 소비자의 구매 이유 : 모든 통찰력이 똑같지는 않다

K씨는 A사의 제품을 매우 좋아한다. 설문에서도 A사에 대한 만족과 브랜드 충성도를 표명한 바 있다. 그러나 K씨는 제품을 새로운 것으로 바꿔야 할 때가 되면 A사의 제품과 거의 같은 기능을 갖추었지만 가격이 더 비싼 경쟁사의 제품을 고른다. 왜 그럴까?

기업은 소비자들이 자사 제품을 구매하거나 구매하지 않기로 결정하는 '이유'를 수치화해서 우선순위를 정할 수 있는 통찰력이 있어야 한다. 소비자의 결정에 작용하는 수백 가지 요소 가운데 어떤 것이 궁극적으로 구매와 비구매 사이를 오가는 요소가 되는지를 정확하게 아는 것은 매출증대를 위해 매우 중요하다. 더욱 중요한 것은, 이런 우선순위는 특정 소비자층을 대변할 수 있는 시장표본에서 비롯된 것이어야지 일부 소비자에 근거한 것이 되어선 안 된다는 것이다. 지금까지의 전통적인 질적 · 양적 조사는 소비자가 구매를 하는 '이유'에 대해 이처럼 폭넓게 수치화된 이해를 기업들에게 제공하지 못했다.

## 전통적인 질적 조사는 '이유'를 수치화하지 못한다

포커스 그룹, 인터뷰, 설문, 민족지학(인류 문화와 사회적 상호작용을 과학적으로 관찰하고 측정하는 학문) 등 오늘날의 질적 조사는 소비자 행동의 '이유'를 이해하는 주요 도구다. 이런 질적 방법은 구매 결정에 대한 '이유'를 찾아주기는 하지만 매출증대를 가져올 전략적 결정을 자신 있게 내리기 위해 필요한 양적 조사의 객관적 통찰력을 제공하지는 못한다. 궁극적으로, 질적 조사의 인터뷰는 좁은 범위의 소비자에게 국한되어 적용될 수밖에 없고 미리 준비된 질문에 대한 응답만 얻는 경우가 많기 때문에 소비자들의 가치 · 필요 · 동기 등을 정확하고 일관되게 표현하고 순위화하기가 어렵다. 뿐만 아니라 질적 조사의 결과는 조사기관 직원의 주관적 해석에 따라 좌우되고, 질적 조사의 표본 제한성으로 인해 소비자 동기에 대한 양적 순위화를 못하거나 거의 하지 못한다.

## 전통적인 양적 조사는 '이유'에 기여하는 수백 가지 요소를 찾아내지 못한다

양적 소비자 조사는 소비자 결정의 '누가, 무엇을, 언제, 어디서'에 대한 통찰력은 잘 제공해 왔다. 그러나 '왜'에 해당하는 통찰력은 그리 잘 제공하지 못했다. 소비자의 인구 통계, 구매 거래의 양상 분석, 분류(인구통계적 · 태도적 · 심리특성적)의 광활한 데이터 모음은 소비자에 대

## 【요구되는 소비자 통찰력】

- **누가** : 확인 가능한 특성을 통해 소비자를 분류하지만 그러한 특성의 변화를 설명하거나 예측하지 못함
- **무엇을** : 소비자가 무엇을 사는지는 파악하지만 구매 양상의 변화를 설명하지 못함
- **언제** : 소비자가 언제, 얼마나 오랜 기간 동안 구매를 하는지는 파악하지만 왜 소비자들 간에 시간적 차이가 있는지는 설명하지 못함
- **어디서** : 소비자가 구매를 하는 장소(예 : 위치, 지역, 채널)는 파악하지만 장소적 차이가 왜 존재하는지는 설명하지 못함
- **왜** : 소비자 행동, 구매 양상, 시간 등의 집합적 양상의 변화와 차이를 설명

## 【왜 K씨는 경쟁사의 제품을 구매하기로 결정했을까?】

- 어쩌면 결혼을 해서 그의 아내가 주요 구매 결정에 도움을 주기도 하고, 때로는 그의 아내가 결정을 내릴지도 모른다. 즉 결정 과정에 변화가 생긴 것이다.
- 그가 선호하는 브랜드의 재고가 없었지만 경쟁사의 재고는 있었을지 모른다. 즉 공급사슬에서의 재고 문제다.
- 영업사원이 경쟁사의 제품에 대해 더 잘 알고 있거나 인센티브를 가지고 있어서 그 제품이 더 좋게 보이도록 설명했을지도 모른다. 즉 유통경로에서 경쟁사의 우위 문제다.

질적 조사의 인터뷰는 이런 세부사항을 밝혀줄 것이다. 그러나 양적 조사를 통해야만 이들 중 어떤 이유가 시장에서 전략적으로 대처해야 할 필요가 있을 정도로 충분한 수의 소비자에게 해당하여 우선순위로 정해야 하는지를 파악할 수 있다.

해, 그리고 그들이 무엇을 어디서 언제 사는지에 대해 알려줄 수 있다. 이들 자료는 소비자의 필요를 충족시키는 회사의 운영 능력을 측정하거나 회사의 제품에 관심이 있는 작은 부류의 소비자를 찾아내는 데 아주 값진 자원이다.

조사기관들은 공동 분석을 통하여 '이유'를 양적으로 밝혀왔다. 그러나 공동 분석은 소비자 결정(브랜드, 단위 가격, 제품 특징, 진열 위치 등)에 기여하는 작은 집합(흔히 6~8 항목)의 하부 요소만을 측정하기 때문에 한계가 있다. 소비자가 구매를 하거나 하지 않는 '이유'에 대한 확실한 양적 이해를 하려면 앞서 언급한 결정에 영향을 미치는 수백 가지 요소를 포함하는 상세한 동기를 찾아내고 우선순위를 정할 수 있는 조사 방법이 되어야 한다. 이러한 세부 동기(특정 브랜드에 충성도가 있다고 말한 소비자가 주요 경쟁사의 제품을 구입하는 수십 가지의 이유)가 매출증대를 원하는 회사에게 가장 중요한 통찰력을 궁극적으로 제공하는 것이다.

질적 · 양적 조사의 장점을 합쳐 소비자의 결정에 영향을 미치는 수천 가지 요소를 효과적으로 파악 · 측정하며, 우선순위를 정하려면 새로운 접근이 필요하다. 가장 중요한 것은 수백 가지의 세부적이고 정확한 소비자 선택이 어떻게 소비자가 언제 무엇을 어디서 살 것인지를 결정하는 데에 영향을 미치는지를 측정하려면 계량적 모델링이 있어야 한다는 것이다. 또한 구매 의사결정이 복잡하고 소중할수록 소비자가 궁극적인 결정을 내리는 이유를 정확하게 꼬집어내기 어려워진다. 단기 성장을 달성하려면 소비자가 어떤 회사의 제품을 사도록 이끄는 중대한 결정을 수치화하고 순위화하는 집중된 노력이 있어야 할 것이다.

## CDP 모델링 : 성장을 위한 노력

CDP 모델링은 주요 양적 분석을 소비자의 구매 의사결정 프로세스에 적용하는 기술이다. CDP 모델링은 소비자가 구매를 하거나 하지 않는 '이유'에 기여하는 별도의 질적·양적 연구 조사에서 찾아내지 못하는 수백 가지의 세부 사항에 대한 통찰력을 제공한다. 이는 통합된 다섯 단계를 통해 이루어진다(그림 1 참조).

**1단계** : 1 대 1의 심층 인터뷰를 통해 소비자가 구매 결정을 내리는 과정에 대한 중요한 초기 이해를 얻는다. 인터뷰는 소비자들에게 구매 경험에 대한 전체적인 이야기를 자신들의 방식대로 이야기할 수 있게 해준다. 이런 인터뷰는 미리 방향을 정해 놓지 않은 '불시의' 질문을

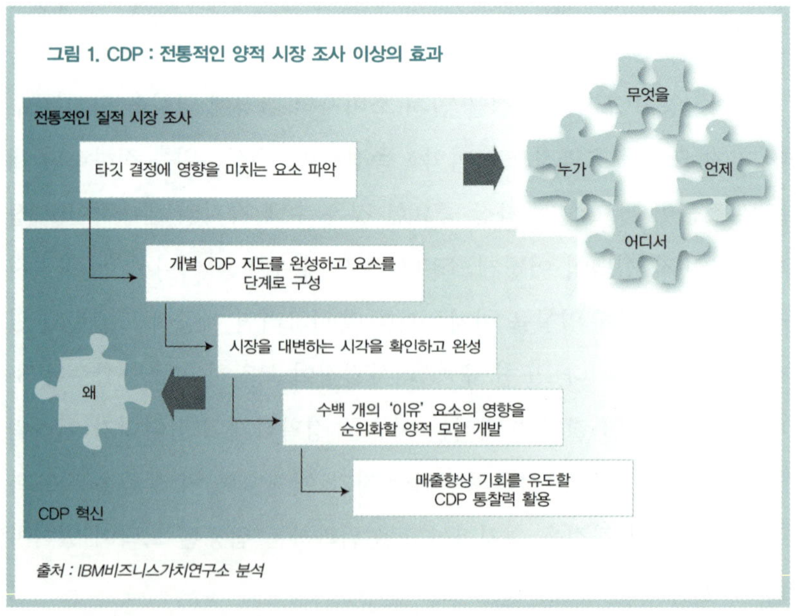

하는 인터뷰라는 점에서 기존의 질적 조사와는 다르다. 따라서 소비자는 제품이나 서비스의 어떤 점을 좋아하거나 좋아하지 않느냐는 조사팀의 근시안적인 질문에 담겨 있는 편견을 배제한 개방된 대화를 할 수 있다. 뿐만 아니라, 1 대 1 접근방식은 소비자들에게 가장 세부적인 경험까지도 자유롭게 이야기할 수 있도록 해준다. 그런데 소비자가 어떤 회사의 제품을 구입했거나 구입하지 않은 '숨은' 이유는 바로 이러한 세부 경험에 관한 이야기에서 나오는 경우가 많다. 끝으로 최대한 넓은 목표 고객층을 대상으로 하기 위해 소비자를 선정할 때 최소한의 제약을 사용한다.

전형적인 '불시의' 인터뷰는 다음과 같은 기본적인 질문을 한다.

"처음으로 [제품]에 대해 생각해 본 기억이 나는 시점으로 돌아가볼까요? 무엇 때문에 [제품]에 대해 생각하기 시작하고 고려하기 시작했나요?"

"쇼핑 경험에 대해서 이야기해 주실 수 있을까요? 쇼핑과 관계된 어떤 활동을 하셨습니까? 이런 활동에 대해서 좀더 자세히 설명해 주시겠어요?"

인터뷰는 소비자들이 회상하는 최근의 구매 경험을 통하여 구매 결정에 영향을 미치는 수천 요소를 찾아낸다. 이 요소에는 '강한' 영향(소비자의 요구와 필요, 소비자 활동, 경쟁사 활동)과 '약한' 영향(소비자 신념과 감정)이 포함된다(그림 2 참조).

| 구 분 | 요소 유형 | 예 |
|---|---|---|
| 유형적 영향 | 소비자 요구와 필요 | • 가장 선호하는 제품 특징<br>• 선호하는 정보의 원천 |
| | 소비자 활동 | • 예산 내에서 최상의 구매 상상<br>• 새로운 옵션과 아이디어 추구 |
| 무형 요소 | 경쟁사 활동 | • 제품과 서비스 가격 설정<br>• 새로운 광고 시도 |
| | 소비자 신념과 감정 | • A, B, C사의 브랜드 명성<br>• 구매에 대한 감성적 요소(사랑, 기쁨 등) |

출처 : *IBM비즈니스가치연구소 분석*

**2단계** : 개별 소비자 결정 인터뷰에서 얻은 수백 가지 요소를 프로세스 지도로 전환한다(그림 3 참조). 그런 다음 소비자 프로세스 지도를 요약하여 소비자 결정을 단계별로 정리한다. 각 지도는 결정 과정에 영향을 미치는 다양한 영향이나 요소에 따라 생겨난, 소비자가 거치는 여러 단계나 행동을 보여줄 수 있다. 종종 구매 결정에 영향을 미치는 요소나 영향을 미치지 않는 요소의 숫자와 종류는 놀라울 정도다.

다음은 소비자 구매 과정을 단계별로 요약하여 결정에 영향을 미치는 요소를 정리한 것이다. 가장 일반적인 단계에는 다음과 같은 것이 있다.

● 배양 : 소비자들이 필요를 확인하고 적극적으로 구매를 위한 선택 사항을 찾아보고 있지만 여러 이유로 인해 구매할 준비가 되어 있지 않거나 구매를 지연하고 있다. 조사원들이 발견한 바로는 복잡한 구매의 배양 단계는 몇 년 간 지속될 수도 있다. 이는

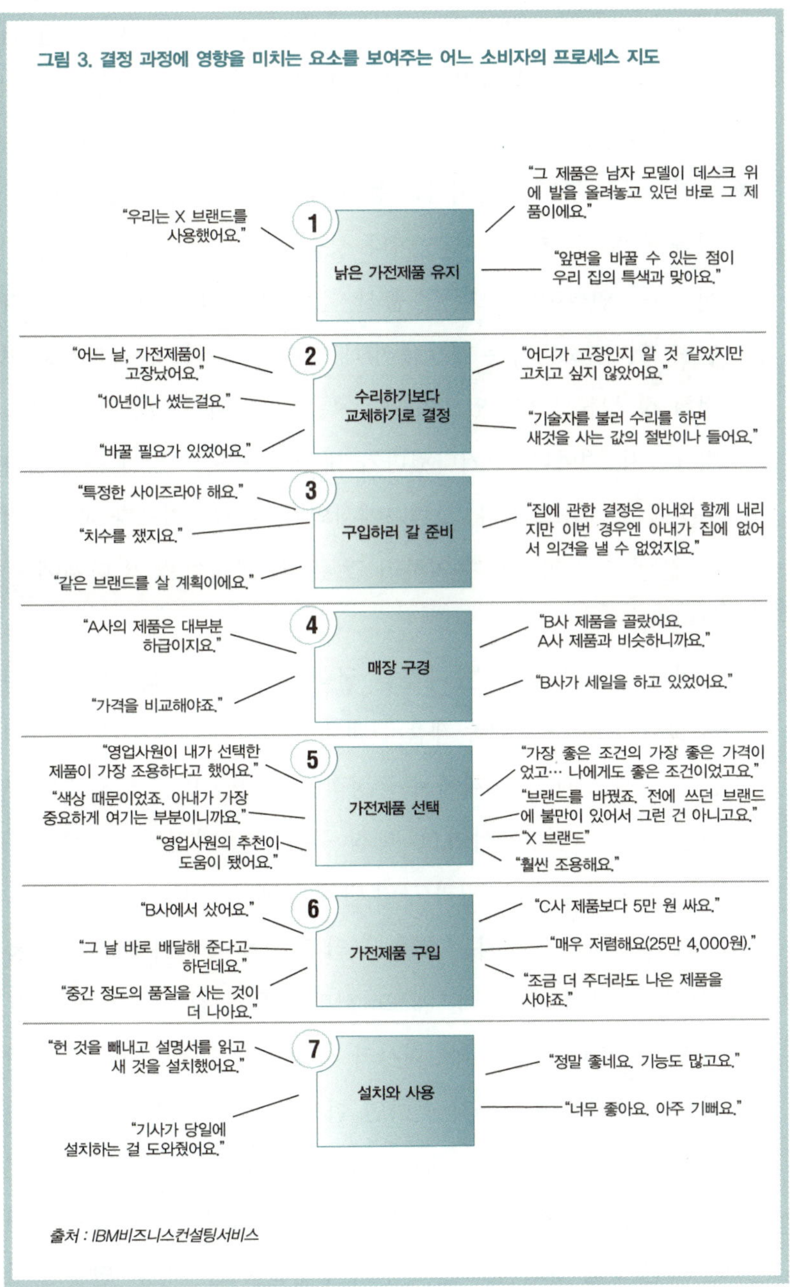


출처 : IBM비즈니스컨설팅서비스

판매를 서두르는 회사들이 놓치기 쉬운 기회의 창이다. 예를 들어, 그림 3의 ①번 과정인 '낡은 가전제품 유지'가 배양 단계에 해당된다.

● 동기 : 구매 모드로 들어가는 동기가 되는 사건에는 여러 가지가 있을 수 있다. 제품의 고장이나 성능 저하, 새로운 신용계좌 개설, 연봉 인상이나 보너스, 출산, 심지어 손님 초대마저 동기가 될 수 있다. 소비자는 매장을 향해 집에서 나가는 순간까지도 여전히 정보를 모으고 있으며 제품 특징과 얼마나 당장 새 제품이 필요한지, 얼마나 더 기다렸다가 새 제품을 사도 될지 등의 기타 변수를 고려하고 있다. 그림 3에서의 ② '수리하기보다 교체하기로 결정' 과정과, ③ '구입하러 갈 준비' 과정이 동기 단계에 해당한다.

● 쇼핑과 구입 : 소비자는 제품을 선택하고 구입할 목적으로 쇼핑을 한다. 소비자는 최종 제품 선택을 하면서 중대한 가격 대 가치를 비교하고 배양 단계에서 긍정적인 영향을 받은 회사에서 구입을 한다. 그림 3에서의 ④ '매장 구경', ⑤ '가전제품 선택', ⑥ '가전제품 구입'이 쇼핑과 구입 단계에 해당된다.

● 구입 후 기대 : 소비자는 최종 구입 결정을 내리기 전부터 제품의 성능이나 설치, 수리, 애프터서비스 등과 같은 구입 후의 문제를 평가한다. 판매 후에 회사가 제공할 수 있는 서비스에 대한 정보를 제대로 전달하지 못하면 현재의 판매는 물론 미래의 판매마저 놓칠 수 있다. 실제로 구입을 한 후에도, 소비자는 몇 년 동안 제품에 대한 전반적인 만족도를 평가한다. 가장 중요한 것은 이런 구입 후의 평가는 차후의 구입을 위한 '배양' 단계에 작

용을 하게 된다는 것이다. 그림 3에서의 ⑦ '설치와 사용'이 구입
후 기대 단계에 해당한다.



소비자 K씨를 기억하는가? 그가 설문에서는 A사의 제품에 만족한다는 대답을 했음
에도 불구하고 경쟁사의 제품을 선택한 이유는 A사 제품의 장기적인 일상적 마모와
훼손이 그의 기대에 미치지 못했기 때문인지도 모른다. 아니면 그가 신제품 구입에
대한 생각을 배양하고 있을 때, A사가 그의 관심을 인식하지 못하고 구입하기 전 여
러 달 동안 그에게 필요한 제품 정보를 제공하지 못했기 때문인지도 모른다.
CDP는 K씨와 같은 소비자에게 이러한 세부 사항을 들여다보고 배양 기간 동안에
도움을 주지 못하는 회사와 같은 소비자의 결정으로 이끄는 많은 요소를 파악하게
해준다.

**3단계 :** 개별 소비자 결정이 양적 시장 설문조사를 통하여 확인된
다. 400명에서 많게는 1,600명의 소비자에 달하는 양적 설문 참가자
들은 어떤 행동과 영향이 시장에 가장 광범위한 효과를 가져오는지 확
인하고 소비자 결정 과정 경향의 유형을 파악하는 데에 필요한 심도
있는 정보를 제공한다. 설문은 여러 단계를 중심으로 구성되며 다음과
같은 영역을 포함한다.

- 배양 단계
  - 새로운 제품 또는 서비스를 구입할 생각을 언제부터 했는가?
  - 새로운 제품 또는 서비스를 구입하기로 결정하기 전에는 어떤
    행동을 취했는가?
- 동기 단계
  - 구입할 당시를 돌이켜 보며, 그 때 새로운 제품 또는 서비스를

구입하기로 결정한 이유를 가장 잘 설명하는 것은 무엇인가?
- ● 쇼핑과 구입 단계
  - 귀하가 선택한 제품 또는 서비스를 선택하기로 한 결정에 영향을 준 제품 특성은 무엇인가?
  - 귀하가 선택한 제품 또는 서비스를 구입한 매장을 선택하게 된 매장의 속성은 무엇인가?
- ● 구입 후 기대 단계
  - 귀하가 선택한 제품 또는 서비스를 어떻게 설치했는가?
  - 제품 구입 후 유통업체 서비스에 대해 얼마나 만족하는가?

설문의 질문들은 질적 조사 과정에서 확정된 요소로부터 직접 구성된 것이다(그림 4 참조). 시장 조사 설문은 결정 과정이 각 요소에 의해 영향을 받은 소비자의 비율을 파악한다. 그리하여 소비자가 결정을 내리는 방법을 확인하여 시장 전체를 대변할 수 있는 소비자 결정 과정을 만들어낸다.

**4단계** : CDP 모델링은 양적 모델을 통해 구매 결정에 미치는 수천 요소의 영향의 우선순위를 매겨준다. CDP는 설문의 응답을 사용하여 제품 선택과 결정 단계가 회사에 가장 중요한 '표적' 소비자에게 어떤 영향을 미치는지에 대한 지도를 만든다. 예를 들어, 구입을 한 채널(매장, 웹, 카탈로그), 구입을 한 유통업체, 선택한 제품 특징, 선택한 서비스 등급 등이 이에 해당한다. 다음으로 제품 선택, 각 결정 단계(배양에서부터 구입 후까지), 표적 결정에 영향을 미친 요소를 지도로 만든다(그림 5 참조).

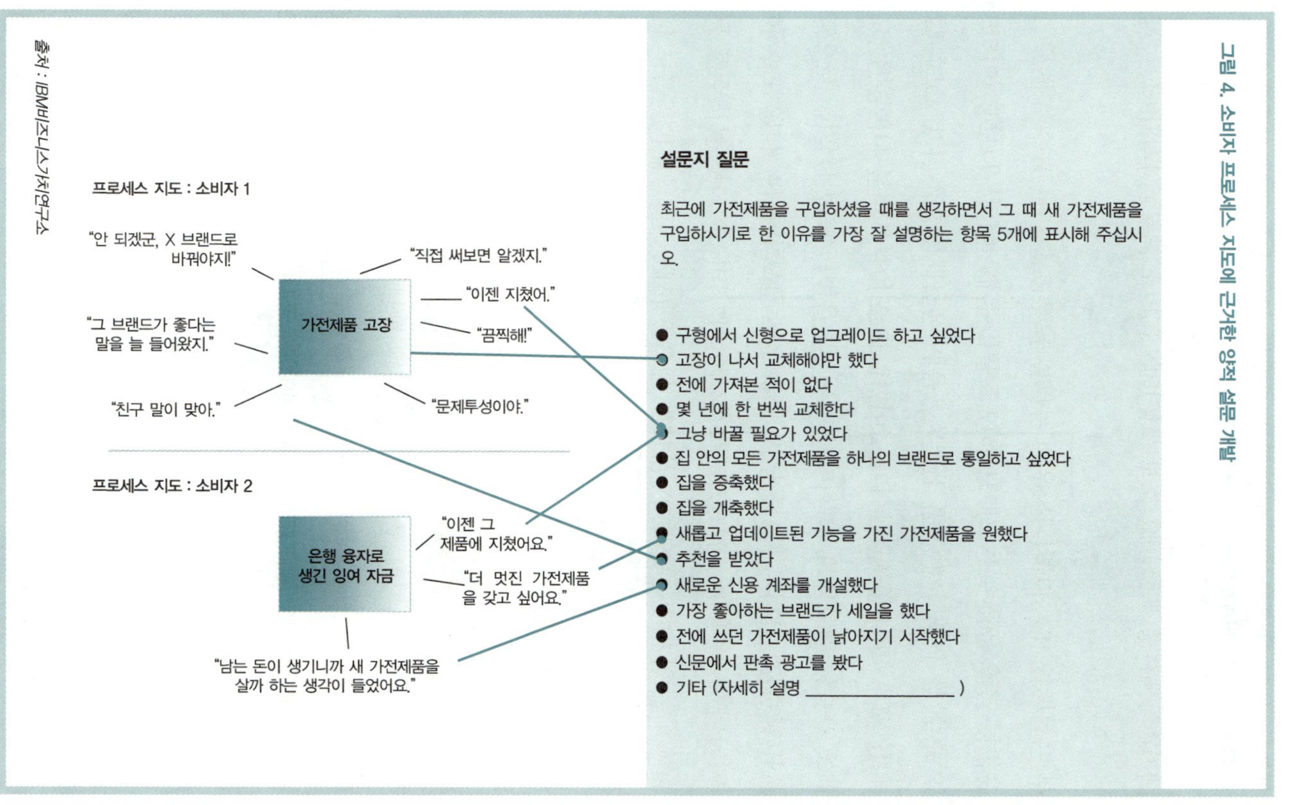
설문지 질문

최근에 가전제품을 구입하셨을 때를 생각하면서 그 때 새 가전제품을 구입하시기로 한 이유를 가장 잘 설명하는 항목 5개에 표시해 주십시오.

● 구형에서 신형으로 업그레이드 하고 싶었다
● 고장이 나서 교체해야만 했다
● 전에 가져본 적이 없다
● 몇 년에 한 번씩 교체한다
● 그냥 바꿀 필요가 있었다
● 집 안의 모든 가전제품을 하나의 브랜드로 통일하고 싶었다
● 집을 증축했다
● 집을 개축했다
● 새롭고 업데이트된 기능을 가진 가전제품을 원했다
● 추천을 받았다
● 새로운 신용 계좌를 개설했다
● 가장 좋아하는 브랜드가 세일을 했다
● 전에 쓰던 가전제품이 낡아지기 시작했다
● 신문에서 판촉 광고를 봤다
● 기타 (자세히 설명 ________________ )

프로세스 지도 : 소비자 1

"안 되겠군, X 브랜드로 바꿔야지!"
"직접 써보면 알겠지."
"이젠 지쳤어."
"끔찍해!"
"그 브랜드가 좋다는 말을 늘 들어왔지."
가전제품 고장
"친구 말이 맞아."
"문제투성이야."

프로세스 지도 : 소비자 2

은행 융자로 생긴 잉여 자금
"이젠 그 제품에 지쳤어요."
"더 멋진 가전제품을 갖고 싶어요."
"남는 돈이 생기니까 새 가전제품을 살까 하는 생각이 들었어요."

출처 : IBM비즈니스가치연구소

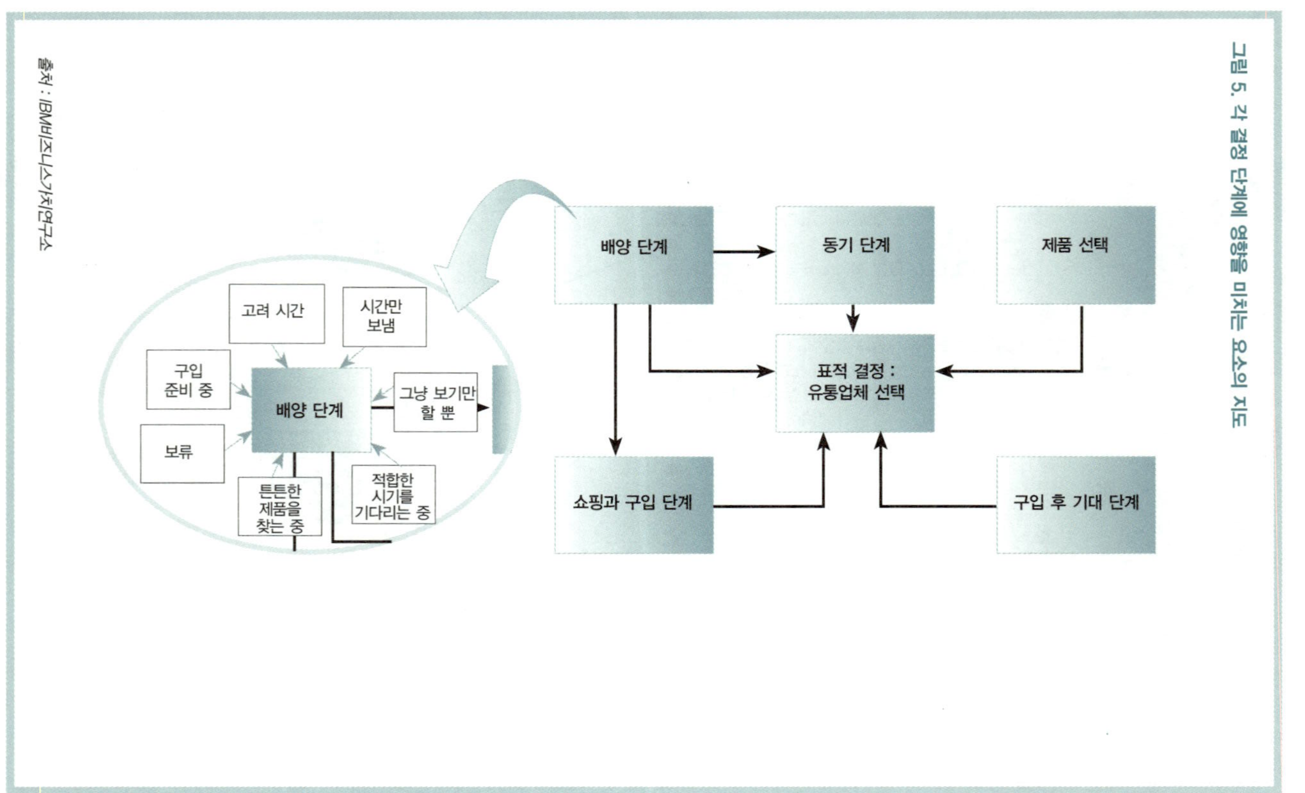


출처 : IBM비즈니스가치연구소

다음으로는 CDP 모델링이 첨단 분석을 활용하여 어떤 요소가 구매 결정에 가장 많은 영향을 미쳤는지를 객관적으로 파악하고 그 영향 정도를 중대 수준에서 무시 수준까지 구분해 점수를 매긴다.

- 구조화된 비교분석 산출 모델링(Structural Equation Modeling : SEM)은 CDP 지도를 얼마나 많은 소비자가 행동을 취하는지와 얼마나 많은 소비자가 특정 회사 제품을 구입하는지 비교에 근거한 양적 모델로 전환시켜 준다.
- 경로 회귀(path regressions)는 요소와 결정 사이의 수천 가지 관계를 시험하고 교차확인 시험을 활용하여 소비자가 특정 결정을 내리는 이유를 가장 잘 설명할 수 있는 모델을 찾는다.
- 영향 점수는 SEM의 계수에 근거한 표준 척도를 활용하여 최종 구매 의사결정에 미치는 요소의 상대적 '영향'의 우선순위를 정한다.
- 점수 지도는 '영향'을 요소에서 단계로 연결되고 단계에서 결정으로 연결되는 CDP 지도의 각 고리에 부여하여 어떤 고리가 궁극적으로 최종 결정에 영향을 미치는지를 파악한다(그림 6 참조).

그 다음에는 모든 구매 의사결정 단계에 걸쳐 비교를 하여 가격과 같은 특정 요소가 언제 소비자 결정에 가장 큰 영향을 미치는지 알아볼 수 있다. 요소들은 다른 시기에 결정 과정에 다른 영향을 미치는 경우가 많다. 자동차 구매의 예를 들면, 소비자들은 배양 단계에서는 가격을 통해 예산을 설정하지만, 막상 구매할 때에는 가격을 통해 특징과 가치를 비교한다. 그러나 결정 과정의 다른 단계에서는 가격을 그

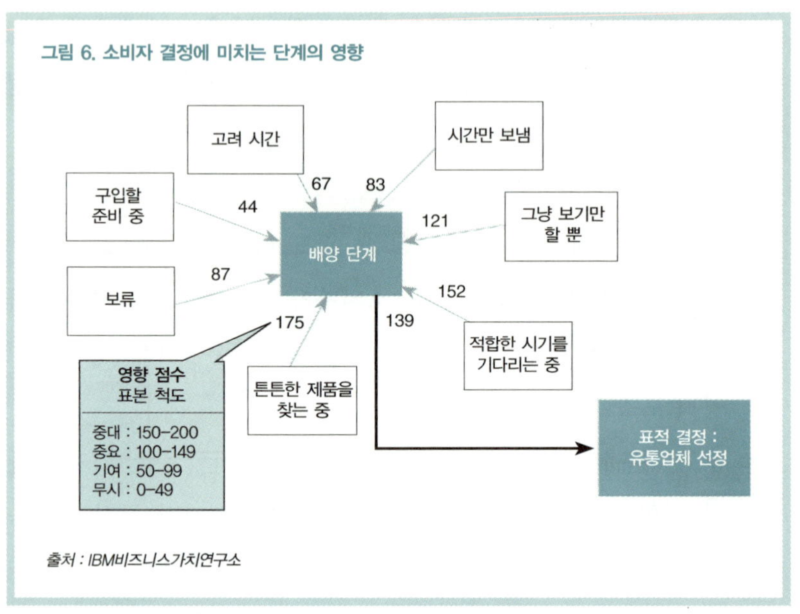



다지 고려하지 않는다.

**5단계** : CDP 통찰력을 기타 소비자 및 비즈니스 전략 정보와 함께 활용하여 매출 기회를 도모한다. 궁극적으로 CDP 모델(그림 7 참조)은 소비자의 구매 결정에 영향을 미치는 모든 요소가 양적으로 또는 객관적으로 도출된 프로세스 지도를 만들어낸다. 전반적인 시장의 CDP 모델을 기반으로, 별도의 버전을 만들어 전략적 결정을 유도하기 위해 필요한 비교를 실시한다. 소비자들이 다른 회사가 아닌 이 회사에서 구입하는 이유를 파악하는 것이 초점일 경우, 각 표적 경쟁사의 소비자 별로 별도의 CDP 버전을 만든다. 표적 회사와 그 회사의 주요 경쟁사의 CDP 버전이 어떻게 다른가를 분석하면 소비자가 한 회사에서 구입을 하는 이유를 파악할 수 있다. 이런 차이에 대한 지식을 기타 경

그림 7. CDP 모델 예시

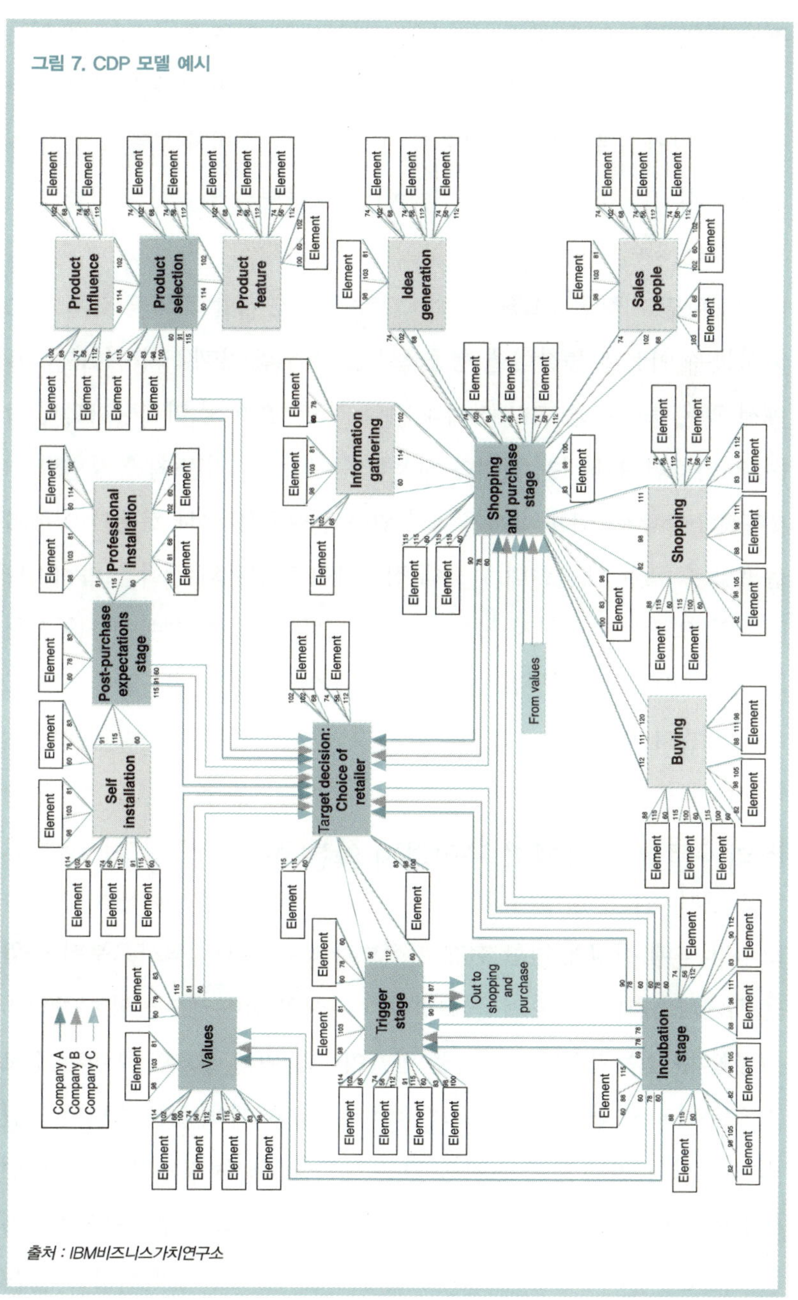


출처 : IBM비즈니스가치연구소

쟁에 관한 정보와 합쳐 회사가 어느 부분에서 더욱 효과적일 수 있는지 정확히 집어내고 경쟁사로부터 시장점유율을 빼앗아올 기회를 만든다. 마찬가지로, CDP 모델로 찾아낸 차이와 소비자 브랜드 인식 측정과 합쳐 (유형의 제품 또는 서비스 차이보다는) 무형의 인식이 결정을 유도할 부분을 찾아낼 수 있다.

그렇다면 시장점유율을 확대하고 수익을 증대할 기회를 찾고 있는 회사들은 어떻게 통찰력을 행동으로 옮길 수 있을까? 회사들은 CDP에서 얻은 통찰력을 회사 전체의 기업 전략, 영업 및 마케팅, IT, 공급사슬, 인력관리와 같은 분야에 사용하여 시장에서의 위치를 강화할 수 있다(그림 8 참조). CDP 모델링에서 얻은 통찰력은 회사 전체가 실제로 통제할 수 있는 매출증대 요소에 집중하여 경쟁력의 간격을 좁히거나 시장의 요구에 부응하지 못한 부분에 대처함으로써 판매량을 증가하고 기존 고객과의 친밀감을 도모하며 경쟁사로부터 점유율을 확보하도록 해준다.

## 소비자들이 귀사에서 구입하지 않는 이유

소비자 구매 결정에 관한 현재의 정보가 소비자들이 귀사로부터 구입을 하거나 하지 않는 이유를 설명하기 위해 필요한 세부적인 수준까지 제공할 수 있는가? 또는 전략을 만들어내기 위해 필요한 소비자 정보가 충분하지 못하다는 점을 느낀 적은 없는가? 더욱 깊은 소비자 통찰력이 귀사의 어느 부분에 가장 많은 혜택을 줄 수 있는지, 또는 이런 통찰력이 어떻게 경쟁사의 점유율을 잠식할 수 있는지 아는가? 아래의 질문은 CDP 모델링이 필요한 대답을 줄 수 있는 분야를 찾는 데 도

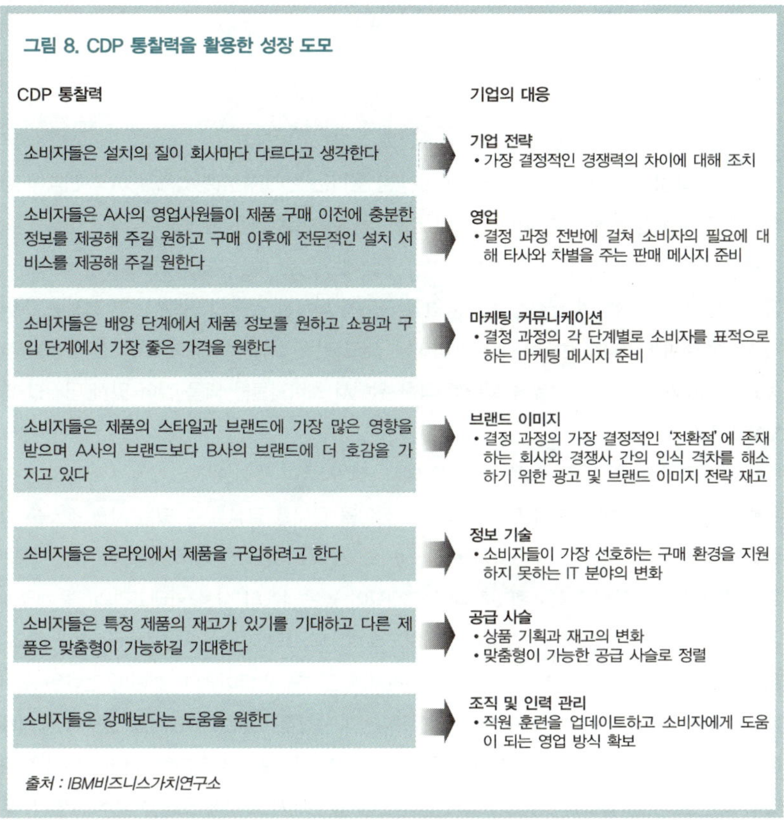



움이 될 것이다.

● 우리가 특정 소비자들은 유치하지만, 또 다른 특정 소비자는 유치하지 못하는 이유는 무엇인가?

● 우리는 소비자를 위해 올바른 제품을 올바른 장소에 구비하고 있는가? 그렇지 않다면, 그로 인한 영향은 무엇인가?

● 미래에 가장 가치가 높은 소비자들은 누구일까? 우리는 그들의 필요에 적응할 능력이 있는가?

수백 개의 매장을 가지고 수십억 달러의 수익을 올리는 한 일류 유통업체는 미국 전역에 걸쳐 급속하게 확장을 하면서, 매장 증가가 포화 상태에 이를 경우 발생할 수 있는 점유율 확대와 관련된 문제를 미리 보게 되었다. 이 유통업체는 또한 매장관리, 머천다이징, 인력관리 등의 방침을 재조정하여 급성장하는 직원의 규모에 대처할 것을 고려했다. 이 회사는 소비자 통찰력을 위해 이미 전통적 데이터 마이닝, 태도 기준 소비자 세분화, 추적 설문 등을 사용했지만 미래의 점증적 점유율 확대 전략을 위해서 소비자들을 더욱 깊이 있게 이해할 필요를 느꼈다.

특히 잠재력이 높은 4개의 상품 카테고리에서 소비자들이 특정 유통업체에서 구입하는 이유를 이해하고 확장의 속도가 느려지기 전에 점유율 확대를 달성할 수 있는 사전 조치를 마련하고 싶었다.

포화 환경에서 시장점유율을 확대하려면 잠재력이 높은 4개의 상품 카테고리의 각 계열에서 소규모 전문 유통업체와의 경쟁에 유리하도록 회사의 포지셔닝을 재배치해야 한다. CDP 통찰력은 표적을 맞춘 두 가지의 새로운 포지셔닝 전략을 만들어냈다. 첫번째 전략은 소비자 교육 향상이었다. 각 카테고리에서 상당 부분의 시장점유율(30~70%)을 전문 유통업체에 빼앗기고 있었는데, 이런 전문업체들은 소비자들이 필요를 인식했지만 구매 준비가 되어 있지 않은 초기 단계에 1 대 1의 도움과 높은 수준의 소비자 교육에 초점을 맞추고 있다. 두번째 전략은 구입 후 서비스에 관한 메시지를 향상하는 것이었다. CDP 모델링이 발견한 바로는 소비자들이 고가 품목을 구입할 때에는 구입 후의 기대(예 : 설치, 품질 보증)를 상당히 고려하고 있었으며, 이 유통업체는 전문 유통업체의 구입 후 관리에 대한 좋은 명성에 뒤져 있었다.

CDP 통찰력은 운영적인 측면에서 고가 품목의 재고 보유의 역할이 상품 카테고리마다 상당히 다르다는 사실을 발견했다. CDP 모델링은 이 유통업체가 점유율 확대를 위해 필요한 재고 변화를 파악할 수 있도록 해주었다. 한 카테고리에서는 구입 당일에 상품을 집으로 가져갈 수 있는 것이 절대적으로 필요했으며, 60% 이상의 소비자들이 당일에 가져갈 수 있는 제품 재고가 없으면 다른 유통업체로 옮기려 했다. 따라서 이 품목의 재고 보유는 이 유통업체에 필수적인 조건이 되었다. 다른 카테고리에서는 구입 당일에 제품을 집으로 가져가는 것이 그리 중요하지 않았지만, CDP 모델링은 시각적으로 비교할 수 있는 샘플을 전시하는 것이 80%의 소비자에게 효과가 있음을 발견했다. 따라서 이 유통업체는 이 품목의 전시 배열을 향상하고 매장 내 전시 환경을 개선하는 것을 중요한 과제로 삼기 시작했다.

CDP를 활용한 지 몇 주 되지 않아 이 유통업체는 고객 확보를 향상하기 위해 소비자를 대상으로 한 변화를 회사 전체에 도입했다. 공급사슬에서는 2개의 성장 상품 카테고리의 재고를 유지·증가하기 위한 전략적 결정을 내렸다. 영업과 마케팅에서는 저조한 상품 카테고리에 대한 전국적 광고와 시험 마케팅에 투자해 이 카테고리의 제품 구입 후 설치에 관한 명성을 강조하고 개선하기로 했다. 또한 매장관리와 직원연수 프로그램을 점검하기 시작해 영업사원들이 전형적인 강매 모습에서 벗어나 소비자들에게 도움을 주는 접근을 취하도록 했다.

이 유통업체는 이런 재고와 영업 전략의 변화가 합쳐진 영향은 물론 지속적인 가격의 우위와 관련 조치의 개선으로 인해 10억 달러 이상의 점증적 매출 향상을 기대하고 있다. 이 매출 향상의 상당 부분은 경쟁 전문 유통업체에서 빼앗아온 점유율에 기인할 것이다(그림 9 참조).

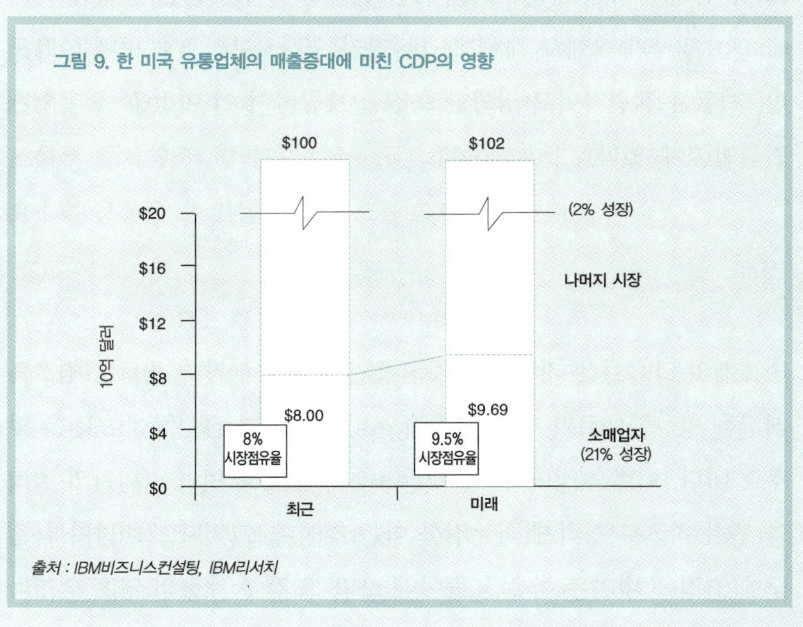

- 우리 직원들은 우리 소비자들을 위한 올바른 가치 전제에 초점을 맞추고 있는가? 앞으론 어떤 점을 개선해야 할까?
- 우리는 소비자 경험을 어떻게 개선할 수 있을까? 이런 변화를 추구하기에 필요한 운영 인프라와 기술 인프라를 갖추고 있는가?
- 소비자들의 구매 결정에서 전환점은 무엇이 있나? 우리의 경쟁사들은 이런 전환점 관리를 더 잘 하고 있는가?

위의 질문에 대한 대답을 찾을 수 없다면 CDP가 도움이 될 것이다. CDP의 혜택을 얻으려면 전략적 문제(시장점유율 확장, 경쟁력의 격차)에서 시작하고, 귀사의 문제(소비자가 특정 경로나 유통업체를 선택하는 이유)에 대한 가장 좋은 정보를 제공하는 소비자 의사결정 프로세스를 선택하며, 기술을 활용하고, 마지막으로 발견한 통찰력에 근거한 변화를 이행해야 한다. 성공적인 매출증대를 위한 길은 그리 쉽지만은 않다. 그러나 CDP는 귀사가 속한 시장에서 소비자가 귀사로부터 2차 구매를 유도할 수 있는 객관적이고 정확한 초점을 제공하여 이 여정을 좀더 쉽게 만들어줄 수 있다.

## 결론

전세계의 CEO들은 기존 소비자의 점유율을 높이거나 새로운 경로와 시장을 확장함으로써 기존 제품과 서비스를 통한 급성장에 초점을 맞추고 있다. 이런 성장을 달성하기 위한 방법은, 무엇이 소비자의 결정을 귀사 쪽으로 향하게 하는지를 아는 것이다. 그러나 소비자가 특정 구매 결정을 내리는 이유를 들여다 보면 그 세부 내용의 양은 엄청나다. 말 그대로 수천 가지 요소가 하나의 구매 결정에 영향을 미친다. 어느 요소가 다음 소비자를 확보하거나 확보하지 못하는 요인으로 작용하는지를 아는 것은 매출증대를 달성하기 위한 열쇠다.

질적 조사와 양적 조사의 혁신적인 결합체인 CDP 모델링은 소비자가 구매하는 '이유'와 급속하게 매출을 증대하고, 시장점유율을 확대하기 위해 취해야 할 조치를 알아내기 위해 깊이 파고드는 방법이다.

# CHAPTER 07

# 소비재 기업의 고객관리혁신 전략

유통업체와 소비자 사이의 결속 관계는 계속 강화될 것이다. CP 기업들이 장래에 그들의 고객 관계를 어떻게 접근하느냐가 고객과 협상하고 유통업계에서 좋은 위치를 차지할 수 있는 그들의 능력뿐 아니라 소비자에게 제품을 판매하는 그들의 능력에도 직접적으로 영향을 미칠 것이다. CP 기업들은 영업과 마케팅 업무에 대한 고객과 소비자 차원을 통합해야만 지속적이고 실질적인 성장을 성취할 수 있을 것이다. 오늘날 도전에 응하고 있는 이들 기업은 자신뿐 아니라 고객과 소비자들에게도 혜택을 제공할 것이다.

## 서론

오늘날의 거래관계는 매우 복잡하다. 이것은 유통시장에서 변화하는 소비자의 니즈와 양극화의 확대로 특징지을 수 있으며, CP 기업에게 는 더 나은 민첩성과 반응을 요구하고 있다. 유통 고객들은 그들의 공급업자로부터 어떠한 새로운 능력을 요구할 것인가? 고객 관리의 원동력은 어떻게 변화되어야 하는가? CP 기업들은 그들 조직의 소비자 담당 부문과 동일한 무게로 유통고객에 대한 경영의 비중을 두고 강력한 브랜드를 유지하면서, 상호 유익한 거래관계를 지향하기 위해 이 두 가지를 통합해야 할 것이다.

## 도전적인 시장 환경

더욱 양극화되고 복잡해지는 소비자 환경에 접한 오늘날의 CP 기업들은 환경변화에 동떨어지지 않기 위해 부단히 노력하고 있지만, 다음과 같은 수요관리 측면의 커다란 압력이 이들 기업의 거래관계의 규칙을 변화시키고 있다.

IBM비즈니스가치연구소는 고객과 수요관리 영역에서 CP 기업들이 직면하고 있는 문제점들을 검토하기 위해 최근 새로운 리서치를 시작했다. 구체적인 목표는 다음과 같다.

- CP 기업들이 현재 어떠한 고객관리 문제에 초점을 맞추고 있고, 그들이 미래에 어떠한 능력을 개발할 필요가 있을 것인지 결정한다.
- 유통업체들이 거래 관계와 공급업자 영업조직을 어떻게 인식하고 있으며, 그들이 장래에 공급업자로부터 어떻게 서비스를 받고 싶어 하는지 확인한다.
- 소비자 및 구매고객 통찰력 개발과 관련되어 변화하는 요구사항을 숙지한다.

우리는 2004년 5월과 9월 사이에 미국과 유럽에서 19개 CP 기업의 영업 및 마케팅 담당 고급 중역, 그리고 몇몇 주요 유통업체의 중역들과 인터뷰를 실시했다.

또한, 우리를 대신하여 전세계에서 여러 분야에서 109개소의 유통업체들에 대한 조사를 실시하기 위해 〈이코노미스트 인텔리전스 유닛〉을 이용했다(그림 1 참조). 응답자들은 공급업자와의 거래관계를 관리하거나, 관리하는 것을 돕는 역할을 한다는 것이 확인된 후에 최종 선정되었다.

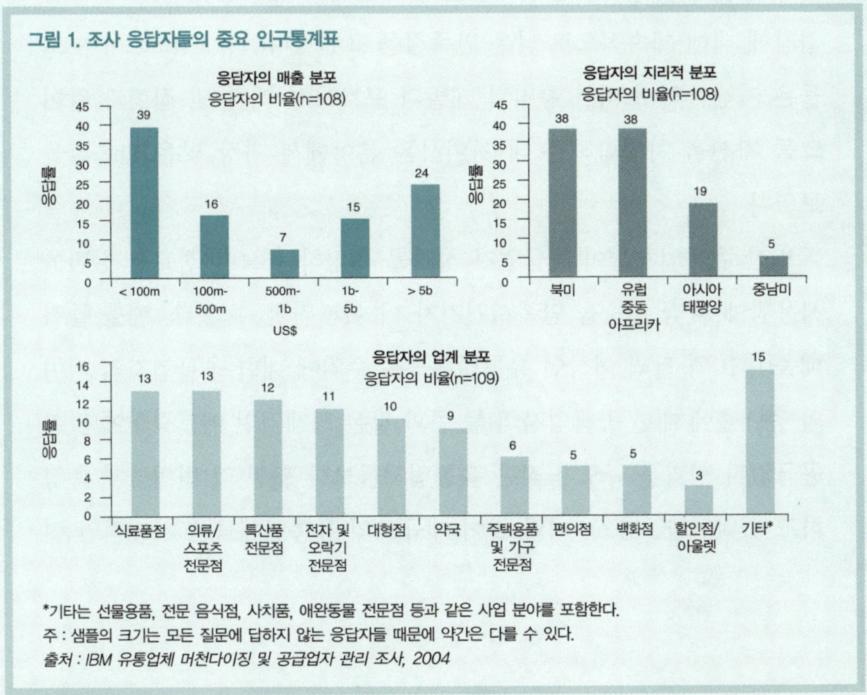



*기타는 선물용품, 전문 음식점, 사치품, 애완동물 전문점 등과 같은 사업 분야를 포함한다.
주 : 샘플의 크기는 모든 질문에 답하지 않는 응답자들 때문에 약간은 다를 수 있다.
출처 : IBM 유통업체 머천다이징 및 공급업자 관리 조사, 2004

- 유통업체 협상력의 증가 및 거래 조건 개선에 대한 압력
- 제품과 서비스 제안의 개별화를 필요로 하는 유통 수요의 증대
- 매장 브랜드로부터의 경쟁 증가
- SKU 합리화의 결과로써 진열 공간의 감소
- 유통 환경의 복잡성 증가(예 : 채널과 지리적 다양성, 유통의 복잡화와 중앙화 수준의 다양성)

차례로 이러한 압력은 CP 기업들이 영업과 마케팅에 대한 접근방법을 재정의할 것을 강요한다. 특히 이 압력은 유통업체와 소비자의 충성도 유지를 확신하기 위한 차별화와 혁신을 제품과 유통 서비스에 도입시키고 있다.

우리의 유통업체 조사에 따르면, 유통업체의 65%는 거래 관계가 지난 3년 간에 걸쳐 개선되었다고 믿고 있다. 그러나 이러한 최근의 개선에도 불구하고 유통업체들은 거래관계시 중요한 영역에서 공급업자에 대해 계속적으로 낮은 만족감을 표현했다(그림 2 참조). 특히 그들은 자신들의 소비자 통찰력 개발과 프로모션 개발 및 집행과 같이 그들 자신을 차별화하는 데 기여하는 분야에서 가장 낮은 만족감을 보였다.

또한 유통업체들이 공급업자 성과를 측정하는 보다 정교한 방법을 사용함에 따라 그들을 만족시키기가 더 어려워질 수 있다. 예를 들어 매출이 10억 달러 이상인 유통업체들은 수익에 대한 공급업자의 기여와 총매출에 대한 공급업자의 몫 등과 같은 경제적인 메트릭스에 관한 공급업자 성과를 규모가 작은 유통업체들보다 훨씬 더 빈번하게 측정하고 있다(그림 3 참조). 이와 같이 대규모의 유통업체들은 기능적인 면

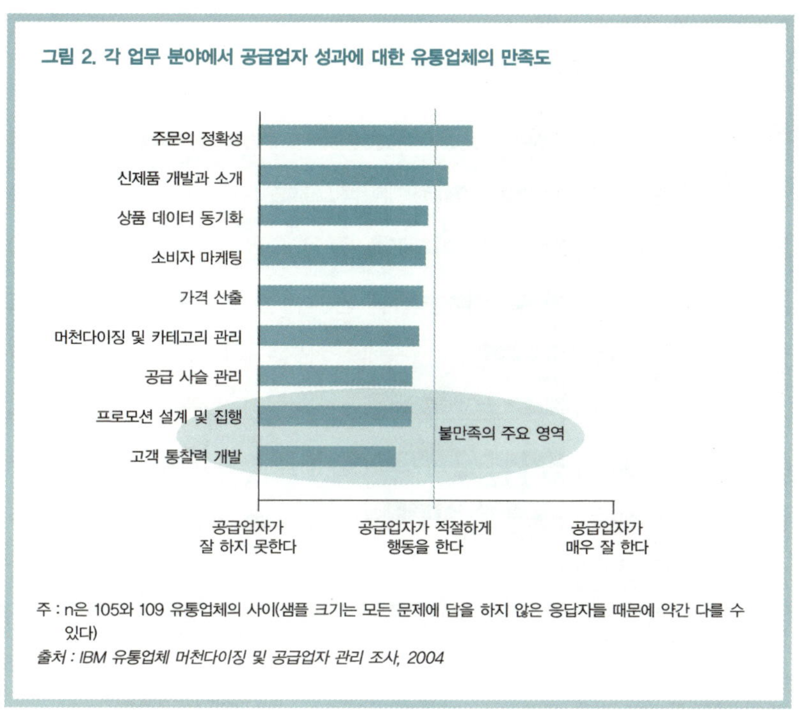



주 : n은 105와 109 유통업체의 사이(샘플 크기는 모든 문제에 답을 하지 않은 응답자들 때문에 약간 다를 수 있다)
출처 : IBM 유통업체 머천다이징 및 공급업자 관리 조사, 2004

에서 공급업자 성과를 더욱 규모가 작은 유통업체들보다 평균 13% 낮게 측정했다.

CP 기업들에게는 유통업체들의 변화하고 있는 니즈를 효과적으로 만족시키는 것이 중요한 문제점으로 부상하고 있다. 우리들의 연구 결과에 따르면, 그들은 고객과 자신에게 가치를 창출하는 능력을 개발할 필요성을 인식하고 있지만, 현재 그들의 조직 내부에 필요한 유연성을 창출하는 데 상당한 어려움을 겪고 있다(그림 4 참조). 중요한 것은 소비 제품 생태계를 통해 더 큰 가치를 전달하기 위해 그들이 고객들을 관리하는 방법에 있어 빠르고 실질적인 변혁을 추구하는 일일 것이다.

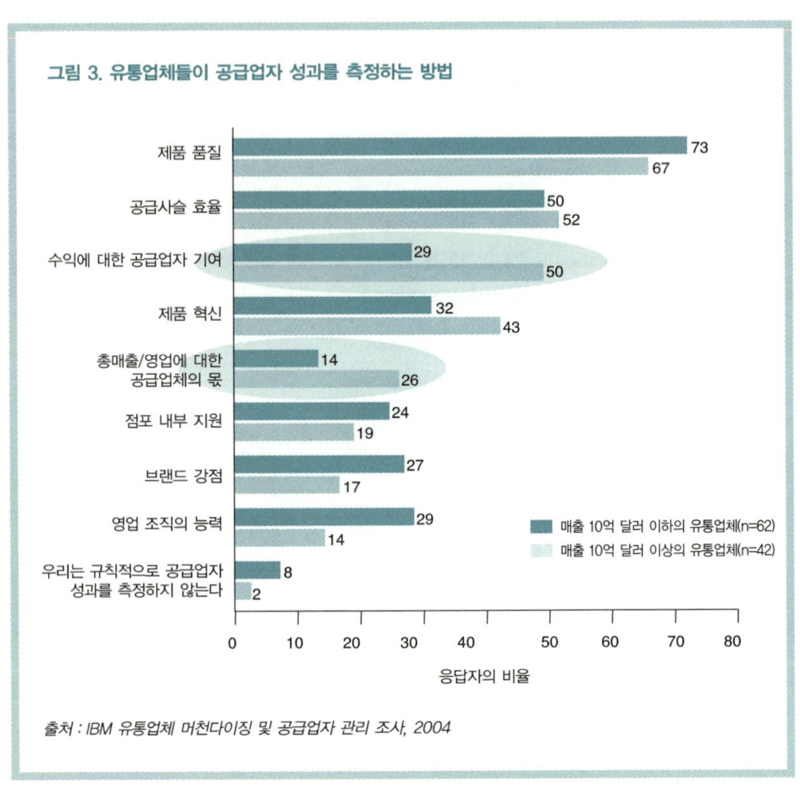


출처 : *IBM 유통업체 머천다이징 및 공급업자 관리 조사, 2004*

그림 4. CP 산업의 고객 관리에 관한 전망

| 매출증가와 수익률 향상을 위해 필요한<br>5대 고객 관리 능력 | CP 고객 관리 조직의 효율성을<br>향상시키는 데 방해가 되는 5대 장애 요소 |
| --- | --- |
| 1. 고객 관리팀의 능력 개발 | 1. 사람 : 기술과 능력 |
| 2. 유통업체와의 공동 기획과 목표설정 | 2. 문화 |
| 3. 고객 지향적인 소비자 통찰력 개발 | 3. 조직의 구조 |
| 4. 소비자 데이터 관리와 분석 | 4. 정보 체계와 기술 |
| 5. 보다 빠른 신제품 개발 | 5. 리더십 |

출처 : *IBM 유통업체 머천다이징 및 공급업자 관리 조사, 2004*

## 새로운 패러다임 : 소비자와 유통고객의 통합관리

CP 업계는 이제 중요한 순간을 맞고 있다. 소비자와 유통업체 사이의 복잡성과 양극화의 확대는 CP 기업들이 더 이상 평이하게 사업을 계속할 수 없다는 것을 의미한다. 지금과 같은 방법으로는 쉽사리 성장과 수익률의 증가를 지속적으로 유지하기가 힘들어진 것이다. 유통업체의 파워가 증가하고 소비자들에게 접근하기가 더 어려워짐에 따라 CP 기업들은 주요 고객들에게 영향력을 행사하기 위한 새로운 방법을 발견하는 것이 중요한 과제로 떠올랐다.

전통적으로 대다수의 CP 기업들은 무엇보다도 소비자와 브랜드 마케팅을 강조해 왔다. 이 연구의 일환으로서 인터뷰를 한 많은 기업들이 여전히 영업과 마케팅 사이에 거의 연관성이 없고 단절된 조직을 운영하고 있었다. 이 기업들은 일반적으로 업태별로 고객들을 구분하고 해당 업태 내의 모든 고객들을 유사한 방식으로 응대한다.

앞으로, CP 기업들은 제품과 브랜드에 관한 그들의 전통적인 노력과 동등하게 고객 관리 노력을 고양시키기 위해 합치된 노력을 기울여야 할 것이다. 많은 CP 기업의 경영자들이 이러한 문제점을 인식하고 있는 한편, 이들은 내부적으로 회의주의와 저항에 직면하거나 문화와 조직을 변화시키는 것이 너무 복잡해 힘겨워하고 있다. 그리하여 변화는 더디게 이루어지고 있다. 기업들은 소비자와 유통 고객에게 완전히 통합된 접근방법으로의 트랜스포메이션을 완성하기 위한 노력을 지속적으로 기울여야 한다(그림 5 참조).

몇몇 업계의 리더들은 그들 비즈니스의 고객영역과 소비자 영역 사이의 간극을 메우는 노력을 하고 있다. 이 기업들은 기업 내부의 협업

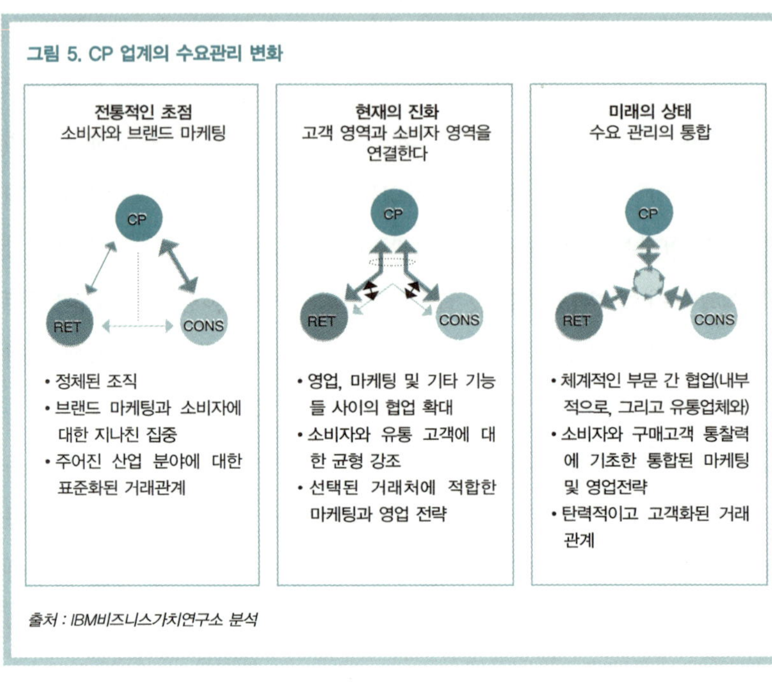



마인드와 주요 고객들에게 전달되어야 할 서비스의 수준을 향상하기 위해 다음과 같이 많은 전술을 시행하고 있다.

- 마케팅에서 영업에 이르기까지 주요 전문가들의 경력 향상
- 영업부문 이외에 마케팅, 재무, 공급 사슬 팀에서도 고객 관리팀 리더의 지명
- 영업과 마케팅 부서 사이의 의사소통을 원활히 하기 위해 영업과 마케팅 사이에 마케팅 전문가로 구성된 별도의 조직 단위들을 설립
- 마케팅과 영업부문의 공동 기획 프로세스 수립

그러나 이러한 전술이 대부분 체계적으로 시행되지 않으며, 선도적인 기업들조차 필요한 변화를 위해 여전히 노력을 계속하고 있다. 이것은 매우 심각한 재무적 결과를 초래할 것이다. 정체된 조직은 내부적으로 혼란을 초래하고 외부적으로 신뢰감을 상실하게 된다.

오늘날의 유통업체들은 단순히 제품보다는 그들의 공급업자로부터 더 많은 것을 요구한다. 그들은 까다로운 소비자와 치열한 경쟁에 직면하여 경쟁력을 유지할 수 있도록 도움을 줄 수 있는 강력한 파트너를 요구한다.

공급업자들은 시장이 끊임없이 변하고 있으며, 소비자 및 고객의 시각에서 마케팅을 전개하기 위해 근본적으로 변화해야 한다는 것을 인식해야 한다. 그들은 개별 유통 거래처와 점포에 적합하도록 고안된 소비자 및 구매고객 통찰력을 개발하고, 마케팅과 영업전략을 통합하며, 부문 간 협력을 체계화시킬 필요가 있다. 그리고 물론 이 모든 노력은 자신의 수익성 기반 아래에서 이루어져야 하지만, 실행에 옮기는 것은 매우 기초적이면서도 달성하기 힘든 요소들로 이루어져 있다.

따라서,

- 고객 관리 조직은 지속적으로 변화하는 유통업체의 니즈에 직면하여 더욱 민첩하게 행동해야 한다.
- 키 어카운트 관리자와 고객 관리팀은 자사뿐만 아니라 고객 기업들의 성장을 도울 수 있도록 적절한 권한 위양이 이루어져야 한다.
- 통찰력 개발은 유통업체나 매장을 기초로 하여 구매고객을 깊이 있게 이해한다는 것을 확신하기 위해 기업 내, 그리고 기업 간에

【영업과 마케팅 조직의 통합】

CP 기업들은 그들의 마케팅과 영업 조직을 통합하기 위해 각기 다른 접근방법을 취하고 있다. 그러나 다음에 기술된 각각의 기업은 고객과 소비자 관리에 대해 균형 잡힌 접근방법을 개발해야 한다는 것을 잘 인식하고 있다.

선도적인 유럽의 어느 CP 기업은 독특한 소비자와 (유통)고객 마케팅 팀을 운영하고 있다. 그러나 이 기업의 고객 마케팅 팀은 마케팅 전략과 전술을 각 어카운트의 입장에서 전개하면서 소비자 마케팅과 영업 조직 사이의 매개자로서 행동한다. 고객 마케팅 팀은 전사 본부와 각 국가별로 모두에서 존재하여, 소비자 마케팅이 훨씬 더 실행 지향적이고 고객 지향적이다. 종종, 이 기업은 특히 유통업체들이 자신들에게 더 심오한 소비자 통찰력을 요구하고 있기에, 소비자 마케팅과 고객 마케팅 전문가들을 함께 투입하여 가상의 고객팀을 운영하기도 한다.

미국에서 한 주요 식료품 회사는 마케팅과 영업 조직 사이에 존재하는 채널 전략 및 마케팅 그룹을 설립했다. 이 그룹은 거래판촉과 소비자 프로모션의 관리를 책임진 마케팅 전문가들로 포진되어 채널별로 조직된다. 이 그룹을 설립한 의도는 마케팅 활동이 채널과 고객 전략에 녹아들어가는 것을 확실히 하기 위한 것이었다. 이 그룹의 구성원들은 각각의 고객 니즈에 응하기 위해 그들의 개별 고객과 유관한 구매고객 통찰력을 갖춘 가상팀의 멤버로 운영되었다.

통합된 노력에 의해서 이루어져야 한다.

다음 장에서 우리는 이들 주요 요소를 차례로 살펴볼 것이다.

## 조직 민첩성의 증가

최근에 대다수의 CP 기업은 다양한 고객 및 시장 요구사항에 부응하기 위한 노력으로 점차 복잡해지는 고객 관리 조직을 설립해 왔다. 그러나 대부분의 경우 이 복잡성이 정보의 흐름과 속도에 장애가 되고 그 때문에 영업 조직들이 거부 반응을 보일 수 있다. 특히 이와 같은 기업들은 다음의 세 가지 중대한 조직상 도전에 직면하게 된다.

- 다양하고 지속적으로 변화하는 고객의 니즈
- 지속적인 조직의 재정비
- 복잡한 조직 모델

### 다양하고 지속적으로 변화하는 고객의 니즈

유통업체들이 고객들에게 더 효과적으로 응대하기 위해 전략을 수정함에 따라 CP 기업들도 고객에 대한 서비스 방법을 재평가해야 한다. 그러나 많은 CP 기업들이 관리하는 고객과 채널의 폭이 광범위해짐에 따라, 변화하는 니즈에 대한 그들의 반응이 쉽지 않은 경우가 종종 있다. 따라서 CP 기업들은 고객 니즈의 변화를 더 효과적으로 확인하고 우선순위를 정하며 조정하는 방법을 모색해야 한다.

이 연구의 일환으로 인터뷰에 응한 일부 기업들은 서비스를 위해 어떠한 변화를 필요로 하며, 언제 누구를 위해 변화를 추구해야 하는지 보다 명확히 확인하기 위해 고객들을 구분하는 혁신적인 방법을 도입하고 있다(그림 6 참조). 예를 들면, 몇몇 기업은 서비스의 분배와 전개를 우선순위화하기 위해 전략적 적합성, 성장 잠재력, 수익률, 협력적인 태도 등을 조화롭게 섞어 고객들을 구분하고 있다. 어떤 기업은 지역이나 업태가 아닌, 니즈에 의해 고객을 관리하는 모델을 개발해 왔다.

효과적인 고객 세그먼테이션은 고객의 니즈에 효과적으로 부응하기 위해 높은 가치의 고객들에게 고객팀을 적절히 접목시키는 데 매우 중요하다. 고객의 잠재력과 그 복잡성의 수준이나 니즈를 정확히 이해함으로써 공급업자들은 중요한 전략적 고객들에게 차별화된 서비스를 전달하는 더 좋은 위치에 서게 될 것이다.

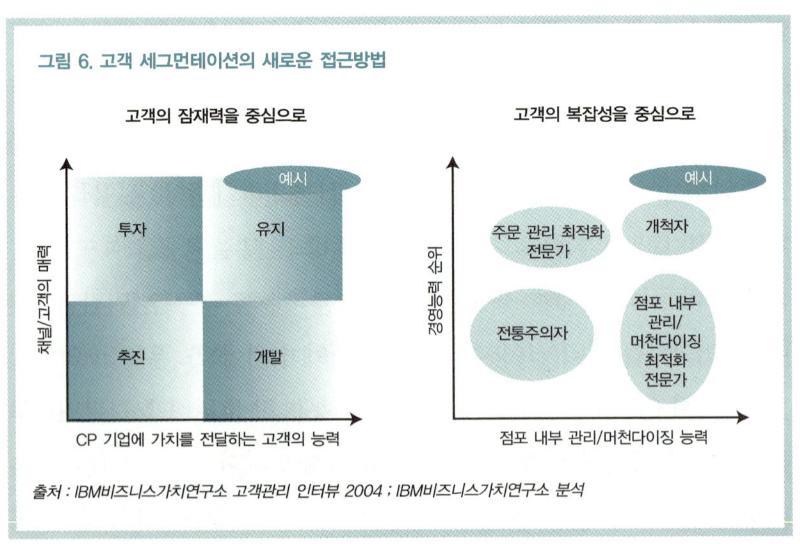

## 지속적인 조직 재정비

CP 기업들은 제한된 자원으로 다양한 유통 고객들을 서비스해야 한다. 그들이 변화하는 시장 수요에 부응하기 위해 노력함에 따라 그들의 고객 관리 조직들은 지속적인 변화의 상태에 놓이게 된다.

우리들의 인터뷰에 따르면 많은 CP 기업들은 매년 또는 3년마다 영업 및 마케팅 조직 모델, 고객 관리 계획, 고객팀 구조를 변화시키고 있다. 효과적으로 관리되지 않으면, 적절한 지적 훈련 및 교육 없이 그들의 인적자원이 이 고객, 저 고객들로 옮겨다니면서 지속적인 변화의 상태에 놓이게 되면, 고객관계의 불안정과 약화를 초래할 수 있다.

선도적인 기업들은 이 문제를 다루기 위해 그들의 고객 관리 조직을 구성하는 더 좋은 방법을 모색하기 시작했다. 인터뷰에 응한 몇몇 기업은 상위 5대 또는 10대 글로벌 고객들을 위한 통합된 고객팀과 차순위 계층의 고객들을 위한 가상의 팀을 유지하고 있다. 중요한 것은 가장 효율적이고 효과적인 방법으로 개별 유통업체의 요구에 부응하기 위해 필요한 자원과 능력을 빠르고 유연하게 적용할 수 있는 조직 모델을 발견하는 것이다.

CP 기업들은 덜 중요한 고객 세그먼트와 기업의 성장을 추진하는 가장 큰 잠재력을 가진 고객들 사이를 분명하게 차별화하기 위해 앞에서 언급된 바와 같은 새로운 세그먼테이션 기술을 사용할 수 있다. 이렇게 함으로써 그들은 고객 관리팀을 각 고객 집단의 니즈에 더 효과적으로 정렬시키는 영업 구조를 창출할 수 있는 것이다.

예를 들면, 여러 부문에서 차출된 자원으로 구성되고 시니어 임원에 의해 관리되는 통합된 고객 관리팀은 기업의 주요 고객들에게 범세계적으로 서비스를 제공할 수 있다. 그러한 조직 구조는 일관된 의사소통, 서비스 제공, 주요한 전략적 고객에 대한 집중을 가능하게 할 것이다. 그러나 그것은 세계적으로 통합된 방식으로 고객이 서비스를 받을 준비가 되어 있고 예상 수익이 직원, 프로세스, 시스템 변화 등에 필요한 투자를 정당화시킬 수 있을 때에만 창출될 수 있다.

인력의 부족으로 인해, 전문적이고 다기능적인 팀의 설립이 불가능한 차순위 계층의 고객들은 가상의 팀을 이용할 수 있다. 이들 팀은 필요에 따라 다른 부서로부터 인력을 공급받아 활용하는 전담 어카운트 관리자에 의해 관리된다. 이러한 방법으로 기업들은 부족한 기능 자원(IT, 공급사슬, 재무 등)을 최적화하면서 그들이 필요한 전문 기술을 가지고 가치 있는 고객에게 서비스를 제공할 수 있다.

마지막으로 차순위 계층의 고객들에겐 저비용 채널을 통해서 기본적인 서비스가 제공될 수 있다. 대부분의 경우에 이 고객들은 도매상이나 중개상에 의해 서비스를 제공받을 수 있다. 한편 그 외의 경우에 그들은 셀프서비스 웹 사이트나 콜 센터를 통해 서비스를 제공받을 수도 있다.

**복잡한 조직 모델**

CP 기업들은 자신의 조직 내에 지나친 복잡성에 압도당하지 않고 다양한 고객들을 효과적으로 관리할 필요가 있다. 내부적으로든 외부적으로든 특정한 고객들을 잘 관리할 수 있는 방법을 점차 재평가해야만 한다. 시작점은, 무엇이 비즈니스를 차별화하고 가장 가치 있는 것을 창출하는지 결정하는 것이다.

능력을 차별화함으로써 주어진 시장에서 기업이 이윤을 내며 경쟁을 할 수 있는 플랫폼을 획득할 수 있다. 이 능력은 기술과 조직 구조

뿐만 아니라 비즈니스 포트폴리오, 프로세스, 유형 자산, 인프라, 정보 자산, 재무 구조 등을 포함한다. 그 목적은 기업이 경쟁적 우위를 성취할 수 있는 곳을 알아내고 전략적으로 중요한 이점을 차지할 수 있는 그러한 능력에 자원을 집중하는 것이다. 대조적으로 비차별화 역량은 부족한 관리 능력과 자원의 재할당을 가능하게 하는 외부의 파트너에게 넘겨질 수 있다. 기업은 어느 정도 어떤 역량이 차별화되고 어떤 역량이 비차별화되는지에 대한 스스로의 견해를 가지고 있다. 인터뷰에 응한 대부분의 기업은 고객 및 구매고객 통찰력 개발, 고객 관계 전략과 기획 등이 비즈니스에 차별화를 주는 활동이라고 믿고 있었다.

## 어카운트 관리자와 팀에게 권한 부여

키 어카운트 관리자와 고객 관리팀의 역할은 극적으로 변화하고 있다. 오늘날 유통업체들은 그들의 공급업자들이 그들에게 단지 제품만을 영업하는 것을 원하지 않는다. 오히려 그들은 공급업자들이 '비즈니스 빌더'가 되어 유통업체의 특정한 비즈니스 니즈를 깊게 이해하여 유통업체의 이윤을 최대화시키는 데 도움이 되기를 원한다.

유통업체들이 그들의 공급업자로부터 더 낮은 도매가격을 계속 요구하는 것이 피할 수 없는 일이라 하더라도 유통업체들은 차별화를 하기 위해 공급업자에게 도움을 요청하고 있다. 우리의 연구에 따르면, 유통업체들은 자신들의 사업에 도움을 주고자 하는 궁극적인 목적을 가지고 공급업자에게 통찰력 있는 구매고객 견해와 머천다이징 지원을 요구하고 있다(그림 7 참조). 흥미롭게도 매출이 10억 달러가 넘

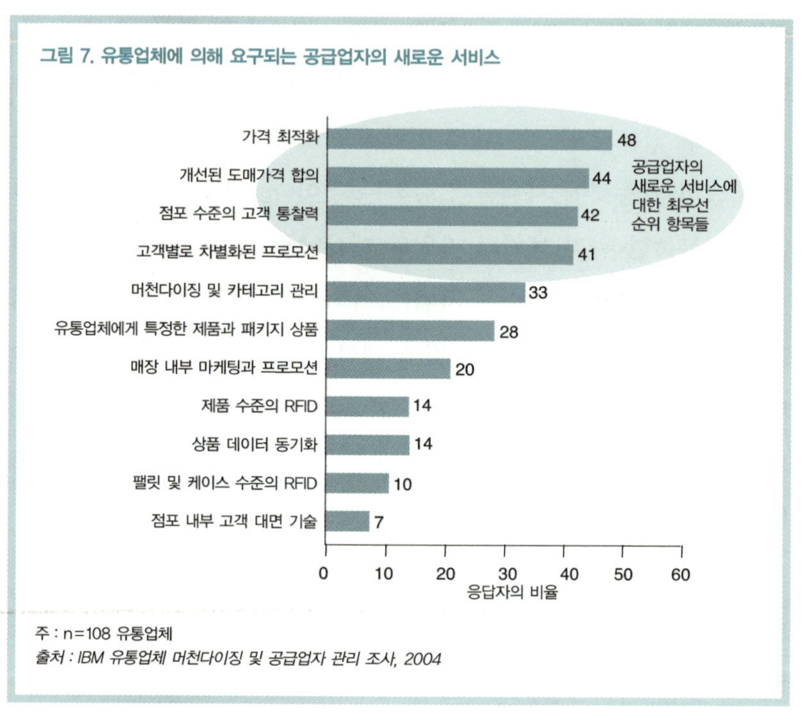



는 유통업체들은 점포 수준의 고객 통찰력과 머천다이징, 그리고 카테고리 관리 서비스를 향후 5년 간에 걸쳐 공급업자의 두 가지 주요 요구사항으로 보고 있다. 그리하여 키 어카운트 관리자와 고객 관리팀이 이 니즈를 충족시킬 수 있도록 권한을 부여받는 것이 매우 중요하다.

그들의 고객 관리팀이 이 새로운 유통업체 요구사항을 전달할 수 있고 신뢰받는 조언자가 되도록 하기 위해 CP 기업들은 그들 자신의 성장과 이윤을 추구하면서 다음과 같이 여러 가지 중요한 문제를 처리해야 한다.

- 주요 거래처 관리 기술과 능력의 확대
- 복잡한 고객 거래관계 관리
- 정보 요구사항 증가
- 부가가치가 없는 과업의 제거

## 키 어카운트 관리자 기술과 능력의 확대

키 어카운트 관리자들은 거래처 이윤을 추구하고 그들의 고객들이 그들 자신의 사업 목적을 달성할 수 있도록 도와야 한다. 그러나 그들은 종종 그렇게 하기 위해 필요한 전략적 관리와 분석 기술이 결여되어 있다. CP 기업들은 이것을 하나의 문제로 분명히 인정했다. 이 연구의 일환으로 인터뷰한 기업들 사이에 어카운트팀 스킬 개발과 유통업체와의 공동 기획 및 목표 설정이 이윤을 높이기 위해 요구되는 가장 중요한 고객 관리 능력으로서 언급되었다.

그러나 많은 기업이 오늘날까지 이 능력을 개발하는 데 성공하지 못했다. 우리의 유통업체에 대한 조사에서 응답자들의 단지 9%만이 그들의 공급업자가 사업 목적을 잘 이해한다고 믿고 있다(그림 8 참조). 그들

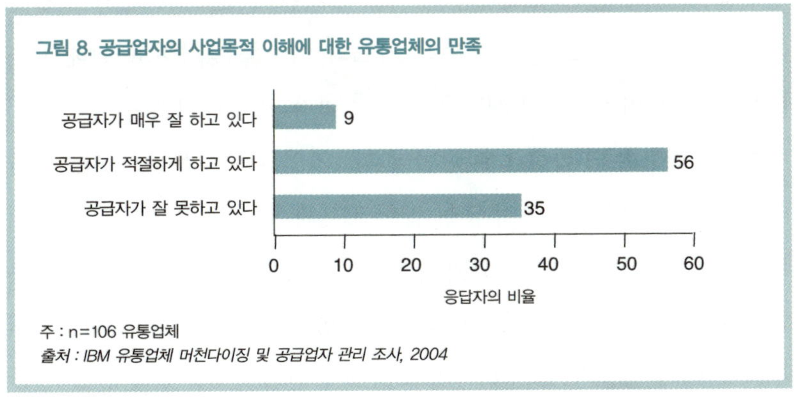

의 거래관계를 중간이나 중간 이하라고 판단한 유통업체들을 볼 때 이 점은 한층 더 명백해진다. 한편, 이 유통업체들의 5%가 자신들의 사업 목적을 잘 이해하고 있다고 믿는다. 거래관계가 탄탄하다고 판단하는 유통업체들 중에도 단지 15%만이 그들의 공급업자가 스스로의 사업 목적을 잘 이해한다고 믿고 있었다.

이 분야에서 성과를 향상하기 위해 어카운트 관리자와 팀은 제품 영업에 중점을 두는 것이 아니라, 고객의 비즈니스 요구사항을 다루는 데 중점을 두어야 한다. 그들은 더 빠른 민첩성과 영향력을 가지고 변화하는 유통업체의 니즈를 처리할 수 있는 새로운 기술을 개발할 필요가 있다(그림 9 참조). 그러나 동시에 전통적인 거래관계 구축이 여전히 중요할 것이다. 더욱 중요한 것은 장기적으로 CP 기업에 혜택을 줄 수 있는 강력한 영업 능력을 유지하면서 비즈니스 관리 능력을 개발하는 것이다.

이러한 고객중심화 기술을 숙지하기 위해서는 고용해서 교육하며, 경력을 개발하고 보상하는 새로운 접근방법이 필요하다. 전략적인 고객들을 위한 중요한 거래처 관리자가 될 개인들은 다른 기능 분야에서 경험을 가지고 강력하고 입증된 비즈니스 관리 및 고객 개발 기술을 갖추어야만 한다. 그들은 재무적 지표의 의미를 평가하고 이해하며, 그들의 고객 비즈니스의 개발을 돕는 소비자 및 구매고객 통찰력을 적용할 수 있도록 훈련을 받아야만 한다. 기업들은 부문별로 사원들을 양성하도록 노력해야 하며 균형 잡힌 고객과 소비자 견해를 가진 고객 관리팀을 육성해야 한다. 그 밖에도 전담이든 가상적이든 모든 어카운트 관리 자원을, 고객을 통해 비즈니스 성장을 추진하는 데 집중하기 위해 거래처 성장과 이윤에 따라 보상해야 한다.

| 기술 | 내용 | 기술 | 내용 |
|---|---|---|---|
| 비즈니스/ 분석 기술 | • 사업 결정에 대한 재무 분석의 응용<br>• 정보 통합과 종합<br>• 사실에 입각<br>• 구매고객 통찰력 추구 | 책임감 | • 팀 전체와 기업의 활동에 대한 책임 |
| 의사소통 기술 | • 대인 관계, 경청, 언어 기술 | 솔직성 | • 기회, 문제, 도전, 분쟁을 처리하는 능력과 의지 |
| 창조적인 사고 | • 불확실성과 변화하는 환경에 대한 대처 능력<br>• 호기심, 창조력, 위기관리<br>• 고차원적인 사고와 건전한 이성 | 속도 | • 경쟁이 24/7인 환경에서 빠른 속도로 전달하기 위한 속도 능력에 대한 열망 |
| | | 고객 초점 | • 비즈니스 개발 접근방법<br>• 관계 집중화<br>• 솔루션 지향 |
| 성실 | • 신뢰성<br>• 신용도 | 탄력 | • 빠른 학습 속도<br>• 적응성 |
| 협력 | • 정보 공유<br>• 상호 지원 | 개인 집중화 | • 직접적이거나 일관성 있는 감독 없이 덜 조직화 되어 있는 환경에서 자율적인 근무<br>• 성과를 얻기 위해 우선순위화 하고 계획하고 관리하는 능력 |

출처 : IBM비즈니스가치연구소

## 복잡한 고객 거래관계 관리

고객 거래관계는 다기능 팀들의 활동을 총괄하는 주요 거래처 관리자에 의해 조정되었으며 영업원을 통해 '단일 접촉'으로부터 '다중 접촉'으로 변화되었다. 주요 거래처 관리자는 종종 짧은 기간 동안 정해진 고객과 일할 수 있는 직원들을 포함하여 조직 매트릭스를 통해 가상의 팀과 일할 것이다. 그들이 이 역할을 더 효과적으로 수행하도록 돕기 위해 인터뷰한 기업들은 그들의 거래처 관리자에게 모든 고객 활동의 전체론적인 견해를 제공하는 방법을 모색하고 있다.

## 정보 요구의 증가

키 어카운트 관리자들에게는 종종 그들이 효과적으로 비즈니스 결정을 내릴 수 있도록 돕기 위한 도구와 정보가 부족하지만, 한편으로 많은 고객 관리팀들은 거래처와 관련된 데이터를 많이 보유하고 있다. 중요한 것은 의사결정에 어떠한 정보가 가장 유용한지 결정하는 것이다. 인터뷰에 응한 많은 기업들이 머천다이징 정보뿐 아니라 매장과 소비자 정보를 획득하기 위한 도구를 거래처 관리자와 고객 관리팀에게 제공할 의사를 보였다. 또한, 일부 기업들은 고객 관리팀에게 조직의 다른 부서를 더 잘 볼 수 있는 능력을 제공하며, 고객들에게 더 큰 가치를 가져다 주기 위해 의사결정 과정에서 다른 부문의 경영정보를 사용할 수 있도록 해주고 있다.

'고객 관리 워크벤치'는 위에 언급된 문제들을 CP 기업들이 처리할 수 있도록 도움을 줄 수 있다. 그것은 복잡한 고객 관계를 다루고 다양한 여러 출처를 통해 필요한 정보에 접근할 수 있는 키 어카운트 관리자들의 능력을 고양시켜 줄 수 있다. 필수적으로, 그러한 도구는 웹에 기반을 둔 '대시보드'이며, 이 '대시보드'로부터 키 어카운트 관리자는 고객과 관련된 모든 작업절차와 정보에 접근하게 될 것이다. 키 어카운트 관리자들은 특정한 전략적 과제들을 업데이트하고 새로운 과제에 자원을 할당하여 가상팀의 형성을 시작하기 위해 워크벤치를 사용할 수 있다.

유통업체들이 그들의 공급업자로부터 더 큰 가치를 추구하며, 특히 그들의 특정한 매장에 관련이 있는 더 큰 구매고객 및 마케팅 통찰력을 추구함에 따라 키 어카운트 관리자들은 영업을 넘어서서 조직의 다른 부서를 볼 수 있는 능력이 필요하다. 이상적으로 말하면 워크벤치는 특

## 【유통성 있는 고객 관리 툴을 갖춘 고객 관리팀에 권한 부여 : 소니의 사례】

소니의 컴퓨터 엔터테인먼트 아메리카의 플레이스테이션 사업부는 최근에 현장 영업 시스템을 재정비했다. 원래 제3자 공급자로부터 사들였으며 내부적으로 지원을 받고 있는 현장 영업 시스템은 현장 직원들이 데이터를 수집·전송할 때 사용한 제한된 프로그래밍 기능과 흑백 스크린을 가진 휴대용 디바이스였다. 이 기업은 특히 대역폭 제한 때문에 늘 시스템상 문제점에 봉착했었다.

이 사업부는 150명 이상의 머천다이저, 지역 관리자, 지역담당 중역, 유통점에 플레이스테이션 제품을 공급하는 본사 직원들로 구성되었다. 현장 머천다이저의 반은 임시직이고 지역 사회에 살기 때문에 유통 고객들과 긴밀한 거래관계를 유지할 수 있었다. 그러나 많은 직원들이 낮은 기술력을 가진 것으로 판단되었다.

이 사업부는 일정 기간에 걸쳐 업그레이드를 지원하기 위해 장기적인 거래관계를 구축할 목적으로 CP 산업을 전문으로 하는 제3자를 끌어들였다. 초기 사업을 개시한 이후 이 기업의 니즈가 변화했기 때문에 소니의 과거 경험을 근간으로 한 현재의 거래관계가 보다 큰 유연성을 유지하는 데 매우 중요한 역할을 했다.

이 사업부는 하드웨어와 관련하여 과거의 시스템이 스타일러스와 함께 사용된다는 사실에 기초하여 키보드와 입력용 스타일러스를 함께 사용하는 미니 PC를 선정했다. 미니 PC는 또한 데이터 디스플레이를 위해 보다 큰 컬러 스크린을 채택했다. 현장의 머천다이저는 저장된 데이터를 현장으로부터 수집하여 본사에 전송할 뿐 아니라 매장 내부의 고객 조사를 위해 미니 PC를 사용할 수 있다.

또한 이 새로운 시스템은 웹을 기반으로 하며 머천다이저 타임 시트와 마일리지 트래킹을 포함하여 다른 기능들을 많이 통합한다. 시스템을 통한 모든 상호작용은 전자적이며 구식 현장 영업 시스템 하에 존재했던 수동 프로세스를 불필요하게 만들었다.

출시 후 이 시스템에 대한 보완사항에는 관리자들이 머천다이징, 재고, 준수 여부, 진열장 공간 등에 관한 저장 데이터에 접근할 수 있도록 허용하는 '지역 관리자 대시보드'가 있었다. 데이터는 실시간으로 제공되고 지역적으로 구축되었으며 현장 머천다이저에 의해 수행된 루트와 활동을 보여줄 수 있다. 플레이스테이션 제품 머천다이징 담당 중역인 데이브 피아노에 따르면, 실시간으로 이 데이터를 볼 수 있기 때문에 즉시 조치를 취할 수 있다고 한다. 아울러 그러한 능력을 갖춤으로써 비즈니스 성과를 향상시킬 수 있다. 사실을 즉시 알지 못하면 이러한 일은 불가능했을 것이다.

정한 고객 관리팀의 활동과 관련된 정보를 획득하는 것뿐 아니라 마케팅, 재무, 공급사슬과 같은 다른 기능으로부터 데이터와 분석을 제공할 것이다. 그리고 모든 정보는 거의 실시간으로 업데이트될 것이다.

또한 고객 관리팀들은 정보를 얻고 그들의 고객과 정보를 공유하고 팀들이 중요한 머천다이징, 가격 및 프로모션 결정을 돕기 위해 현장에서 사용될 새로운 툴을 요구한다. 선도적인 많은 기업은 이미 그들의 고객 관리팀에게 휴대용 디바이스와 디지털 미디어를 소개했다. 이와 같은 툴들은 거의 실시간으로 고객에 대한 정보를 제공할 뿐 아니라, 기존에 알려진 의사결정을 통해 유통업체의 비즈니스를 지원하는 고객 관리팀이 고객에 대한 확신을 갖게 하는 데에도 도움을 준다.

## 부가가치가 없는 업무 제거

고객 관리팀들은 부가가치가 있는 업무에 초점을 맞춤으로써 고객에게 더 좋은 서비스를 제공하기 위해 노력한다. 그러나 오늘날 고객 관리팀들은 다양한 과업을 수행해야 하며 종종 행정 업무나 기본적인 주문 관리 업무에 지나치게 많은 시간을 소비한다. 이로 인해 어쩔 수 없이 유통 고객에 의해 가치 있다고 인지되는 거래관계 구축이나 활동에 더 적은 시간을 소비하게 되며 결과적으로 만족의 수준이 더 낮아진다. 선도적인 CP 기업들은 주문 관리나 보고서를 포함하여 부가가치가 없는 고객 관리팀의 업무를 점차 자동화하거나 아웃소싱하고 있다.

중요한 것은 고객이 기대하는 많은 기본적인 서비스를 전달하기 위해 새로운 셀프 서비스 기능을 도입하고 최고의 파트너를 발견하여, 유통업체가 그 자신을 차별화하고 CP 기업을 위해 가치를 창출하도록 돕는 업무에 투자와 자원을 재할당할 수 있어야 한다. 기업들은 고객

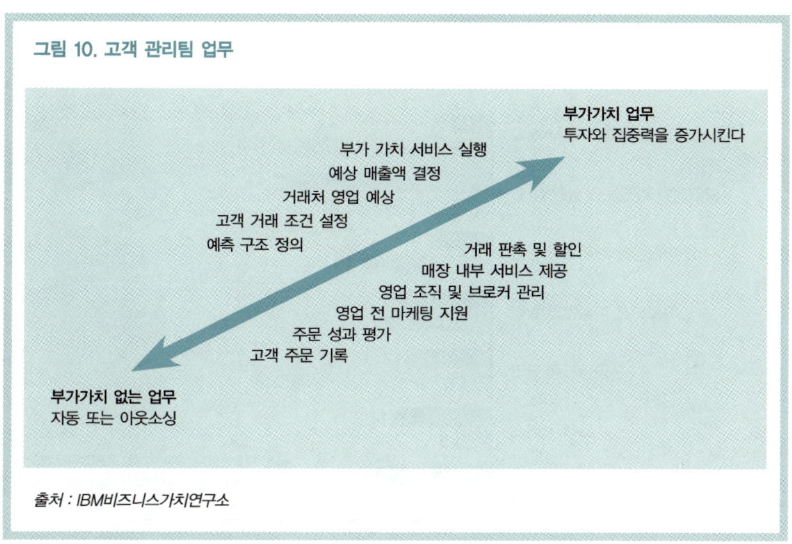


만족을 유지하면서 그들의 고객 관리팀들에 의해 수행된 업무를 요약하고 부가가치가 있는 업무를 쉽게 자동화할 수 있고 아웃소싱할 수 있는 업무와 구분해야 한다(그림 10 참조).

## 통합적 시장 통찰력 개발

무엇보다도 유통업체들은 경쟁으로부터 차별화하기를 원한다. 통찰력 추구에 기초한 혁신은 유통업체가 향후 실현될 가치를 기대하는 중요한 분야다(그림 11 참조). 특히 그들은 공급업자들이 소비자와 구매고객 통찰력을 개선된 제품 혁신, 구매고객을 목표로 한 프로모션, 머천다이징과 새로운 매장 형태를 개발하는 데 이용하기를 기대한다. 그러나 거래 파트너는 유통업체와 공급업자 모두에게 이로운 통찰력을 개발하고 응용하는 데 다음과 같은 커다란 장애에 직면한다.

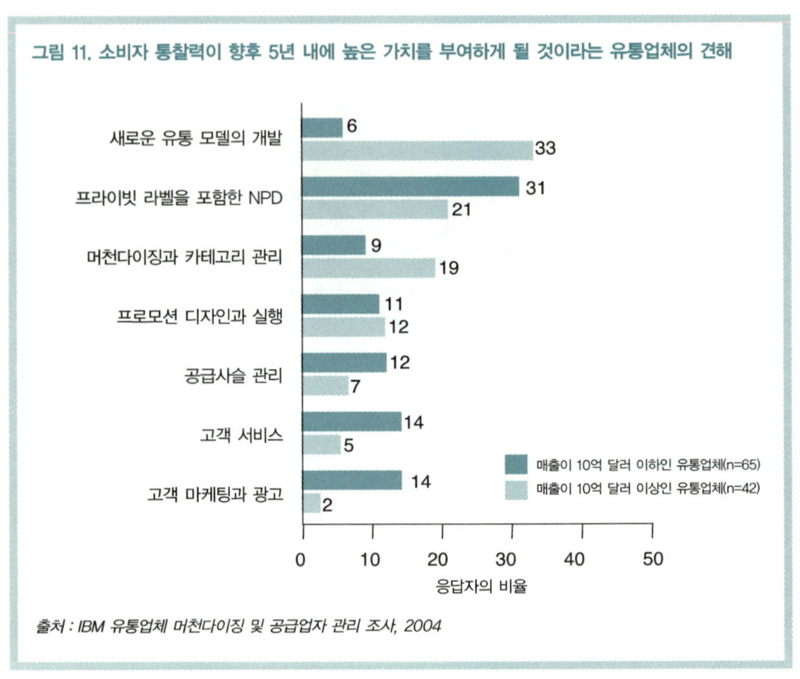



- 구매고객에 대한 이해 부족
- 잘못 정의된 협업 모델
- 부적절한 기술

## 구매고객에 대한 이해 부족

CP 기업들은 유통업체에게 가치를 부여하고 협력을 얻기 위해 소비자 통찰력뿐만 아니라 구매고객 통찰력도 필요로 한다. 그러나 CP 기업들이 구매고객 통찰력을 개발하기 위한 소비자 연구와 세그먼테이션에 항상 뛰어난 능력을 보이지만, 오늘날 입수하고 있는 통합된 정보를 넘어 유통업체 데이터에 더 심도 있게 접근할 필요가 있다. 유통업체들은 구매고객에 접근할 수 있는 열쇠를 가지고 있다. 많은 유통업체가 POS 시스템, 로열티 카드 프로그램 및 다른 출처의 구매고객 정보로부터 얻을 수 있는 가치가 있다는 것을 이미 인식하기 시작했다.

우리의 연구 결과에 의하면, 유통업체들의 95%와 상당한 수의 CP 기업들은 소비자와 구매고객의 통찰력을 공동으로 개발하는 것이 중요하다고 믿고 있다. 그러나 협동적인 통찰력 개발에 대한 성공 모델이 거의 없는 관계로 일부 선도적인 유통업체들은 그들 스스로 구매고객 통찰력을 개발하기 시작했다. CP 기업들이 유통업체들에게 이 능력을 양도하면 그들은 성과를 더 개선할 수 있는 기회를 잃게 된다. 동시에 구매고객 통찰력은 CP 기업들이 경쟁자와 프라이빗 라벨 상품으로부터 그들 자신의 브랜드를 보호하는 데 매우 중요한 요소다.

그리하여 향후에 CP 기업들은 잘 정의된 협동 모델을 개발하고 소비자와 구매고객 정보를 효과적으로 통합·분석하기 위해서 필요한 기술적 인프라를 구축하기 위해 전략적인 거래 파트너와 함께 일하지 않으면 안 된다. 이 각각의 중요한 능력은 다음과 같다.

## 부적절하게 정의된 협업 모델

니즈에 관해 합의를 했음에도 불구하고 거래 파트너들은 여전히 두 당사자들에게 혜택이 있는 통찰력의 공동 개발을 지원하는 비즈니스 모델을 창출하기 위해 노력하고 있다. 그러나 CP 생태계는 데이터 공유가 이제 필수적인 시대를 맞이했다. 유통업체들은 그들의 공급업자에게 그들이 차별화할 수 있도록 도울 것을 요청하고 있다. 그러나 공급업자들은 유통업체의 각 매장으로부터 구매고객 데이터에 접근할 수 있을 때에만 그렇게 할 수 있다.

우리의 연구에 의하면, 유통업체의 50%가 소비자 통찰력을 개발하기 위해 공급업자와 함께 일할 것을 주장한다. 그러나 대부분의 경우 이들은 공급업자로부터 구매고객과 소비자의 지식을 단순히 요구만 하는 수준일 수 있다. 다른 경우에 유통업체는 제한된 양의 구매고객 데이터를 그들의 공급업자와 공유하고 있을 수 있다. 그러나 CP 기업들 자신의 데이터와 쉽게 통합되거나 분석될 수 없는 형태로 존재한다. 거래 파트너가 소비자 또는 구매고객 통찰력을 개발하기 위해 함께 일하는 상황에서도 이것은 체계적으로 이루어지기가 어렵다.

유통업체의 강력한 파트너로서 자리매김되기 위해서 CP 기업들은 우선 이에 요구되는 내적 능력을 개발해야 한다. C-레벨의 중역들은 통찰력 지향적이 되고 거래 관행을 개선하며 비즈니스에 통찰력을 응용하기 위해 동기부여를 해야 한다. 기업들은 데이터를 분석할 뿐 아니라, 그러한 정보로부터 창조적이고 독특한 통찰력을 개발할 수 있는 능력을 갖춘 직원을 고용하고 훈련하기 위해 투자해야 한다. 한층 더 심오한 통찰력을 추구하기 위해 필요한 경험을 겸비한 고급 직원은 비즈니스에 매우 중요한 가치를 부여할 것이다.

CP 기업들은 통찰력을 개발하는 데 전문가여야 하고, 그 통찰력을 상업화하는 데 뛰어난 능력을 지녀야 한다. 그러한 통찰력은 소비자에게 유통업체를 차별화하는 신제품이 될 수도 있고 혁신적인 서비스가 될 수도 있다. 강력한 통찰력의 개발을 가능하게 하는 조직의 기술과 문화라는 것은 상업화에 뛰어난 능력과 똑같지 않다는 것을 명심해야 한다. 이 둘 모두 서로 다른 방법으로 개발되어야 한다.

CP 기업들이 통찰력 지향적이 되기 위해 자신의 조직과 프로세스를 준비할 때 선택된 전략적 고객들과 새로운 파트너 거래관계를 실험해야 한다. 각각의 경우에 공동의 통찰력 개발을 위한 모델은 독특해야 한다.

새로운 비즈니스 규칙, 행동 변화, 기술의 변화 등이 요구될 것이다.

## 부정확한 기술

이용 가능한 소비자와 구매고객 데이터의 양이 폭증하고 있다. 그러나 CP 기업과 유통업체들은 종종 독립적이든 함께든, 그러한 데이터를 효과적으로 관리하고 분석하는 기술 능력이 부족하다. 실제로 우리의 연구에 따르면 소비자 통찰력의 공동 개발에 가장 큰 장애는 필요한 기술과 도구의 결핍이다(그림 12 참조).

미래에 CP 기업들은 특정한 니즈나 질의 사항에 대한 응답으로 분석된 관련 데이터를 신속하게 통합하는 데 도움을 주는 기술 능력과

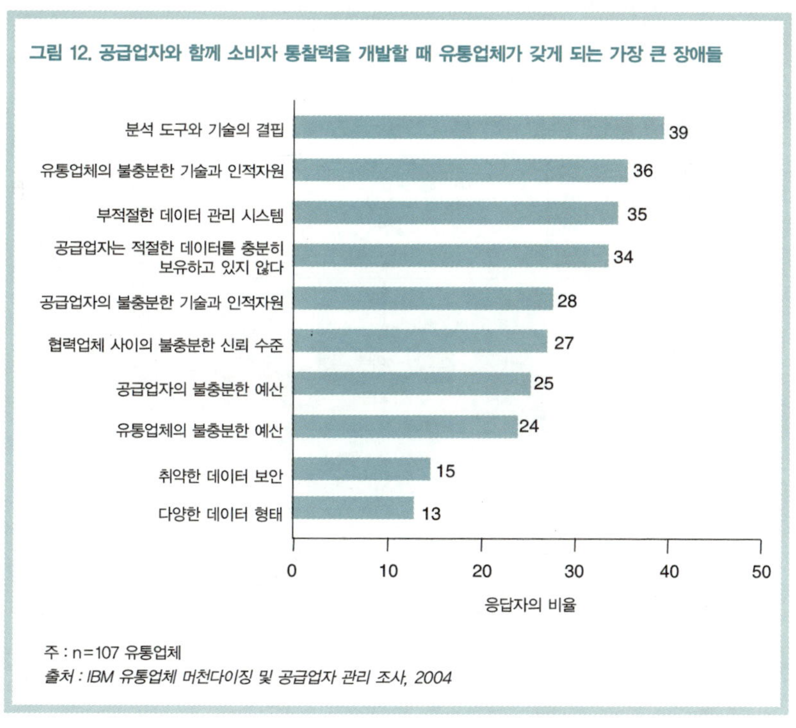

인프라를 개발할 필요가 있을 것이다(그림 13 참조). 데이터는 내부 또는 외부 시스템이나 웨어하우스 혹은 다중으로 혼합된 다양한 출처로부터 입수될 수 있을 것이다. CP 기업들은 이러한 데이터를 추출하고 그러한 데이터를 통합된 데이터 모델로 형성될 수 있는 통일된 형태로 만드는 인프라를 구축할 수 있다. 통합된 데이터 모델 내에 포함된 특정한 데이터 세트는 새로운 통찰력을 이끌어내기 위해 면밀하게 검토된 자세한 리포트를 작성하기 위해 분석될 수 있다. 오늘날 많은 기업이 별도로 다른 데이터 세트를 분석하는 반면, 미래에는 대규모 데이터 통합을 요구할 것이다. 이렇게 함으로써 기업에 문제나 질의 사항의 전체적인 견해를 제공하며, 더 포괄적이고 효과적인 응답을 이끌어 낼 수 있도록 할 것이다.

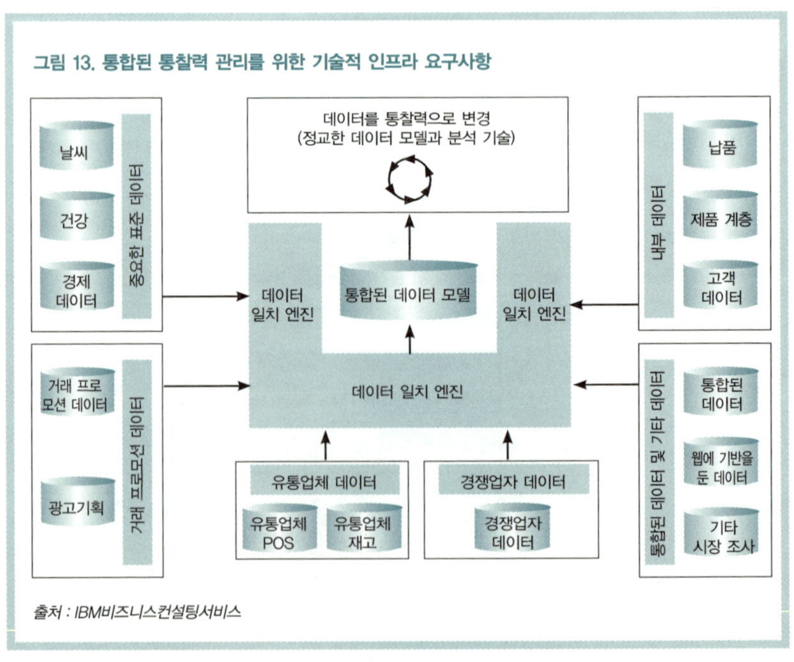



출처 : IBM비즈니스컨설팅서비스

## 【협동적 통찰력 개발을 위해 상호 혜택을 주는 모델 개발】

인터뷰에 응한 어느 CP 기업은 선도적인 다국적 유통 고객과 함께 구매고객 통찰력을 개발하는 데 매우 성공적이었다. 이 기업에게는 상품을 공급하는 카테고리뿐 아니라 모든 카테고리에 걸쳐 유통 파트너에 의해 모든 영업 데이터에 접근할 수 있도록 허용되었다. 이 기업은 유통업체에게 공급되는 자신의 카테고리를 관리할 뿐 아니라 고객의 비즈니스를 개선하는 데 도움을 주는 공동 프로모션에 가치 있는 정보를 제공하기 위해 이 정보를 분석·사용했다. 인터뷰에 응한 이 기업에 따르면, 그들은 이 유통업체에게서 구매를 하는 구매고객의 수, 구매를 하는 방법, 구매고객으로서의 가치 등을 이해하기 위해 그 영업 데이터를 사용할 수 있었다.

## 【구매고객 통찰력 공동 개발을 위한 신뢰와 거래관계 구축】

CP 기업들이 선택된 전략적 고객과의 새로운 파트너 거래관계를 실험할 때는 다음 사항을 고려해야 한다.

### 새로운 비즈니스 규칙

- 각 거래 파트너에 의해 어떠한 정보가 공유될 것이며, 그러한 정보가 어떻게 사용될 것인가 명확하게 정의하는 계약상의 합의를 도출한다.
- 양 당사자가 동등한 거래관계를 유지한다는 것을 확실히 하기 위해 통합 데이터의 혜택과 통찰력 관리에 대해 분기마다 또는 반 년마다 검토하도록 한다.

### 행동 변화

- 각 거래 파트너가 영업활동의 성공에 관심을 가지고 있다는 것을 확신하기 위해 정량적인 지표로 명확히 합의한다.
- 파트너 관계의 성공에 책임을 분담한 공동의 팀을 통해 거래 파트너 사이에 더 개방적인 의사소통을 한다.

### 기술적 변화

- 데이터와 분석자료를 공유할 때 신뢰를 잃지 않도록 전송시 보안을 강화한다.
- 데이터 공유를 쉽게 하고 공동의 데이터 분석과 통찰력 개발을 용이하게 하기 위해 공동의 데이터 표준을 설정한다.

## 2010년을 위한 준비

CP 생태계는 분명히 극적인 변화의 와중에 있다. 이 새로운 세계에 많은 브랜드들이 점차 유통업체와 소비자들의 손에 운명을 맡길 처지가 되었다. CP 기업들은 유통업체와 더 밀접한 거래관계를 유지하고 시장에서 경쟁적인 지위를 강화하기 위해 고객 관리에 대한 접근방법을 근본적으로 변화시킬 필요가 있을 것이다.

유통업체들은 미래에 다양한 비즈니스 활동을 관리하기 위해 점차 공급업체에 의존할 것이다(그림 14 참조). 그러나 공급업체들은 먼저 그들 자신이 가치가 있다는 것을 입증해야 한다. 그들은 선호되는 공급업체로 간주되고 구매고객 데이터에 접근이 가능하며 유통업계 포지셔닝에 더 큰 영향력을 가지려면, 유통 고객들을 만족시키기 위해 기민하고 집중적인 노력을 기울여야만 할 것이다.

특히 CP 기업들은 유통고객을 소비자와 동일선상으로 끌어올림으로써 수요 관리의 접근방법을 혁신해야 한다. 가까운 장래에 CP 기업들은 고객 관리의 가장 중요한 요소들을 진지하게 고려해야 한다. 그것은 다음과 같이 정리될 수 있다.

- 고객 관리 조직 : 현재 이용되고 있는 고객 세그먼테이션 기술이 고객을 잘 알 정도로 적절한 것인지 평가한다. 변화하는 고객의 니즈에 부응하기 위해 조직을 신속히 해체하고 결성할 수 있는지 조직의 능력을 확인해 보자. 각 고객에게 소비된 자원의 양과 기업이 투자로부터 예상하는 수익을 측정한다.
- 키 어카운트 관리자와 고객 관리팀 : 고객의 비즈니스뿐만 아니

【음료수 판매증대를 위한 구매고객 통찰력 사용 :
네슬레 워터스 및 7일레븐의 사례】

전세계에서 77가지의 브랜드로 음료수를 판매하고 있는 네슬레 SA의 자회사 네슬레 워터스
와 18개국에 약 2만 5,000개의 매장을 가지고 있으며 미국에 본사를 둔 편의점 체인 7일레
븐은, 7일레븐 매장에서 병 음료수의 판매를 높이고자 다양한 방법을 모색하고 있다. 네슬레
는 이러한 성장을 달성하기 위해 지속적으로 판매 데이터를 감시하고 분석하는 전문 분석가
를 영입했다. 이 정보는 판매 잠재력을 극대화하기 위해 제품 믹스를 좁히고 패키지를 재디
자인하며 신제품을 소개하는 데 사용되었다. 궁극적으로 이러한 변화는 재고 수준을 최적화
하고 소비자의 구매습관을 만족시키기 위해 제품 믹스를 효과적으로 조정하는 데 도움을 주
었다.

이러한 전략은 7일레븐에서 네슬레 워터스의 제품 판매가 전체 음료수 카테고리를 능가하는
결과를 가져왔다. 또한 두 기업의 머천다이징팀의 노력으로 7일레븐은 경쟁적인 가격과 제
품으로 멀티팩 음료수 비즈니스에 진입할 수 있었다.

7일레븐의 머천다이징 담당 부사장 로빈 미첼에 따르면, 네슬레 워터스는 판매를 지속적으
로 모니터링하고 데이터를 사용하여 전략과 머천다이징을 변화시킬 때 판매 기회를 극대화
할 수 있다는 사실을 보여주었다.

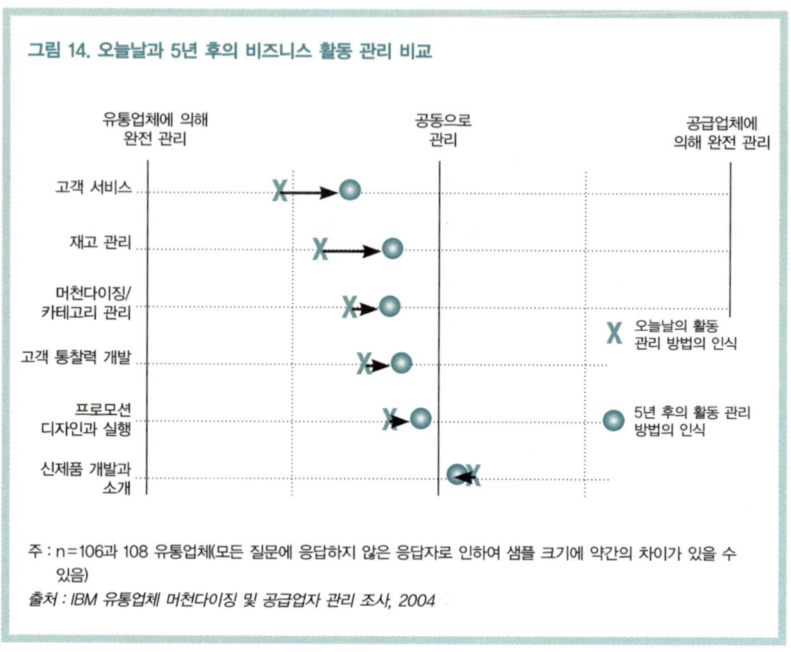



주 : n=106과 108 유통업체(모든 질문에 응답하지 않은 응답자로 인하여 샘플 크기에 약간의 차이가 있을 수 있음)

출처 : *IBM 유통업체 머천다이징 및 공급업자 관리 조사, 2004*

라 기업의 비즈니스를 육성할 수 있는 능력을 보유하고 있는지 고객을 대면하는 자원들을 평가한다. 기업 자체의 목표와 유통업체의 목표 모두에 대한 고객 관리팀의 성과를 측정하기 위해 스코어보드를 사용해 보자. 관련된 고객의 정보를 획득하고 고객 관리팀에게 전달하는 기업의 능력을 평가한다.

● 혁신에 대한 통찰력 : 가치 있는 혁신을 고객의 비즈니스에 전달할 수 있는 통찰력을 개발하는 기업의 능력을 측정한다. 구매고객 통찰력을 개발하고 그것들을 효과적으로 적용하는 기업의 능력을 고객들이 어떻게 평가하는지 확인한다. 기업 내 각각의 부서 사이에 데이터가 어떻게 공유되고 통찰력이 어떻게 개발되는지 평가한다.

CP 기업들은 먼저 현재 상황을 주의 깊게 평가한 후 업계에서 가장 뛰어난 기업들을 벤치마킹해야 한다. 조직 내에 민첩성을 향상시키고 고객 관리팀에 권한을 부여하며 가능하면 전사적으로, 그리고 고객과 함께 통찰력 개발을 통합할 수 있도록 하기 위해 명확한 전략을 수립해야 한다. 단기적 성공과 장기적 목표에 초점을 맞춤으로써 CP 기업들은 수요 관리를 위한 통일된 접근방법을 개발할 수 있는 좋은 여건을 조성할 수 있을 것이다.

## 결론

유통업체와 소비자 사이의 결속 관계는 계속 강화될 것이다. CP 기업들이 장래에 그들의 고객 관계를 어떻게 접근하느냐가 고객과 협상하고 유통업계에서 좋은 위치를 차지할 수 있는 그들의 능력뿐 아니라 소비자에게 제품을 판매하는 그들의 능력에도 직접적으로 영향을 주게 될 것이다. CP 기업들은 영업과 마케팅 업무에 대한 고객과 소비자 차원을 통합해야만 지속적이고 실질적인 성장을 성취할 수 있을 것이다. 오늘날 도전에 응하고 있는 이들 기업은 자신뿐 아니라 고객과 소비자들에게도 혜택을 부여하게 될 것이다.

# CHAPTER 08

# 소비자 주도의 미래 서플라이체인 구축

앞으로 5년~10년 간 소비자 시장은 소비자 행동과 유통업체 요구, 규제 조건 등의 변화에 의해 주도된 빠르고 광범위한 변화를 거칠 가능성이 높다. CP 기업들은 이러한 개발과 보조를 맞추고 경쟁력을 유지하기 위해서라도 자사의 서플라이체인을 '소비자 주도의 서플라이체인 네트워크'로 근본적으로 재설계해야 한다. 이런 변화는 실행하는 데에 많은 시간이 걸린다. 미래는 기다려주지 않기 때문에 지금 당장 시작해야 한다.

## 서론

소비자와 유통업체로부터의 압력이 증가하는 가운데, CP 기업들은 더 이상 '모두에게 맞는 한 가지 규격'의 서플라이체인을 운영할 수 없게 되었다. CP 기업들은 급변하는 유통업체와 소비자의 수요에 서플라이체인이 효율적으로 대응하게 하려면 어떤 조치를 취해야 할까? 또한 서플라이체인에 더욱 초점을 맞추기 위해서 어떤 능력을 개발해야 할까? CP 산업에서 경쟁하는 기업들은 지금부터 2010년 사이에 등장할 전략적 도전에 대응하여 서플라이체인 운영의 방식을 근본적으로 변화해야만 진정으로 소비자 주도의 서플라이체인이 될 수 있을 것이다.

## 핵심 요약

20세기에 CP 업체들이 성장하고 재정적으로 탄탄할 수 있었던 이유는 한 가지 원칙에 근거했기 때문이다. 즉 소비자는 거의 모든 품목에 걸쳐 브랜드가 있는 상품을 가장 먼저 선택한다. 그러나 오늘날의 시장 환경은 빠른 속도로 변하고 있다.

소비자들은 많은 품목에서 브랜드보다 가격과 품질에 더 많은 신경을 쓴다. 기초 물품의 경우, 이제 유통업체들은 제조업체보다는 소비자들과 더 공감대를 형성하는 경우가 많다. 왕성한 확장을 통해 대형 유통업체들이 탄생했고, 이들은 고객 관계를 주도하면서 공급업체들이 더욱 높은 수준의 서비스를 제공해 줄 것을 더욱 요구하며 나선다. 엄격한 성장 목표와 규제 조항들도 CP 업계를 더욱 압박하고 있다.

CP 업체들은 이런 도전에 대처하기 위해 가치 네트워크 전반에 걸쳐 과감한 조치를 취해야 한다. 서플라이체인 운영은 모든 기업이 검토해야 할 주요 분야다. 서플라이체인은 성장과 수익성의 향상에 중요한 역할을 하지만 많은 경우에 유통업체와 소비자들이 요구하는 서플라이체인으로 적절히 발전하지 못했다.

서플라이체인이 비용을 상당히 줄일 수 있는 주요 기능 분야 중 하나라는 것에 대부분 동의한다. 제품 개발비와 마케팅 비용이 지속적으로 증가하므로 서플라이체인은 더욱 역동적이고 탄력적이며 비용 효율적으로 변해야 한다. 제품 프로모션을 벌일 때, 유통업체의 진열대에서 품절 수준은 여전히 너무 높다. 서비스 수준이 향상되지 않으면 소비자들은 다른 매장에서 다른 브랜드를 선택할 것이다. 현재까지 대부분의 CP 업체들은 서플라이체인 비용을 줄이고 서비스 수준을 향상하기 위해 부분적인 이니셔티브를 추구해 왔다. 그러나 이런 임시방편적인 이니셔티브의 잠재력은 대부분 고갈되었다. 이제 성과에서의 단계 변화를 실현하기 위해 서플라이체인에 근본적인 변화를 시도해야 할 때다.

기업들은 기존의 서플라이체인을 소비자가 주도하는 서플라이체인 네트워크로 전환해야 한다. 구체적으로 말해서 기업들은 공급 네트워크를 특정 목적, 즉 변화하는 소비자 취향과 구매 양상에 더욱 대응하는 것, 또는 기초 물품에 효율성과 가치를 더욱 부여하는 것에 맞춰야 할 것이다. 새로운 프로세스와 제휴, 기술은 미래의 서플라이체인에 집중과 대응, 그리고 탄력성을 더하는 데에 도움을 줄 것이다. CP 업체들은 이런 목적을 달성하기 위해 여섯 가지 주요 분야를 공략해야 한다.

- '목적에 맞는' 서플라이체인 네트워크를 구축하라. 고급 상품에 혁신과 대응을 제공하고 대중 가치 상품에 높은 효율성을 제공하기 위한 공급 네트워크를 구성하라.
- 혁신을 가속화하라. 새로운 상품과 프로모션 행사를 매장에서 더욱 신속하고 저렴하게 소개하라.
- 가치 사슬을 재창조하라. 비용을 근본적으로 절감하고 소비자의 수요에 사전에 부응하기 위해 완전한 가치 사슬을 재정의하라.
- 규제를 준수하거나 결과를 감수하라. 제품 성능과 품질을 향상하고 규제 준수를 철저히 준비하라.
- 경계 밖에서 생각하라. 새로운 협조 체제를 구축하여 거래 파트너와 효과적으로 일할 수 있도록 하라.
- 기술을 활용하라. 신기술을 혁신적인 방법으로 이용하여 성과 향상을 도모하라.

오늘날의 '모두에게 맞는 한 가지 규격' 의 서플라이체인으로는 CP 업체들이 현재 직면하고 있는 도전에 올바르게 대응할 수 없다. 그러나 변화가 하룻밤 사이에 일어날 수도 없다. 정적이고 탄력성이 없는 서플라이체인을 역동적이고 소비자가 주도하는 서플라이체인 네트워크로 전환하는 것은 몇 년이 걸릴 수도 있다. 수익성을 미래로 확실하게 끌고가려면 이 변화의 절차를 즉시 시작해야 한다.

## CP 서플라이체인은 모든 면에서 압력을 받고 있다

CP 업체들은 변화하는 소비자 구매 양상과 유통업체의 요구 증가, 더욱 엄격한 성장 목표, 새로운 규제의 압력 등으로 더욱 압력을 받고 있다. 서플라이체인은 비즈니스에 대한 이러한 요구에 대처하는 데에 필수적인 역할을 한다. 그러나 대부분의 기업이 가진 서플라이체인은 이러한 역할을 하기에 적합하지 않다. CP 기업에게 서플라이체인 재구성과 단기적 수익 창출을 모두 가능하게 하는 변화의 로드맵이 없다면 앞으로 성장이 쉽지 않을 것이다.

### 소비자들은 저가 제품과 고급제품으로 양극화된다

인구통계와 태도의 현저한 변화는 소비자 구매 양상의 변화를 초래하고 소비자들을 더욱 복잡하게 만든다. 특히 서플라이체인이 설계되어야 하는 방식에 지대한 영향을 미치는 변화가 하나 있다. 한때 '적당한 가격의 괜찮은 제품'을 사는 것에도 만족하던 소비자들은 이제 더욱 까다로워졌고, 구매 양상도 양극화되는 현상이 나타났다(그림 1 참조). 소비자들은 자신들만의 개인 가치를 최적화하려고 노력함에 따라, 감성적 필요에 해당하는 '의미 있는' 제품은 비싼 값을 지불하고, 기초 필수 물품은 저렴하고 '쓸 만한' 품질을 적극적으로 찾고 있다. 불행하게도 대부분의 CP 서플라이체인은 이런 트렌드를 지원하도록 만들어지지 않았다.

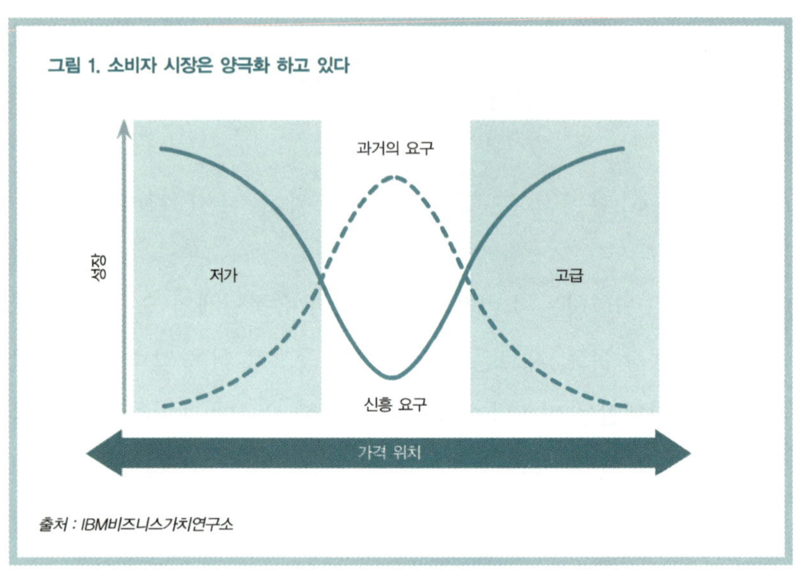



저가 제품을 공급하려면 기업이 대량의 물량을 관리해야 하고, 고
가 제품을 공급하려면 독특한 시장 수요 성격을 고려하기 위해 기획
방식의 탄력성과 물리적 공급 네트워크를 갖추어야 한다. 전통적인 서
플라이체인은 저가 제품을 효과적으로 유통하기에 너무 복잡하고 비
용이 많이 들거나, 혁신을 확보 · 적용하기에 너무 많은 자산을 필요로
하거나 탄력성이 없다.

## 유통업체 영향력과 기대수준의 증가

유통업체들이 CP 업체로부터 향상된 서플라이체인 능력을 요구하는
것은 그리 놀라운 일이 아니다. 그들의 목적은 소비자들의 요구 변화
에 대비해 재고흐름을 매장의 진열대와 동기화하고, 매장 내 인건비와
전반적인 유통업체 공급비용을 더욱 줄이는 것이다.

유통업체에게 필요한 것은 팰릿(pallet)의 구성 또는 포장, 표시 방법 등과 같은 단순한 것일 수도 있고, 팰릿이 어떻게 트럭에 실릴 것인가, 어떻게 RFID 태그를 붙일 것인가, 시간 표시를 할 것인가 등처럼 복잡한 사안일 수도 있다. 또는 제품 데이터와 수요 데이터가 분석과 계획을 위해 공유되고 사용될 수도 있다. 고객 특유의 요구사항은 표준화와 자동화가 어렵다는 것을 의미할 때가 많다. 이런 요구에 부응하는 것은 복잡하고 시간이 많이 걸리며, CP 업체들이 거부하기에도 점점 힘들어진다. 통합과 지역 확장, 프로모션 제품의 증가 등은 유통업체와 소비자 사이의 관계를 더욱 밀접하게 하고 CP 업체의 영향력과 중요성을 약화시킨다.

## 성장하려면 더 많은 물량을 더 저렴한 가격에 제공해야 한다

CP 기업들은 이해 관계자들의 성장 요구에 부응하면서 두 가지 주요 압력을 처리해야 한다. 첫째, 기업들은 어떻게 더 많은 서비스와 물량을 더 저렴한 가격에 서플라이체인에 제공할 것인지를 결정해야 한다. 둘째, 서플라이체인의 모든 성장 이니셔티브를 지원할 충분한 자원이 없기 때문에 발생하는 조직적 문제를 처리해야 한다. 기업들은 어디에 초점을 맞추고 어느 부분을 제휴할 것인지 선택해야 한다.

지난 몇 년 간 CP 업체들은 성장을 멈춘 시장에서 수익을 향상하기 위해 매출 당 서플라이체인 비용 비율을 줄였다(그림 2 참조). 이제, 요구되는 성장을 추구하면서 이윤을 유지하기 위해 서플라이체인 비용을 더욱 줄여서 새로운 영업 활동과 마케팅 활동을 위한 자금을 확보해야 한다. '더 적은 것으로 더 많이' 하라는 서플라이체인에 대한 압력은 비용절감을 위한 전통적인 방법이 효력을 잃으면서 더욱 심해진다.

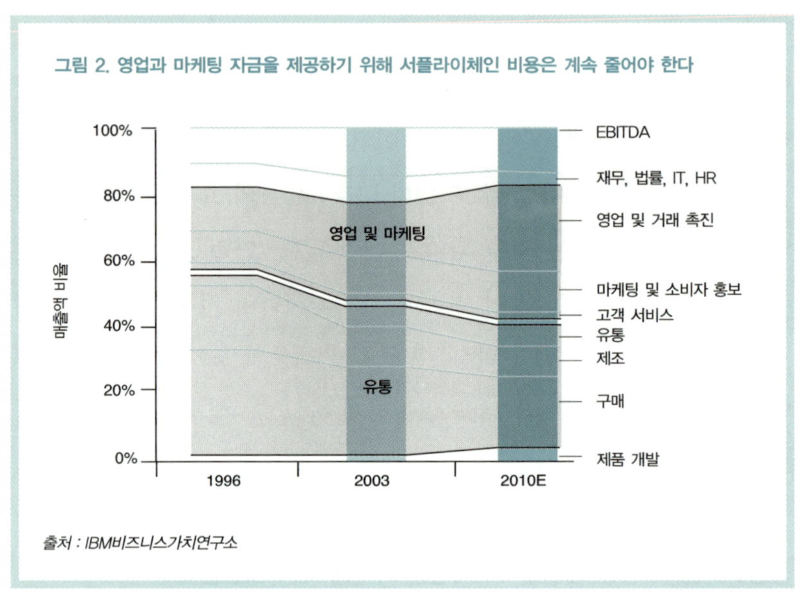



## 규제의 압력 증가

위에서 설명한 일반적인 경쟁환경과 소비자의 변화 외에도 규제 준수 (특히 추적성에 관한 규제)가 더욱 중요해지고 있다. 현재 업계에는 규제와 정치적인 광범위한 압력에 대처하려는 커다란 움직임이 있다.

- Sarbanes-Oxley 법안과 같은 새로운 규제는 정확한 공시를 해야 하는 부담을 안겨준다.
- 소비자들의 기업 윤리 감시가 더욱 심해지고 있다.
- 관세와 수입 규제가 전례 없이 엄격해졌다.
- 유전자 변형 식품(GMO) 사용에 관한 규제가 까다로워졌다.
- 생화학 테러의 위협에 따라 새로운 제품 안전 규제가 마련될지 모른다.

- 공중보건 문제에 대한 대응으로 원자재 추적성을 요구하는 정부가 많아졌다.
- 소비자와 정부의 소비자 개인정보 보호 요구하고 증가하고 있다.

규제 준수를 무시할 경우의 결과는 매우 심각하다. CP 업체들은 부정적인 홍보나 심각한 제품 리콜로 인해 브랜드가 손상을 입는 경험을 할 수도 있다. 유통업체들은 제품을 '취급 품목에서 제거' 할 수도 있고, 은행이나 분석가들이 투자 위험이 높다는 평가를 내릴 수도 있다. 끝으로, 심각한 법적 처벌을 받아서 변호비용과 보험료의 상승을 초래할 수도 있다. 이처럼 모든 경우에서, 가장 중요한 과제는 단순히 규제를 준수하는 것이 아니라 기업에 되도록이면 최저 비용을 부담시키면서 서플라이체인 운영에서 필요한 변화를 가져오는 것이다.

## 소비자 주도의 서플라이체인 네트워크 구축

'서플라이체인' 이라는 용어는 미리 정의되고 고정된 일련의 고리로서 연쇄적으로 연결되고 방향이 없는 모양을 연상시킨다. 전통적인 서플라이체인은 기업의 '4대 주춧돌' 안에 존재한다. 즉 재료와 정보가 원자재 도입에서 시작해 고객 주문의 선적까지 고정된 경로를 따라 선형으로 흐르고 있다. 일부 서플라이체인은 거래 파트너와 정보를 공유하는 것까지 연장되긴 하지만, 대부분 이런 관계는 장기간 지속되어 신뢰하는 고객과 공급업체로 제한된다.

CP 업체들은 다가오는 경쟁 압력 · 소비자 압력 · 규제 압력에 대처하기 위해 선형적이고 내부에 초점을 맞춘 그들의 서플라이체인을 소비자 주도의 서플라이체인 네트워크로 변형해야 한다. 소비자 주도의 서플라이체인 네트워크는 원천 공급자로부터 최종 소비자에게까지 제품과 정보를 위한 매끈한 파이프 라인을 제공하기 위해 어느 한 순간에 모이는 조직과 서플라이체인의 역학적 구조로 이해하면 된다. 이런 연합은 임시적(단일 거래)일 수도 있고, 지속적인 관계일 수도 있다. 이 서플라이체인은 여러 파트너로 구성되며 각 파트너가 맡은 역할이 있다. 즉 브랜드 소유업체를 비롯해 제품 설계, 하청 제조, 포장 및 여러 서비스를 제공하는 업체들이 합쳐질 때, 유통업체와 소비자가 요구하는 전반적인 비즈니스 가치를 제공하는 단일 법인과 같은 작용을 하는 것이다.

성공적인 기업들은 양극화하는 소비자 취향에 대응하기 위해 차별을 두고 초점을 맞출 것이다. 즉 그들은 더 높은 차원의 서비스를 더

### 세계적 수준의 고객 주도 서플라이체인 네트워크의 주요 능력

- 고객, 공급자, 서비스 제공자와의 긴밀하고 깊은 협조
- 전체 '서플라이체인 네트워크'에 걸쳐 볼 수 있는 단일 단위의 일관된 정보(예 : 재고, 확정된 주문, 향후 생산 스케줄 등)
- 기획 시스템과 실행 시스템 사이의 차이를 줄이는 실시간에 가까운 정보
- 온라인 가용성, 구성, 네트워크 내의 모든 업체를 고려한 가격 등을 '약속하는 것이 가능'한 것만이 아니라 '약속할 능력이 있는' 미래의 공약을 할 수 있는 능력
- 서플라이체인 관리, 고객관계 관리, 공급자관계 관리 사이의 전통적인 격차 제거
- 속도와 연결 편리성을 촉진하기 위한 웹 기능이 되고 '전자 시장이 가능'한 시스템
- 자동화되고 지적인 예외에 근거한 결정 및 프로세스 관리
- 공급의 연속성을 유지하면서 수익 최적화에 맞추는 초점

넓은 범위에서 제공할 것이다. 선두 기업들은 원자재 공급업체와 제조업체, 유통업체 사이의 선이 희미해진 더욱 신축성 있고 세련된 환경에서 편안하게 운영할 것이다. 그들은 소비자들에게 더욱 잘 다가가기 위해 판매 채널의 수를 증가하고 나누어진 유통 물량을 효율적으로 다룰 것이다. 혁신을 위한 부단한 움직임에 대응하여 제품의 주기를 단축하고 빠른 제품 출시에 효과적으로 대처할 것이다. 데이터에 의존해 통찰력을 기르고 효율성을 추구하며 지역과 계열사, 기능 사이의 전통적인 장애물이 제거된 지배구조를 개발할 것이다. 또한 (이것으로도 모자라서) 이 모든 것을 과거 어느 때보다도 적은 비용으로 실행하여 성장 이니셔티브에 투자하거나 가격을 줄이면서 이윤을 유지할 것이다. 이런 과제에 도전하는 것은 선택이 아니다. 향후 몇 년 간 생성될 고도의 경쟁 속에서, 더욱 복잡해지고 세계적으로 통합되는 시장에서 성공하기 위해서는 필수다.

기업들이 고려할 만한 개선 이니셔티브가 당황스러울 정도로 많다. 그러나 자원도 부족하고 너무 많은 이니셔티브를 관리하는 것은 너무 적은 이니셔티브를 관리하는 것만큼 문제가 있다. CP 기업들은 효과적인 위치를 확보하기 위해 무엇을 우선순위로 정할 것인지, 그리고 어떤 부분을 제휴할 것인지에 대한 명확한 시각을 가져야 한다. 소비자 주도의 서플라이체인 네트워크를 구축하려면 여섯 가지 분야에 집중해야 한다(그림 3 참조).

기업들은 전략적 시각에서 시작하기 위해 '목적에 맞는' 서플라이체인 네트워크를 구축해야 한다. 여기에는 고급 브랜드를 위한 혁신과 반응성을 제공하고 대중 가치 상품에 높은 효율성을 제공하기 위한 맞춤형 공급 네트워크를 구성하는 것을 포함한다.

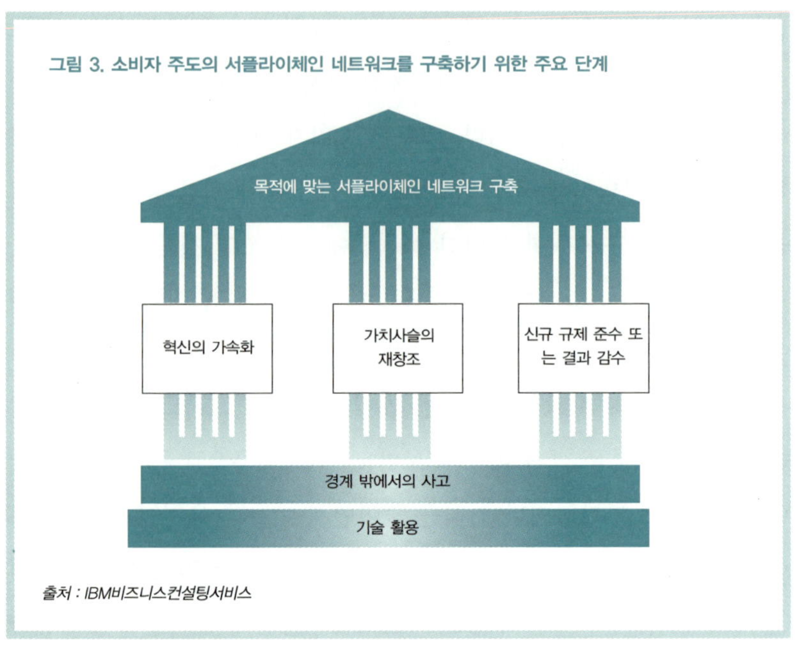



다음으로, 기업들은 서플라이체인을 관리하는 방법에 관한 세 가지 주요 운영 변화를 가져와야 한다. 첫째, 혁신 프로세스를 가속화하여 새로운 제품과 프로모션 행사가 매장에 더 저렴하고 신속하게 소개될 수 있도록 해야 한다. 둘째, 비용을 근본적으로 절감하고 소비자의 요구를 사전에 충족하기 위해 운영을 재구성함으로써 가치사슬을 재창조해야 한다. 셋째, 신규 규제를 준수하여 제품 성능과 품질을 향상해야 한다(그렇게 하지 못하면 그에 대한 결과를 감수해야 한다).

이런 전략적 변화와 운영적 변화의 기초는 거래 관계 관리에 대한 새로운 접근과 그 밑에 깔려 있는 기술 인프라다. CP 기업들은 경계를 넘어 창의적인 사고를 하고 다양한 프로세스 분야에 걸쳐 제휴 유통업체들과 더욱 효과적인 협조를 이루어내야 한다. 그리고 혁신적인 방법

으로 기술을 활용하여 모든 서플라이체인에 걸쳐 성과 향상을 꾀해야
한다.

## '목적에 맞는' 서플라이체인 네트워크 구축

소비자의 구매 양상이 저가와 고급의 극단적인 양극으로 나누어지는
시장 상황에서 CP 업체들은 자사의 서플라이체인 능력을 제품, 채널,
지역 별로 다를 수 있는 각 비즈니스 부분의 특정 성격과 더욱 세밀하
게 정렬할 필요가 있다.

　일부 기업들은 이것이 비교적 쉬울 수 있다. 단일 브랜드를 가지고
몇몇 나라에서 적은 수의 고객을 가지고 있는 기업이나, 여러 나라에
걸쳐 동일한 시장 위치와 단일 고객층을 가지고 매우 집중된 포트폴리
오를 가진 기업이 이런 기업이다. 이들 기업은 집중된 단일 서플라이
체인만 있으면 될 수도 있다. 그러나 다수의 브랜드와 고객, 시장을 가
지고 있는 대다수 CP 기업에게 이 도전이 그렇게 쉽지만은 않다. 오늘
날의 '모두에게 맞는 한 가지 규격'의 서플라이체인은 다양한 필요를
비용효율적으로는 물론 능숙하게 충족해 줄 수 없다. 동시에, 각 제품,
고객, 시장 조합에 맞추는 여러 서플라이체인을 운영·관리하는 것도
실용적인 선택이 아니다. 각 제품에 맞는 개별 서플라이체인은 비용이
너무 많이 들고 관리도 불가능할 것이다.

　CP 기업들은 차별화가 필요한 몇 요소를 구분하면서 공통된 서플
라이체인 요소를 최대한 활용할 수 있는 중간 지대를 찾아야 한다. 이
런 접근은 가격에 따라 주도되는 라인을 최저 비용으로 운영하면서 혁
신을 가능하게 하고 고급 제품의 품질을 지킬 수 있게 한다. 따라서 기
업은 어느 비즈니스 단위에서라도 신축성·효율성·비용 효과의 올바

른 조합을 제공하는, 목적에 맞고 차별화된 서플라이체인을 만들 수 있다. 업계 경영진은 이런 서플라이체인 네트워크를 구축하기 위해 네 가지 단계를 거치고 정기적으로 점검해야 한다.

## 1단계 : 관련 능력의 파악

기업은 먼저 표적 시장에 어떤 능력이 가장 관련이 있는지 파악해야 한다. 일반적으로 서플라이체인 요구 사항은 두 가지 범주 안에 포함된다(그림 4 참조).

● '대중 가치' 서플라이체인은 가치가 주도하는 고객층에 부응하

**그림 4. 서플라이체인 설계의 두 가지 다른 접근**

| '대중 가치(Mass Value)' | '감지-응답(Sense & Respond)' |
| --- | --- |
| **비용이 왕이다**<br>• '더 이상 쓸 수 없어야' 교체<br>• 연속적 재고보충 또는 유통 업체 요구가 유발<br>• 동기화는 무용 – 제조에서 Push, 포장에서 Pull로 전환<br>• 현명한 아웃소싱<br>• 제조 : 다량, 일관, 탄력 | **수요 관리의 최적화**<br>• 탄력적 재고보충 : 계획에 초점<br>• 복잡하고 예측 불가능한 소비자 요구가 유발<br>• 동기화된 연장 서플라이체인 네트워크<br>• 자본 감축을 위한 아웃소싱<br>• 제조 : 단기적이고 신축적인 생산 주기, 수요 주도의 계획 |
| **고객에 맞추는 초점**<br>• 높은 가용성<br>• 높은 포장 다양성<br>• 다 채널 유통을 위한 다 채널 운용<br>• 가치에 초점을 맞춘 '내부 공급자' | **소비자에 맞추는 초점**<br>• 혁신과 프로모션의 수, 형태, 빈도에 따라 주도되는 복잡성<br>• 매장과 진열대 초점<br>• 다채널 영업을 위한 다채널 운용<br>• 혁신과 신축성에 초점을 맞춘 '내부 공급자' |

출처 : IBM비즈니스컨설팅서비스

며 저비용에 근거해 운영된다. 이 서플라이체인은 주요 유통업체를 통해 주로 대량으로 판매되는 저가 기초 물품을 위해 설계되었다. 이런 제품들은 흔히 고객의 충성도가 약하여 특정 브랜드가 진열되어 있지 않으면 소비자들이 대체 브랜드를 구매하므로 서플라이체인 문제의 위험부담이 대부분 CP 기업에 있다. 가장 신경 써야 할 부분은 유통업체에 더 높은 수준의 서비스를 제공함으로써 제품 진열대에 물건이 떨어지는 일이 없어야 한다.

● 이와 반대로, '감지와 응답' 서플라이체인은 이윤이 높은 고급 브랜드에 필요하다. 이 서플라이체인은 소비자 브랜드의 가치, 혁신, 반응성을 최적화하고 가격에 대한 높은 수준의 서비스를 제공한다. 생산과 유통은 소비자 요구 수준의 변동을 만족시키기 위해 조율되고, 제품은 광범위한 채널을 통해 판매되는 경우가 많다. 서플라이체인의 위험 부담은 유통업체와 공급업체 모두에게 있다. 소비자들은 이런 제품들을 구체적으로 찾고, 제품 구매가 가능하지 않을 경우 구매를 미루거나 다른 곳에서 구매하므로 CP 업체와 유통업체는 서로 긴밀히 협조해야 한다.

## 2단계 : 서플라이체인의 구성요소화

기업들은 자사의 기존 서플라이체인 능력을 재평가해야 한다. 전통적인 프로세스 중심의 분석 기술은 기존 서플라이체인의 고정적이고 선형인 성질을 강화하기만 한다. 따라서 새로운 접근이 필요하다. CBM(component business modeling)은 기업의 기본 활동 차원에서 기업을 분석하는 새로운 도구다(그림 5 참조). CBM은 기존 방식과 조직적 경계에서 비롯된 내부 편견을 극복하여, 중복되는 부분을 발견 · 제거하고,

# 그림 5. CP 기업들의 대표적 CBM

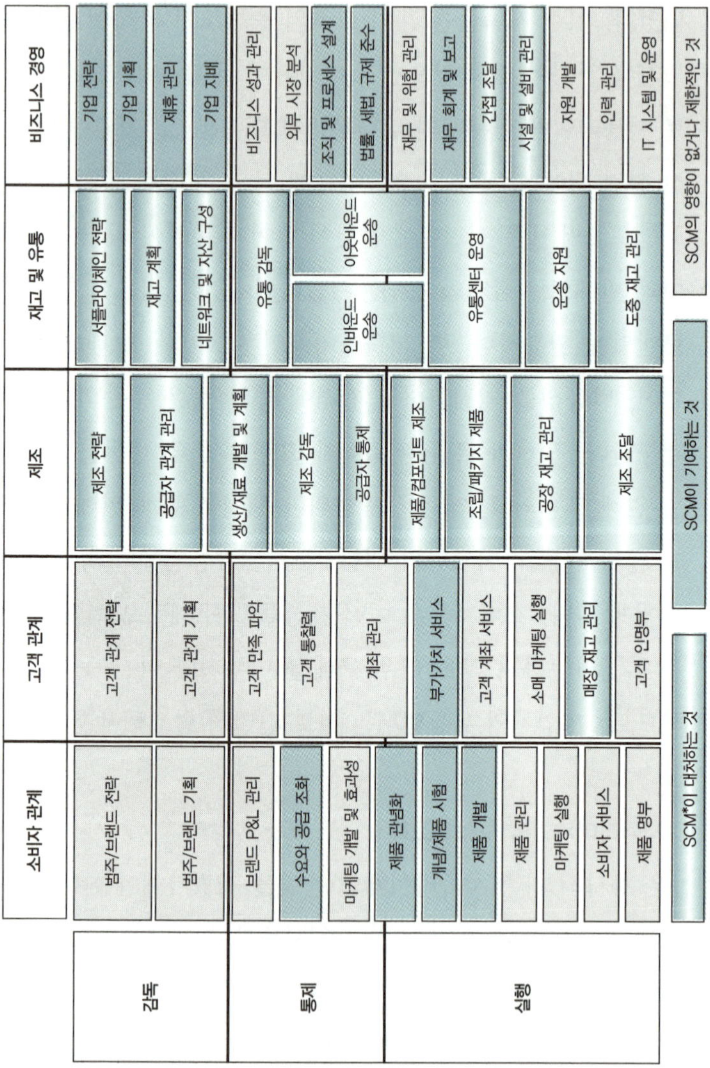

**비즈니스 경영**: 기업 전략, 기업 기획, 제휴 관리, 기업 지배, 비즈니스 성과 관리, 외부 시장 분석, 조직 및 프로세스 설계, 법률, 세법, 규제 준수, 재무 및 위험 관리, 재무 회계 및 보고, 간접 조달, 시설 및 설비 관리, 자원 개발, 인력 관리, IT 시스템 및 운영

**재고 및 유통**: 서플라이체인 전략, 재고 계획, 네트워크 및 자산 구성, 유통 감독, 아웃바운드 운송, 인바운드 운송, 유통센터 운영, 운송 지원, 도총 재고 관리

**제조**: 제조 전략, 공급자 관계 관리, 생산/재료 개발 및 계획, 제조 감독, 공급자 통제, 제품/컴포넌트 제조, 조립/패키지 제품, 공장 재고 관리, 제조 조달

**고객 관계**: 고객 관계 전략, 고객 관계 기획, 고객 만족 파악, 고객 통찰력, 계좌 관리, 부가가치 서비스, 고객 계좌 서비스, 소매 마케팅 실행, 매장 재고 관리, 고객 인명부

**소비자 관계**: 범주/브랜드 전략, 범주/브랜드 기획, 브랜드 P&L 관리, 수요와 공급 조화, 마케팅 개발 및 효과성, 제품 관념화, 개념/제품 시험, 제품 개발, 제품 관리, 마케팅 실행, 소비자 서비스, 제품 명부

**감독 / 통제 / 실행**

SCM의 영향이 없거나 제한적인 것
SCM이 기여하는 것
SCM*이 대처하는 것

*Supply chain management
출처 : IBM비즈니스컨설팅서비스

미처 인식하지 못한 시너지를 실현하며, 비즈니스의 특정 부분 관리를 최적화할 수 있도록 해준다.

'비즈니스 구성 요소'는 독립 단위로 운영할 수 있는 잠재력을 가진 비즈니스 활동의 별개 집합이다. 비즈니스 구성 요소는 독특한 목적을 가지고 있으며 그 목적을 달성하기 위해 필요한 자원·인력·기술·노하우 등을 포함한다. CP 기업들은 현재의 서플라이체인을 비즈니스 구성 요소로 분해함으로써 어느 부분이 시장의 필요를 효과적으로 충족시킬 수 있고 어느 부분이 바뀌어야 하는지 잘 파악할 수 있을 것이다.

### 3단계 : 비즈니스 전반에 걸쳐 공통 요소와 독특한 요소 파악

만성 비효율성으로 인해 '모두에게 맞는 한 가지 규격'의 서플라이체인은 효과가 없을 것이다. 하지만 각 제품 그룹이나 범주마다 서플라이체인을 가지는 것도 너무 복잡하기 때문에 실패하게 마련이다. CP 업체들은 차별화된 제품, 규모의 경제, 관리 가능성 사이의 이상적인 조화를 찾기 위해 지역과 제품 그룹, 채널에 걸쳐 차별화돼야 할 구성 요소와 공통될 수 있는 구성 요소를 파악해야 한다.

### 4단계 : 각 구성 요소 관리를 위한 최상의 방법 결정

특정 비즈니스 단위에 어떤 서플라이체인 능력이 필요한지, 그리고 어떤 구성 요소가 공통되고 어떤 구성 요소가 차별되는지를 판단한 후, 마지막 단계는 운영 효율성과 신축성을 최적화하기 위해 각 구성 요소를 관리할 최상의 방법을 검토하는 것이다. 비즈니스 구성 요소를 관리하는 최상의 방법에 대해 결정하는 것은 매우 중요하다. 각 비즈니스 구성 요소는 어떤 소싱(sourcing) 배열이 가장 적합한지 판단하기 위해 관련 구성 요소의 성질, 그 구성 요소가 비즈니스에서 차지하는 전략적 중요성, 그리고 선택한 구성 요소가 기업에 얼마나 독특한가 등을 고려해 신중히 검증돼야 한다.

각 구성 요소를 가지고 어떻게 할 것인가를 결정할 때 선택할 수 있는 네 가지 방법이 있다(그림 6 참조).

- 최고 등극 : 비즈니스를 위한 전략적 차별성을 주는 분야와 기업이 업계 최고가 되기 위해 필수적인 분야에서 경쟁적 우위를 차지하기 위한 투자를 하라.
- 통합 : 비즈니스에 차별성을 제공하지는 않지만 기업 차원에서 실행하는 방법에 전문성이 있는 활동은 비즈니스 내에서 통합해

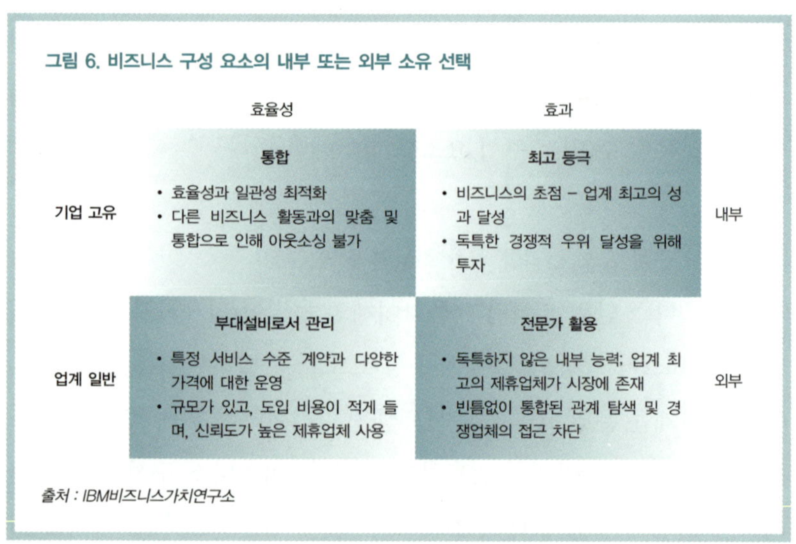

아웃소싱은 적절한 구성 요소에 사용하면 아주 효과적인 전술이 될 수 있다. IBM과 〈인더스트리 위크(Industry Week)〉가 최근에 실시한 조사에 의하면, 아웃소싱한 업무 기능의 대부분은 기업이 원하던 목적을 달성하는 데에 효과가 있었다.

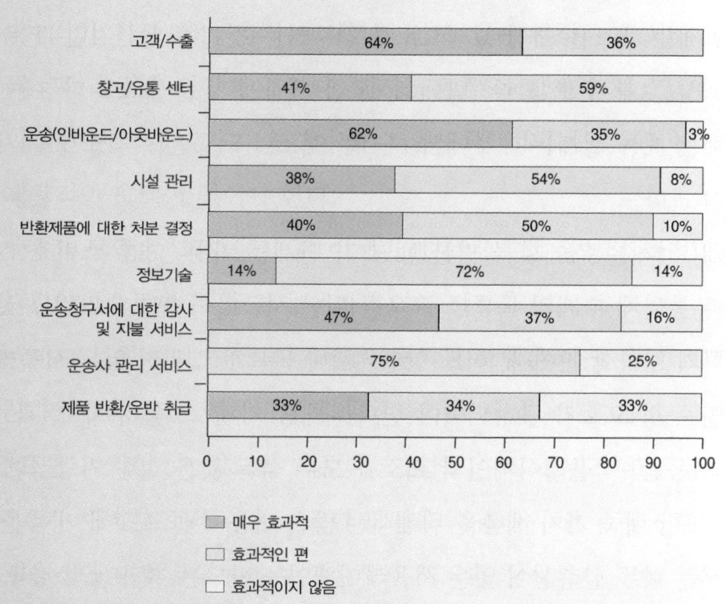



출처 : IBM Institute for Business Value analysis based on data from the study "Energize your supply chain network." IBM and IndustryWeek, January 2004

효율성과 일관성을 최적화하라.

● 부대설비로서 관리 : 업계에 일반적이고 비즈니스에 경쟁적 우위를 별로 제공하지 않는 활동은 서비스 제공업체가 명시한 서비스 수준과 다양한 가격 계약을 알아보아 규모의 경제를 활용하라.

● 전문가 활용 : 내부의 능력이 독특하지 않고 업계의 최고가 존재

할 경우, 제휴업체와의 빈틈없이 통합된 독점 관계를 알아보라.

선택은 구성 요소가 기업 고유인 정도와 비즈니스에 차별성을 주는 정도에 달려 있다. 업계에 일반적이고 차별을 주지 않는 많은 분야에서는 아웃소싱을 하는 접근이 선택된다. 예를 들어, 대중 가치 제품 제조업체는 제조를 핵심 경쟁요소로 간주하는 것이 당연하지만 IT는 아웃소싱을 할 수도 있다. 반대로, 고급 제품을 전문적으로 다루는 CP 업체는 제품 설계는 내부에서 하지만 제조나 유통은 아웃소싱할 가능성이 크다.

CP 업체는 위에서 설명한 네 가지 단계를 거쳐, 다른 소비자 그룹과 유통업체 고객의 독특한 요구를 위한 서플라이체인 네트워크를 준비하기 시작할 것이다. 어느 상황에서나 독특하고 관련 있는 서플라이체인 구성 요소가 구성되어야 한다. '대중 가치' 서플라이체인과 '감지와 응답' 서플라이체인의 요소를 모두 섞는 것은 실현 가능성이 없다. 또한 대중 가치 제품을 위해서는 많은 비용이 들고 고급 제품을 위해서는 너무 신축성이 없는 서플라이체인을 만드는 결과만 낳는다.

### 혁신의 가속화

소비자 주도 서플라이체인 네트워크의 한 핵심 양상은 혁신을 가속화하고 새로운 시장 요구에 대한 반응성을 향상하는 능력에 달려 있다. 역사적으로 입증됐듯이, 새로운 제품과 서비스로부터의 회전율이 큰 매우 혁신적인 기업들은 매출 성장이 빠른 경향이 있다(그림 7 참조). 그러나 대부분의 신제품은 높은 매출을 만들어내지 못한다. IBM과 〈인더스트리 위크(IndustryWeek)〉의 최근 서플라이체인 조사에 따르면, 신

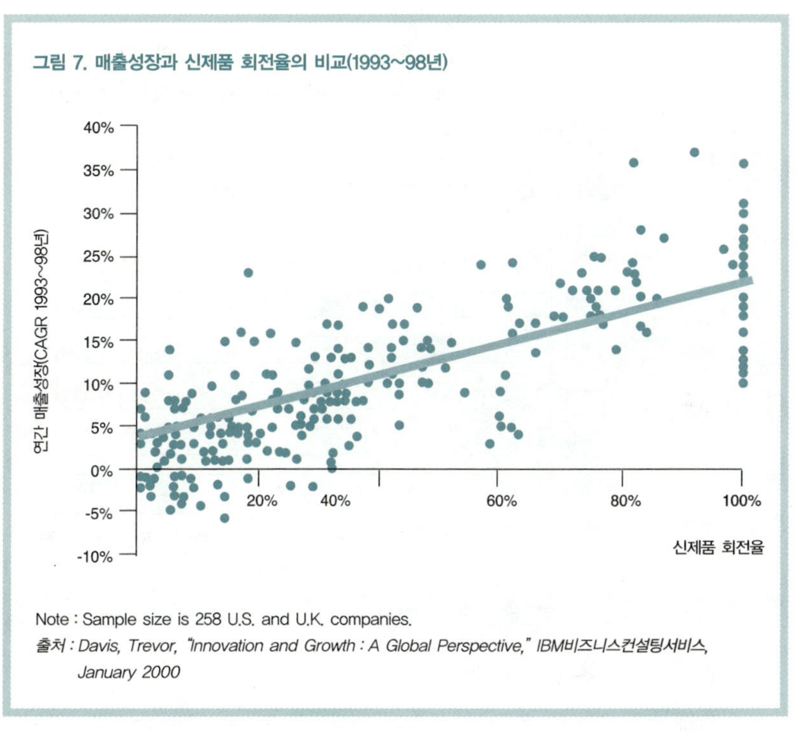



제품의 약 50% 정도만 상업적으로 성공을 거두는 것으로 밝혀졌다.5
신제품의 성공률 향상이 어렵다는 점을 감안할 때, CP 업체들은 성공
가능성을 향상하기 위해 신제품 출시의 양을 증가할 필요가 있다. 그
열쇠는 혁신과 개선을 더욱 자주하는 것이다.

서플라이체인은 성공적이고 빠른 혁신에 결정적이고 기업에 실질
적인 혜택을 제공할 수 있다(그림 8 참조). 이런 면에서 서플라이체인 향
상은 네 가지 요소에 초점을 맞춰야 한다.

● 시장 진출에 걸리는 시간 : CP 업체들은 경쟁업체보다 빨리 신제
    품을 매장의 진열대에 올려놓을 수 있게 해주는 서플라이체인을

신제품 개발은 무엇보다도 먼저 기업의 연구개발과 마케팅 능력에 의존한다. 그렇다고 하더라도 공급 관리, 제조, 물류와 같은 서플라이체인 기능도 성공적이고 신속한 혁신에 결정적으로 중요하다.

**다음의 각 그룹은 신제품 개발에 어느 정도까지 참여하는가?**

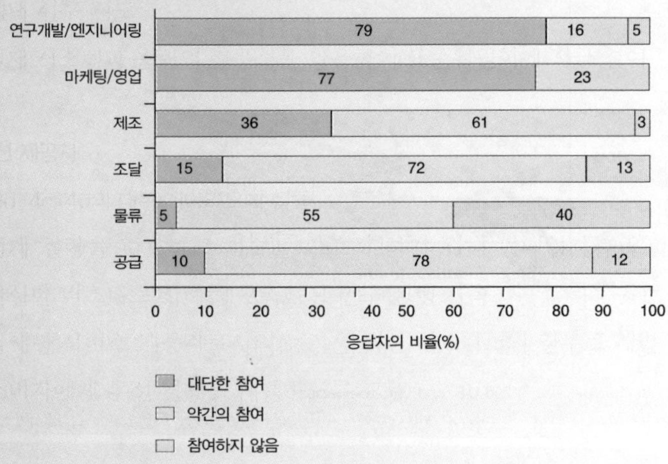


*출처 : IBM Institite for Business Value analysis based on data from the study "Energize your supply chain network." IBM and IndustryWeek, January 2004*

필요로 한다. 목표는 먼저 매출을 만들어내고, '처음 시장에 진출'하는 데에 걸리는 시간과 '시장에 완전히 진출'하는 데에 걸리는 시간이라는 차원에서 시장 1호의 우위를 차지하는 것이어야 한다. 선두 혁신 기업들은 프로젝트 포털(project portals), 스테이지 게이트 프로세스(stage gate processes), 기술을 활용해 최저의 비용으로 고속의 개발을 가능하도록 하고 있다.

- 내부 통합 : CP 업체의 다른 사업부 사이의 기획과 실행을 통합하면 창의성과 혁신을 가로막는 절차를 합리화할 수 있다. 조달, 제조, 물류, 고객 서비스, 기획 등을 처음부터 개입시키면 비효

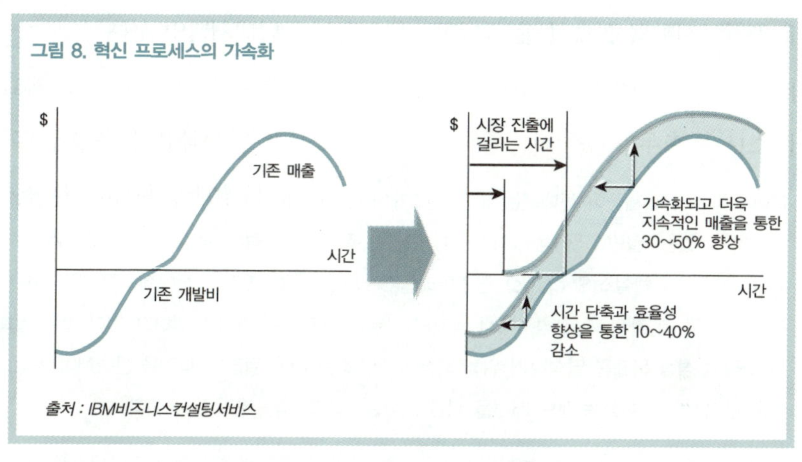



율성을 줄이고 매출을 최적화할 것이다. 지식, 정보, 콘텐츠를 기업 전체에 걸쳐 확보·배분·재활용하는 능력은 혁신과 개선에 모두 값진 능력이라고 판명이 날 것이다. 비즈니스를 넘어선 일관된 측정방법 등의 더 높은 수준의 통합은 모든 기능과 사업부에 걸쳐 전체 프로젝트의 가시성을 제공할 것이다.

● 외부 제휴 : 최근의 IBM과 〈인더스트리 위크〉 조사는 사양과 같은 신제품 정보를 제휴업체와 전자적으로 공유하는 기업은 50%가 안 된다는 사실을 보여주었다. 공급업체, 도매업체, 유통업체와 더 광범위한 협조를 하는 것은 새로운 수준의 비용 및 서비스 효율성을 달성하기 위한 열쇠가 될 것이다. 특히 유통업체는 신제품 개발 프로세스의 초기단계부터 개입돼야 한다. 타이밍에 관한 유통업체의 협조와 조언은 신제품 출시의 성공을 결정할 수도 있다. 이는 단순한 가상 팀워크 이상에 관한 것으로서, 기업들은 모든 기능에 걸쳐 협력할 수 있는 새로운 방법을 고려해야 하는 것이다. 이들은 공급업체, 설계 파트너, 거래 제휴업체

## 【신제품 개발의 신속한 출발 : 부츠 헬스케어 인터내셔널의 사례】

130여 국가에서 제품이 판매되는 부츠 헬스케어 인터내셔널(BHI)은 전세계에서 가장 빨리 성장하고 있는 일반 의약품 기업이다. BHI는 특히 대표적 의약품 브랜드인 뉴로핀(Nurofen), 스트렙실스(Strepsils), 클리어러실(Cearasil) 등을 가지고 진통제·감기약·피부관리 약품의 세 가지 핵심 범주에서 업계의 선두를 차지하기 위해 노력하고 있다. 이 기업은 조직적 성장 목표를 달성하기 위해 시장에 진출하는 데에 걸리는 시간을 단축해야 했다. 또한 단기적으로 핵심 브랜드 개선을 위한 고정된 기회의 창을 활용해야 했다.

BHI는 '산소(oxygen)'라는 변화관리 프로그램 하에 신제품 개발과 출시 프로세스를 향상하기 위한 신속한 엔지니어링 프로젝트에 착수했다. 이 같은 노력의 일환으로 CP 산업으로부터(건강관리산업이 아니라) 스테이지 게이트 프로세스 운영 모델을 도입했다. 또한 초기 통찰력에서부터 제품 철수에 이르는 모든 단계의 책임을 명확히 하기 위한 조직 변화를 실행했다. 업데이트된 BHI의 프로세스에는 서플라이체인과 채널의 조기 개입과 규제에 대처하기 위한 새로운 접근이 포함되었다. BHI는 이렇게 개편된 프로세스를 지원하기 위해 세계적 차원에서 기획과 실행 협력을 가능하게 해주는 새로운 제품 주기 관리 시스템을 도입했다.

이 프로그램은 16주 만에 신제품 출시 시간을 25% 단축할 수 있는 방법을 찾아냈다. 이런 형태의 가속화로 인해 각 제품이 출시된 후 첫 5년 간 수백만 달러의 매출이 증가할 것으로 예상된다.

등의 전문성을 활용하고 아이디어 생성과 혁신 실행 모두를 위한 공동 사업을 추구함으로써 이를 달성할 수 있다.

● IT 가능화 : 신기술은 기업들이 공급업체와 제휴업체를 아이디어 생성에 개입시키고 신제품 개발과 출시 단계 전반에 걸쳐 혁신을 실행할 수 있도록 해준다. 합작 응용 프로그램과 비즈니스 통합 미들웨어는 충분한 수준의 성숙을 하고 있다. 그러나 모든 요구 사항을 충족하는 단일 솔루션은 없다. 경쟁적 우위를 구축하고자 하는 업체들은 해당 격차를 메우기 위해 그 분야에서 최상의 솔루션을 채용하고, 그 솔루션을 전부터 사용하던 시스템과 통합하여 완전한 프로세스를 가능하게 하고 혁신 '파이프라인'의 세계적 가시성을 제공해야 할 것이다.

## 가치사슬의 재창조

전통적인 가치사슬은 유통업체와 소비자의 구체적인 요구에 대한 기업의 신축성과 반응성을 제한하여 소비자 주도의 서플라이체인 네트워크의 개발을 어렵게 만든다. 그러므로 기업들은 비용을 절감하고 실질적인 서비스 향상도 꾀하기 위해 완전한 가치사슬을 재정의하고 더욱 효율적인 서플라이체인 관리 방법을 파악해야 한다.

## 비용절감

전통적인 비용절감 방법이 대부분 그 효력을 상실한 가운데, CP 업체들은 더욱 근본적으로 생각하고 행동해야 한다. 비용절감 기회를 위해서는 기업 밖의 활동을 포함해서 더욱 광범위한 활동을 고려할 필요가 있다. 예를 들면, 한 CP 업체에 대한 IBM 비즈니스 컨설팅 서비스의

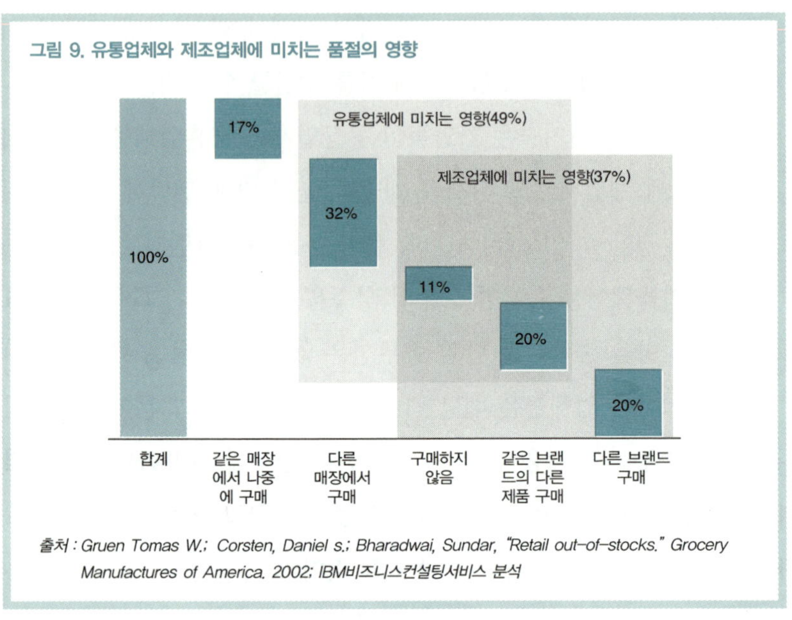



분석은 간접재료 지출에서 10%를 줄이고 포장재 지출에서 5%를 줄인 결과, 영업이익이 35% 향상되었다는 사실을 밝혀냈다. 사용한 적이 없는 잠재력의 원천은 아직 있다. 기업들이 완전한 서플라이체인을 조사하고, RFID와 같은 신기술을 활용하며, 파악 과정에서 공급업체와 유통업체, 비즈니스 프로세스의 아웃소싱을 포함한다면 말이다.

## 서비스 향상

서플라이체인을 동기화하려는 지난 20년 간의 모든 노력에도 불구하고 아직도 시장에는 엄청난 양의 품절이 발생한다. 이는 수십억 달러의 개선 기회를 의미한다(그림 9 참조). ECR(Efficient Consumer Response)와 QR(Quick Response) 운동, 그리고 그 뒤를 이은 거래 교환의 창설과 CPFR(collaborative planning, forecasting and replenishment)도 혜택은 있지만, 문제 해결과는 아직 거리가 있다.

이 이슈는 신제품의 품절과 기존 제품의 품절에 모두 해당된다. 신제품 판매에 관한 예측은 과학이라기보다는 예술에 가깝다. 그렇다고 하여도 적어도 제품 출시의 초기에 수요에 관한 신호를 받고 이런 신호를 수요 계획에 신속하게 통합하는 방법을 찾음으로써 향상을 꾀할 수 있다. 기존 제품은 예측과 수요 계획을 공통된 신규 구조로 개편함으로써 더 큰 향상이 가능하다.

신제품과 기존 제품은 둘 다 그 해답이 입수 가능한 데이터를 더욱 효과적으로 사용하는 데에 있다. 그 첫 단계는 VMI(vendor managed inventory), POS(point-of-sale), CPFR, 유통 예측 시스템으로부터의 여러 데이터 흐름을 모아서 수요 저장소에 저장하는 것이다. 두번째 단계는 이 데이터에 대한 고도의 분석을 실시하고, 일반적인 매출 기록에 근거하여 '모두에게 맞는 한 가지 규격'의 결과를 만들어내는 집합적 예측보다는, 각 흐름을 예측하여 모든 전략적·전술적·영업적 결정을 유도하는 것이다. 최종 단계는 계획 시스템을 재설계하여 월간 계획과 주간 계획에서 벗어나서 유통업체 데이터 흐름과 선적 스케줄을 고려한 168시간(24×7)의 계획 주기로 전환하는 것이다.

**규제 준수 또는 결과 감수**

소비자 주도 서플라이체인 네트워크는 소비자와 유통업체, 정부가 제시하는 규제 준수의 요구와 압력에 신속하게 대응할 수 있어야 한다. 다양한 규제 준수 요구를 충족하기 위해 기업들이 개발해야 할 일반적이고 핵심적인 능력은 추적성, 즉 완성된 제품이 유통 네트워크에 들어간 후의 위치를 확인할 수 있는 능력, 역으로 추적하여 성분으로

## 【가치사슬을 재창조하는 이유】

기업들은 여러 해 동안 고객 서비스를 향상하고 비용을 절감하기 위해 전통적인 접근을 적용해 왔다. 물론 상당한 성과 향상은 있었지만, 많은 경우에 경쟁적 우위를 달성하기보다는 문제를 다루는 것에 그쳐왔다. 업계 전체를 볼 때, 성과가 향상될 수 있고 향상되어야만 하는 분야가 아직 많이 남아 있다.

- CP 기업의 45%만이 97% 이상의 주문 이행률을 기록한다.
- 평균 고객 주문 주기가 14일인 가운데, 고객 주문 주기가 20일 이상인 기업이 20%에 달한다.
- 거의 30%에 달하는 기업들은 수령한 상품을 치우는 데에 10시간 이상 걸리고, 20% 이상은 이미 고른 상품을 선적하는 데에 10시간 이상 소요된다.
- 온라인 매매 거래가 구매 비용을 줄일 수 있다는 증거가 많다. 그러나 약 80%의 CP 기업은 온라인 매매 거래를 이용하지 않으며, 불과 5%만이 전체 구매의 10% 이상을 온라인 매매를 통해서 거래한다.

전통적인 접근은 이미 끝났다. 기업들은 근본적인 기술을 도입하여 서플라이체인의 변화를 가져오고 성과의 필요한 단계 변화를 달성해야 한다.

## 【무선 기회의 활용 RFID(radio frequency identification)】

RFID는 서플라이체인의 모든 단계에서 제품이 쉽게 전자적으로 추적될 수 있도록 해주어 업계를 변화시키는 핵심 기술 중 하나다. RFID의 비용이 내려가면서 RFID 도입의 속도가 기하급수적으로 빨라질 것으로 예상된다. 여러 주요 유통 업체는 이미 공급 업체들에게 RFID 이니셔티브를 지원할 것을 요구하고 있다. 그러나 RFID는 노동 효율성 향상, 서플라이체인 오류 감소, 재고와 위치의 가시성 향상, 도난 감소, 비상 재고의 필요 감소, 효과적인 유통 고객 대처 능력 등과 같은 CP 업체를 위한 중요한 가치 창출의 잠재력도 가지고 있다. RFID는 기업들에 시장 변화와 영업조건 변화에 더 신속히 대응할 수 있도록 해준다. CP 업체들은 자사의 비즈니스가 RFID 능력 도입으로부터 얻는 가치를 최적화할 전력을 신중히 계획할 필요가 있다. 동시에 단순히 여러 유통업체가 요구하는 사항에 부응하려는 방편으로 중복된 도입을 하거나, 비효율적인 도입을 피해야 한다. 업계 표준과 로드맵을 채택하는 것이 중요할 것이다.

사용된 원료의 원천을 알아볼 수 있는 능력, 전환 프로세스를 통한 원료의 경로를 추적하는 능력 등이다. 기업들은 원료나 전환 프로세스를 공유했을지도 모를 기타 완제품을 파악해야 하는 경우도 있다. 가령, 유럽연합은 최근 유전자변형 식품과 사료에 대해 각 유전자변형 라인이 추적되고 모든 식품 사슬에 걸쳐 표시되도록 하는 규제를 내놓았다.

오늘날 대부분의 CP 기업들은 추적성 문제를 관리할 수 있는 어느 정도의 능력을 가지고 있다. 비록 그들이 의존하는 시스템이 일반적으로 서류에 수작업으로 하는 것이지만 말이다. 기업들은 추적성에 관한 일부 질문에 답을 할 수 있긴 하지만, 모든 질문에 답할 수 있을 만큼 충분한 세부사항을 확보하지 못할 뿐만 아니라, 신속하게 답하지도 못한다.

이 이슈는 여러 방향에서 다루어져야 한다. 기업들은 정보를 확보하기 위한 응용 프로그램은 물론, 정보를 저장하고 교차 링크하며 쉽게 접근할 수 있게 하는 IT 인프라를 갖추어야 한다. 기업들이 고려해야 할 새로운 능력에는 다음과 같은 것들이 포함된다.

- 향상된 품목 추적을 제공할 제조 실행 시스템
- 연구실 데이터와 연구개발 데이터의 획득을 합리화하는 연구실 정보 관리 시스템
- 인바운드 재료와 아웃바운드 제품 흐름을 모두 추적하게 해주는 REID 가능 시스템

포괄적인 규제 준수 시스템이 생성하는 상당한 데이터의 양은 효과

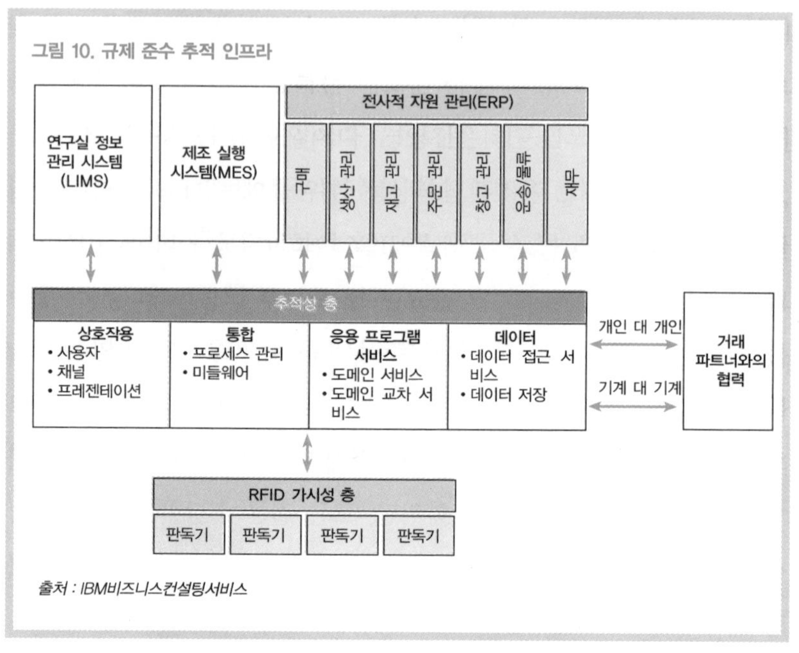

그림 10. 규제 준수 추적 인프라



적으로 관리돼야 한다(그림 10 참조). 규제 준수 프로그램의 성공은 필요한 요구 조건을 최소 비용으로 이행할 수 있는 능력에 달려 있다. 기업들은 비즈니스 프로세스와 설비를 표준화하여 배치 시간을 단축하고 실시를 단순화해야 한다. 저비용으로, 규모를 조정할 수 있고, 반복 가능한 응용 프로그램 통합과 함께 일반적인 접근을 기업 전체에 걸쳐 적용하는 것도 규제 준수의 비용을 줄일 수 있도록 도와줄 것이다.

## 경계를 뛰어 넘는 사고

소비자 주도의 서플라이체인 네트워크의 개발을 위한 기본적인 성공 요인은 혁신을 이끌고 완전한 가치사슬을 관리하며 시장 요구에 부응하는 새로운 방법을 찾는 것이다. CP 기업들은 프로세스 관리와 최종 소비자에 대한 반응성을 향상하기 위해 거래 파트너와 더욱 긴밀한 관계를 형성해야 한다. 거래 파트너 협력에 대한 더욱 철저한 접근의 혜택은 광범위한 업계의 사례와 조사가 입증하고 있다. IBM과 〈인더스트리 위크〉의 조사는 다음과 같은 사실을 발견했다.

"협력은 새로운 차원의 영업적 우위에 도달하기 위한 향상의 차세대 프론티어가 되고 있다. 새로운 제품과 서비스를 (더욱 빠르게, 좋게, 세련되게) 개발하고, 합성되고 비용 효과가 좋은 제품과 서비스를 생산하며, 이런 제품과 서비스를 다양한 채널을 통해 전달하기 위해서는 진정한 협력관계가 필요하다."

그러나 아직도 많은 CP 기업이 협력 이니셔티브와 프로세스를 전적으로 채택하지 않고 있다. 경영진은 조직이 유통 고객과 새로운 방식으로 협력하도록 준비하기 위해서 '경계 밖에서 창의적인' 사고를 하여 거래 파트너에게 더 높은 가치를 제공하는 새로운 능력을 활용하고, 그 결과 자신들에게 더 높은 매출과 수익을 제공하도록 힘써야 한다.

거래 파트너와의 효과적인 협력은 성공적인 혁신, 비용절감, 서비스 개선, 규제 준수를 위해 필수적이다. 과다한 비용, 위험 부담, 노력의 오래된 장벽은 기술의 개발 덕분에 낮아지고 있다.

- 효율적이고 비용 효과가 좋으며 안전장치가 되어 있는 대화 수단〔예 : 웹에 근간한 전자 데이터 교환(EDI)〕
- 사용 가능한 항목 등록 및 데이터 풀
- 업계 전반에 걸친 표준의 도입
- 재정적 압력에 의한 거래 파트너 간의 공통된 위기 의식

CP 기업들이 이 분야에서 성공하려면 어느 유통업체와 어느 분야
에서 협력해야 할지 정확히 판단함으로써 향상된 협력을 위한 체계를
확립해야 한다. 중요한 것은 모든 업체와의 광범위한 제휴관계보다는
신중하게 선정한 거래 파트너와의 빈틈없는 통합하는 것이다.

**기술 활용**

기술은 소비자 주도의 서플라이체인 네트워크의 모든 다른 요소의 버
팀목이다. 그러나 신기술 투자를 위한 자원은 오늘날의 CP 기업에 그
리 많지 않다. 대부분의 IT 부서는 현재의 프로젝트와 운영을 안정화
하기에 정신이 없고 새로운 개발을 위한 역량이 거의 없다.

그렇더라도, 미래에 효과적으로 경쟁을 하기 위해 필요한 서플라이체인 기술 인프라에 오늘날 투자하기 위한 자원의 창의적인 재배당 방법을 찾아야 한다. 관심을 가져야 할 세 가지 분야는 현재의 IT 아키텍처, 응용 프로그램 통합, 디지털 세계와 현실 세계 사이의 연결이다.

## 현재의 아키텍처 조정

오늘날 CP 기업의 기술 아키텍처는 다음과 같이 성격을 포함하는 경우가 많다.

- 인수와 합병 활동에서 기인한 본질적으로 다른 비즈니스 운영 모델
- 매우 복잡한 응용 프로그램과 정보 아키텍처
- 비즈니스 변화를 지원하기 위한 대형 다양상 프로젝트
- 혜택을 실현하지 않는 단기 활동

기업은 이런 혼란 요소를 해결하고 효과적인 포괄적 응용 프로그램을 구축해야 한다. 그리하여 더욱 부가가치를 높여주는, 투자를 위한 시간과 자원의 재배당이 가능하도록 해야 한다.

## 응용 프로그램 사이의 내부적 · 외부적 통합

CP 기업들은 긴 서플라이체인 네트워크에 걸쳐 완벽한 가시성을 제공하는 기술을 활용해야 한다. 즉 내부 응용 프로그램을 매끈하게 통합하고 외부 파트너의 응용 프로그램과 연결해야 한다. 이는 소비자와 고객의 요구에 더욱 잘 부응하도록 해줄 뿐만 아니라, 일체의 시장 조

건 변동을 대비하기 위한 가시성을 제공할 것이다.

**디지털 세계와 현실 세계의 연결**

CP 기업의 온라인 계획과 실행 시스템은 현실 세계와 연결되어 자사 제품에 어떤 일이 일어나는지 감지할 수 있어야 한다. 재고 부족 보고서나 운전기사의 배달 기록이 시스템에 입력되기를 기다리는 것으로는 충분하지 않다. 현실 세계의 문제에 역동적으로 대응하기 위해서는 위성 추적이나 RFID와 같은 기술은 물론 서비스의 결정적인 문제를 파악하기 위한 분석 시스템을 갖춰, 가능하면 이런 문제를 신속하게 해결하고, 가능하지 않으면 우선순위를 정하고 부각시킬 수 있어야 한다.

# 미래의 발전 방향

앞으로 5년~10년 간 소비자 시장은 소비자 행동과 유통업체 요구, 규제 조건 등의 변화에 의해 주도된 빠르고 광범위한 변화를 거칠 가능성이 높다. CP 기업들은 이러한 개발과 보조를 맞추고 경쟁력을 유지하기 위해서라도 자사의 서플라이체인을 '소비자 주도의 서플라이체인 네트워크'로 근본적으로 재설계해야 한다. 그리고 이런 변화는 실행하는 데에 많은 시간이 걸린다. 미래는 기다려주지 않기 때문에 지금 당장 시작해야 한다.

소비자 주도의 서플라이체인 네트워크를 개발하기 위해 필요한 변화는 CP 기업이 더욱 고객과 소비자에게 부응하는 점증적인 프로세스로 간주되어야 한다. 기업은 제휴와 신기술을 적극적으로 활용하면서 서플라이체인에 대한 근본적으로 새로운 접근을 취해야 할 것이다.

머지않은 장래에 기업들은 어떻게 자사의 서플라이체인이 여러 다른 제품과 고객, 그리고 시장을 다루기 위해서 '목적에 맞게' 만들어질 것인지에 대한 비전을 명확하게 설명해야 하며, 원하는 목적을 달성할 일련의 연결된 이니셔티브를 제시해야 한다. 혁신을 가속화하고 완전한 가치사슬을 재구성하며 새로운 규제를 준수하기 위한 능력을 개발하는 것은 이런 비전을 달성하는 데에 결정적으로 중요하다. 필수적인 기본 요소는 협조적 거래 관계의 개발과 신축적이고 통합된 기술 인프라 투자가 될 것이다. CP 기업은 상당한 비용절감을 달성하고 최적의 고객 서비스를 제공하며 투자수익률을 최적화하기 위해 이런 노력을 자사 고유의 비즈니스 필요에 따라 우선화해야 한다.

CP 기업이 취하는 모든 단계는 자사를 전체적인 목적, 즉 유통업체와 소비자로부터 증가하고 급변하는 요구 변화에 신속하고 효율적으로 대처하는 능력을 갖출 수 있도록 해야 한다. CP 기업은 소비자 주도의 서플라이체인 네트워크를 구축함으로써 오늘날의 시장 도전과 미래에 반드시 부상할 시장 도전에 잘 대응할 수 있는 위치를 차지하게 될 것이다.

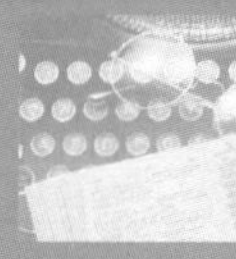

# P A R T 3

# 정보기술에 대한 새로운 인식

# CHAPTER 09

# 실용적이고 가치 있는 무선 결제의 기회

한때 공상과학에서나 볼 수 있었던 무선 결제가 현실로 다가왔다. 하지만 기업이 이것을 실현하기 위해서는 어떤 무선 결제 시나리오가 가장 훌륭하고 가장 지속 가능한 비즈니스 가치를 제공할 것인지를 파악해야 한다. 우리는 무선 세계를 가볍게 여길 수도 있다. 그러나 무선 결제 시나리오가 효과를 발휘하려면 소비자와 이해관계자 모두가 윈-윈할 수 있는 상황을 만들어주어야 한다.

## 서론

새로 등장한 무선 결제 시장에는 높은 수익성을 보장하는 약속들이 무성하다. 하지만 훌륭한 비즈니스 가치를 창출할 전망이 그리 확실해 보이지 않는다. 성공의 확률이 가장 높은 결제 시나리오는 무엇일까? 그러나 이보다 더욱 중요한 질문은, 귀사에 가장 많은 혜택을 가져다줄 시나리오가 어떤 것인지 파악하는 일이다.

IBM비즈니스가치연구소는 연구를 통해 불확실해 보이는 전망에도 불구하고 회사들이 무선 결제의 비즈니스 가치를 파악할 수 있다는 사실을 밝혔다.

## 무선 결제 : 현실과 공상과학의 만남

최근까지만 해도 무선 결제는 공상과학에서나 나올 법한 이야기였다. 그러나 온라인화된 오늘날의 시장에서는 몇 가지 요소가 합쳐지면서 무선 결제라는 공상과학을 현실로 만들어주고 있다. 무선 장치, 네트워킹, 표준 등의 혁신이 고품질의 광범위한 접속을 더욱 빠르고 쉽게, 그리고 저렴하게 만들고 있다.

## 【이사벨의 어느 하루】

이사벨(Isabel)은 결혼기념일에 남편을 위한 깜짝 이벤트를 준비 중이다. 그러나 정규직 근무와 긴 출퇴근 시간, 그리고 집안일까지 챙겨야 하는 까닭에 깜짝 이벤트를 준비할 시간이 그리 넉넉한 편은 아니다. 그녀는 교통체증으로 거북이 걸음을 하는 답답한 퇴근길 차 안에서, 자신이 사용하는 이동통신사의 서비스를 이용해 영화 티켓을 예매하고 레스토랑을 예약한다. 이제 예쁜 드레스만 있으면 모든 준비는 끝난 셈이다. 그녀의 발걸음은 백화점으로 옮겨간다.

이사벨은 백화점에서 새로 선보인 '엘리트 고객' 사은 프로그램의 회원이다. 백화점에 들어서자 마자 그녀가 손에 들고 있는 휴대용 단말기가 신호음을 내며 인사를 건넨다. 이사벨이 휴대용 단말기에 "칵테일 드레스!"라고 말하자 백화점 내 고급 여성복 코너의 위치를 보여주는 지도가 나타난다. 그 곳에서 이사벨은 마음에 드는 드레스를 골랐다. 그녀는 휴대전화기로 드레스의 태그를 스캔하고 결제 버튼을 누른 후 비밀번호를 입력해 결제를 마친다.

이제 이사벨은 화장품 매장으로 걸음을 옮기며 휴대용 단말기에 대고 "샤넬 호출"이라고 말한다. 그렇게 함으로써 샤넬 매장 직원에게 자신의 방문을 미리 알리는 것이다. 샤넬 매장 직원은 이사벨의 사진, 프로필, 구매이력 등의 정보를 통해 그녀가 필요로 하는 제품을 재빨리 준비한다. 그리고 백화점 계좌를 통해 결제를 한다. 디지털 영수증은 이사벨의 휴대용 단말기로 전송된다.

무선 서비스에 대한 소비자의 관심과 시도도 왕성하다. 무선 업계가 시장을 더욱 늘려가리라 판단된다. 기존 업체와 신규 업체는 무선 결제의 기회를 더욱 확대하여 비용절감, 수익증대, 운영 효율성 향상 등을 모색하고 있다.

그러나 경영진은 과연 무선 결제 시장이 발전할 것인지, 실용적인 선택이 정말로 있는지, 회사가 어떤 식으로 나아가야 하는지 등에 대한 확신이 없다.

어떤 무선 결제 시나리오가 진정한 비즈니스 가치를 구현할는지, 또는 어떤 시나리오가 무익함에 그치고 말 것인지를 아는 지혜가 필요한 시기다.

## 무선의 가치 발견

IBM비즈니스가치연구소의 조사에 따르면, 정밀하고 정기적인 평가를 하는 한 무선 결제의 비즈니스 가치를 파악하는 것은 가능한 일이다. 우리는 이와 같은 연구를 위해 현재 시장에서 활용되는 다섯 가지 기본적인 무선 결제 시나리오를 파악했다. 각 시나리오는 이해관계자들의 다양한 역할에 근거한 여러 가지 내부 시나리오가 있었다. 무선 결제 시나리오에는 흔히 소비자 · 판매업자 · 운영자 등 세 부류 또는 네 부류의 이해관계자가 있다. 그러나 판매업자와 운영자의 다양한 조합, 즉 무선 운영자, 금융기관, 솔루션 제공자 등으로 인해 어떤 무선 결제 시나리오가 수익성의 제고를 가져다 줄 것인지 파악하기란 쉬운 일이 아니다.

　누가 무엇을 하는지를 세심하게 평가하고 각 이해관계자와 관련된 재무적 세부사항을 확인하면, 무선 결제 비즈니스가 앞으로 나아갈 방향을 찾을 수 있다.

## 이해관계자 현황

비즈니스가 가치를 창조하려면 동기, 즉 각 이해관계자가 안고 있는 당면 과제와 고충을 정확히 파악해야 한다. 소비자·운영자·판매업자는 모두 독특한 이해관계를 가지고 있다.

## 기본적인 무선 결제 시나리오

각 시나리오는 기기와 이해관계자, 그리고 이해관계자의 역할에 따라 다르지만 무선 결제 시나리오가 성공하려면 이해관계자의 당면 과제와 결제 절차의 고충에 대처해야 한다. 우리는 이 연구의 목적으로 무형 상품의 온라인 구매, 통과형 결제, 무인 POS 터미널, 유인 POS 터미널, 유형 상품의 온라인 구매 등, 다섯 가지 무선 결제 기본 시나리오를 찾아냈다.

### 시나리오 1

무형 상품의 온라인 구매—무선 장치를 통해 주문·결제·배송되는 디지털 콘텐츠나 서비스 : 무형 상품에는 통화 연결음, 비디오 게임, 디지털 영화관람권 등이 있다. 일례로, 도코모(DoCoMo)는 금융기관을 통하지 않고 신규 시장을 성공적으로 개척하고 있다.

|  | 소비자 | 판매업자 | 운영자 |
| --- | --- | --- | --- |
| 당면<br>과제 | • 삶의 질 향상 : 가치,<br>편리함, 편의성<br>• 사생활과 보안 유지 | • 핵심 비즈니스의 수익/<br>수익성 향상<br>• 경쟁력 있는 차별화 구축<br>• 고객 서비스, 관계, 구매경향 향상<br>• 운영 효율과 속도 개선 | **무선 운영자**<br>• 해지 감소, 가입 증가<br>• 데이터 네트워크 사용 증가<br>• 신규 서비스와 디지털 상품에 근거한 신규 수익 라인 개발<br>• 이동통신 사용자 관계 유지<br>**금융기관**<br>• 결제 시스템 통제의 무선환경 확장<br>• 신규 고객 확보<br>• 기존 고객을 통한 수익 증가<br>• 미래의 이동 결제 대비<br>**솔루션 제공자**<br>• 편의성과 결제 편리성<br>• 시장 확대 |
| 고충 | • 전자결제, 특히 인터넷 결제의 보안에 대한 자신감 부족<br>• 디지털 콘텐츠 지불 방식의 한계<br>• 신용카드, 수표, 현금, 동전 필요 | • 현금 취급 비용<br>• 신용카드 수수료<br>• 계산대의 긴 줄<br>• 고객 구분 불가<br>• 소비자 충성도 저하<br>• 직원에 의한 도난 및 부정행위<br>• 신용카드 및 수표 부정행위 | **무선 운영자**<br>• 3G 네트워크의 **매몰 비용**<br>• 단기 이익성 침체<br>• 결제의 비전략적 역할<br>• 높은 해지율<br>• 차별성 부족<br>**금융기관**<br>• 시장 포화<br>• 차별성 부족<br>• 저수익 결제 방식으로의 전환<br>**솔루션 제공자**<br>• 기존 결제방식 극복의 장애물<br>• 소비자 채택 |
| 무선<br>결제<br>의<br>혜택 | • 편의성<br>• 보안 향상<br>• 인터넷에서 신용카드 결제 불필요<br>• 결제 옵션과 기타 서비스의 통합 | • 고객 정보의 증가 및 충성도 사은혜택의 이행 가능성<br>• 결제 비용 감소<br>• 운영 효율성<br>• 부정행위 감소 | **무선 운영자**<br>• 수익과 네트워크 활용 증가<br>• 충성도 및 음성 서비스 이외의 수익 증가<br>• 소비자와의 전략적 통제<br>**금융기관**<br>• 현금을 사용하지 않는 신흥시장의 통제<br>• 저가치 결제의 현금 위주 공간으로의 확대<br>• 기존고객으로부터의 단계적 수익 증가<br>• 신규 고객 확보<br>**솔루션 제공자**<br>• 새로운 비즈니스 기회 |

출처 : IBM비즈니스가치연구소

소비자는 i-모드
가 되는 전화기로
판매업체의 사이
트에 접속한다.

네 자리 비밀번호
를 입력하고 통화
연결음을 선택한다.

통화 연결음이 소
비자의 휴대전화
기로 다운된다.

요금은 (선불의 경
우) 남은 통화시간
에서 차감되거나,
요금청구서에 부
과된다.

## 시나리오 2

통과형 결제―일반적으로 이동 중 무인 환경에서 구입하는 서비스 :
‘통과형’ 무선 결제의 대표적인 예는 유료 도로에서 무선으로 통행료
를 지불하는 방식인 이지패스(E-ZPass)가 있다.

소비자는 이지패
스에 가입하고
자동차에 부착할
RFID 장치를 배
달받는다.

다양한 플랜 중에
서 하나를 선택해
선불을 한다.

자동차에 부착된
RFID 장치가 톨게
이트의 판독기와
교신하여 통행 내
용을 기록한다.

## 시나리오 3

무인 POS 터미널―셀프서비스 환경에서 상품을 구매하고 무선 장치
를 통해 결제 : 널리 알려진 예로는 엑손모빌(ExxonMobil) 주유소의 스

소비자는 스피드
패스에 가입하여
신용카드나 직불
카드 정보를 입력
하고 RFID 장치를
배송받는다.

RFID 장치를 사
용하여 엑손모빌
주유소 및 기타
가맹점에서 상품
을 구입한다.

결제 금액이 소
비자의 카드로
청구된다.

피드패스(Speedpass)가 있다.

## 시나리오 4

유인 POS 터미널 : 일반 소매 거래와 마찬가지로 상품을 직접 전달받지만 결제는 무선 장치를 통해서 이루어진다. '유선 POS' 의 좋은 예는 타코벨(Taco Bell)과 KFC가 처음으로 시도한 투스쿠트(2Scoot)다.

소비자는 투스쿠트에 가입하고 두 개의 신용카드나 직불카드 정보를 입력한다.

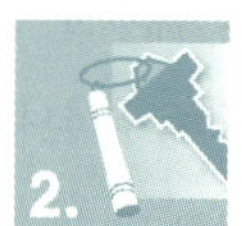


투스쿠트는 무선 장치(주로 RFID)와 소비자의 결제 정보를 연결한다

소비자는 RFID 장치를 가맹점 계산대에 설치된 판독기에 조준하여 상품을 구입한다.

결제 금액이 소비자의 카드로 청구된다.

## 시나리오 5

유형 상품의 온라인 구매—웹사이트에서 선택한 상품을 무선 장치를 통해 결제 : 이 시나리오는 일반적인 온라인 구매와 비슷하지만 결제를 무선 장치를 통해서 한다는 점이 다르다. 모비페이(Mobipay)가 그 좋은 예다.

이상에서 살펴본 기본 시나리오는 무선 결제의 일반적인 변수를 제

소비자는 판매업자의 웹사이트에서 상품을 선택하고 결제방식으로 모비페이를 선택한다.

결제번호가 컴퓨터 스크린에 나타난다.

소비자는 결제번호와 모비페이 비밀번호를 휴대전화기에 입력한다.

확인 메시지가 고객에게 전송된다.

결제 금액이 소비자의 직불카드나 신용카드, 적립카드로 청구된다.

공한다. 그러나 각 기본 시나리오는 다양한 이해관계자에 따라 다양한 방식으로 실행될 수 있다(그림 1 참조). 예컨대 결제를 받는 이해관계자는 무선 운영자, 또는 금융기관, 솔루션 제공자가 될 수 있다.

## 가시성 파악 : 무선 결제 시나리오의 잠재력

우리는 밝혀진 시나리오와 내부 시나리오의 잠재 가치를 파악하기 위하여 각 시나리오를 소비자 가치 전제, 비즈니스 가치 전제, 운영적 준비성이라는 세 가지 차원에서 평가했다.

소비자 가치 전제를 파악하기 위해서는 각 시나리오의 어떤 속성이 고객들로 하여금 전통적인 결제 방식을 뒤로하고 무선 결제 시나리오를 선택하는지 알아보았다.

- 무선 결제 시나리오가 소비자에게 많은 편의를 제공하여 사용하기 수월한가?
- 모든 구매 상황에서 널리 사용될 수 있는가?
- 보안과 사생활보호가 되는가?
- 따로 가치가 있는가? 아니면 더 광범위한 솔루션에 의존하는가?

비즈니스 가치 제안을 파악하기 위하여, 각 시나리오가 이해관계자에게 제공할 수 있는 가치를 무선 결제 시나리오를 실행할 때 발생할 수 있는 잠재적인 위험과 비교했다.

- 확실하게 정의할 수 있는 ROI가 있는가?

그림 1. 각 기본 시나리오는 이해관계자, 장치, 결제 방식 등에 근거한 다양한 내부 시나리오를 가지고 있다

| 시나리오 | | 신청 | 확인 | 거래 | 처리 | 결제 |
|---|---|---|---|---|---|---|
| 1. 무형 상품의 온라인 구매 | 1-a | 소비자: 무선 장치: 무형 상품 | 무선 운영자: 비밀번호 | 판매업자: 인터넷 통상 | 무선 운영자 | 무선 운영자, 또는 선불, 전화요금 청구서 |
| | 1-b | 소비자: 무선장치: 무형 상품 | 금융기관 | 판매업자: 인터넷 통상 | 금융기관 | 금융기관: 은행계좌 또는 신용카드 |
| 2. 통과형 결제 | 2-a | 소비자: RFID 장치: 유형상품 | 솔루션 제공자 | 판매업자: 무인 거래 | 솔루션 제공자 | 솔루션 제공자: 선불 |
| | 2-b | 소비자: 무선장치: 무형 상품 | 무선 운영자: 비밀번호 | 판매업자: 인터넷 통상 | 무선 운영자 | 무선 운영자, 또는 선불, 전화요금 청구서 |
| 3. 무인 POS 터미널 | 3-a | 소비자: 무선장치: 유형상품 | 솔루션 제공자: 비밀번호 | 판매업자: 무인거래 | 금융기관 | 금융기관: 직불 |
| | 3-b | 소비자: 무선장치: 유형상품 | 무선 운영자: 비밀번호(불필요한 경우도 있음) | 판매업자: 무인 거래 | 무선 운영자 | 무선 운영자: 전화요금 청구서 |
| | 3-c | 소비자: RFID 장치: 유형상품 | 금융기관 | 판매업자: 무인거래 | 금융기관 | 금융기관: 직불 또는 신용카드 |
| | 3-d | 소비자: RFID 장치: 유형상품 | 솔루션 제공자 | 판매업자: 무인거래 | 솔루션 제공자 | 솔루션 제공자: 선불 |
| 4. 유인 POS 터미널 | 4-a | 소비자: 무선장치: 유형상품 | 무선 운영자, 비밀번호 또는 SIM 인증 | 판매업자: 유인거래 | 금융기관 | 금융기관: 직불 또는 신용카드 |
| | 4-b | 소비자: 블루투스 무선장치: 유형상품 | 판매업자: SIM 인증 및 디지털 서명 | 판매업자: 유인거래 | 금융기관 | 금융기관: 직불 또는 신용카드 |
| | 4-c | 소비자: 무선장치: 유형상품 | 솔루션 제공자와 금융기관 공유 | 판매업자: 유인거래 | 금융기관 | 금융기관: 직불 |
| | 4-d | 소비자: RFID 장치: 유형상품 | 금융기관 | 판매업자: 유인거래 | 금융기관 | 금융기관: 직불 또는 신용카드 |
| 5. 유형 상품의 온라인 구매 | 5-a | 소비자: 무선장치: 유형상품 | 무선 운영자 | 판매업자: 인터넷 통상 | 금융기관 | 금융기관: 직불 또는 신용카드 |
| | 5-b | 소비자: 무선장치: 유형상품 | 솔루션 제공자와 금융기관 공유 | 판매업자: 인터넷 통상 | 금융기관 | 금융기관: 직불카드, 신용카드, 적립카드 |

C 소비자    M 판매업자    F 금융기관    S 솔루션 제공자    W 무선운영자

출처 : IBM

- 시나리오가 판매업자를 시장에서 구분해 주는가?

- 비용을 절감하고 운영 효율성이 나아졌는가?

- 대단한 투자 위험을 요구하는가?

- 새로운 수익의 흐름을 만들어주거나, 고객층을 확대해 주는가?

- 현 시장을 잠식하는가?

- 무선 결제 시나리오가 지속 가능한 경쟁력의 우위를 제공하는가?


우리는 이상과 같은 평가에 근거해 여러 무선 결제 내부 시나리오가 오늘날의 시장에서 확실한 가치 전제를 가지고 있다는 사실을 발견했다.

그러나 운영적 준비성, 즉 비즈니스 이해관계자가 지속적으로 가치를 제공하기 위해 필요한 시스템과 기술에 얼마나 접근할 준비가 되어 있는가 하는 문제는 무선 결제 시나리오의 잠재력에 영향을 미친다.


- 기술이 언제나 준비되어 있으며 신뢰할 수 있는가?

- 심각한 기술 개조나 장기적 통합을 필요로 하는가?

- 필요한 하드웨어나 소프트웨어에 대한 투자는 얼마나 중요한가?

- 성공은 신규 표준에 달려 있는가?


각 내부 시나리오의 전반적인 가치 전제의 운영적 준비성을 표시했더니 내부 시나리오를 세 개의 묶음으로 나눌 수 있었다(그림 2 참조). 이해관계자들이 '탐구' 해 봐야 할 부분이 오늘날 가장 많은 가능성을 제공한다. 가능성을 제공하지만 가치 전제나 운영적 준비성이 약한 부분은 '관찰' 해야 할 묶음에 해당된다. 그리고 나머지는 '현재 실용적

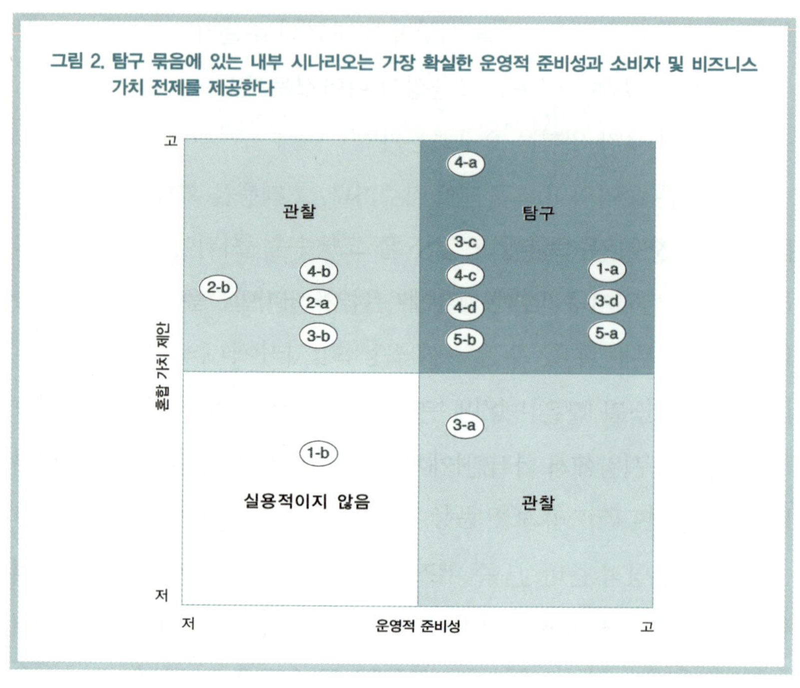


이지 않은' 것으로 간주된다.

이런 접근방식에 근거해 볼 때, 탐구 범주에 들어 있는 8개의 내부
시나리오는 미래의 성공을 위한 보통 수준에서 훌륭한 수준의 약속
을 제공한다. 실제로 다섯 가지 기본 시나리오 중, 네 가지 시나리오
에는 계속 탐구할 만한 가치가 있는 내부 시나리오가 적어도 하나 이
상 들어 있다. 그러나 이 분석만으로 신규 무선 결제 시장에 투자하
는 것을 정당화하기에는 충분하지 않다. 그렇다면 지속적인 비즈니
스 가치를 창조한 사람들보다 하이테크에 냉담한 시도에 투자비를
퍼붓는 대신, 올바른 결정을 내리고 실질적인 것에 노력을 기울이도
록 할 수 있을까?

## 이상적인 기회

많은 연구원과 상당한 자료를 준비했더라도, 현실적인 무선 결제 시나리오를 현재 대부분의 비즈니스에 비현실적인 시나리오와 구분하는 일은 많은 시간과 노력이 필요하다.

잠재적인 시장 참여 업체는 기회를 심도 있게 분석하여 회사 고유의 특성과 측정을 전망해야 한다. 회사들은 무선 결제가 제공할 수 있는 확실한 비즈니스 가치를 찾아낼 수 있도록, 정확하고 목적에 맞으며 계량적인 모델이 있어야 한다.

계량적 모델은, 회사들이 각 이해관계자의 특정 운영적 측정과 가정을 감안함으로써 무선 결제 시나리오의 진정한 경제적 영향을 파악하는 데 도움을 준다. 더 나아가 잘 만들어진 모델은 예상 운영 효과는 물론이거니와, 모든 이해관계자의 투자회수 시점, 예상 가치 실현의 시간표를 파악할 수 있도록 해준다. 기업들은 IBM 비즈니스 컨설팅 서비스가 채택한 것과 같은 견고한 모델을 적용해 무선 결제 시나리오의 실용성을 파악함으로써 비현실적인 시도를 실시하기 전에 일찌감치 중요한 질문을 던지는 것이다. 모델은 시나리오가 만들어낼 예상 가치의 실질적인 모습도 제공하여 투자와 회수에 관한 대화를 열어주고 시도에 대한 조기 기대도 설정해 준다.

그러나 무선 세계는 한 자리에 가만히 머물러 있지 않는다. 오늘 비현실적인 일이 내일은 타당한 일이 될 수도 있다. 이런 종류의 연구는 일회성, 주먹구구 방식의 분석이 되어서는 안 된다. 자신들의 가정을 자주 돌아보면서 기술과 시장 조건, 이해관계자의 입장 등을 감안해야 한다. 유연성 있는 모델은 정기적인 재평가를 일상적인 비즈니스로 만들어줄 수 있다.

## 다음 단계로의 전진 : 무선 결제 투자의 우선순위

무선 결제 시나리오의 이해관계자들은 판매업자, 무선 운영자, 금융기관, 솔루션 제공자이든 상관없이 여러 가지 요인을 감안해 무선 결제 전략을 개발·실행해야 한다. 이해관계자들은 다음 질문을 통해 성공 가능성과 회사의 목표와의 전반적인 적합성에 근거한 무선 결제 투자의 우선순위를 정할 수 있을 것이다.

- 무선 결제의 시도가 회사의 전략적 목표와 맞아떨어지는가?
    - 이 영역에서 선구적 역할을 하는 것이 얼마나 중요한가?
    - 약간 뒤에 따라올 경우에 위험과 혜택은 어떤 것이 있는가?
- 소비자 가치 제안이 회사가 선호하는 대상 고객과 맞는가?
    - 어느 분야가 이 시나리오를 채택할 것으로 보이는가?
    - 소비자의 습관을 변화시키고 채택을 증가하기 위해 어떤 교육적 노력과 마케팅 노력이 필요한가 ?
- 무선 결제가 회사를 경쟁사들과 구분해 줄 수 있는가?
    - 지속적인 경쟁력의 이점이 있는가?
    - 비교원가의 이점이 있는가?
- 회사가 직면할 기술적 도전과 문화적 도전은 무엇인가?
    - 기술과 표준이 얼마나 성숙했는가?
    - 직원들에게서는 어느 정도의 변화가 요구되는가?
- 무선 결제 시도로부터의 ROI는 무엇인가?

– 비즈니스 사례의 결과는 얼마나 확고한가?

– 회수하는 데에는 시간이 얼마나 걸리는가?

– 예상 결과를 얻지 못하면 어떻게 되는가?

## 이해관계자의 다음 단계

많은 이해관계자들은 이런 질문에 대한 대답을 구하는 과정에서 예상했던 것보다 무선 결제 시도의 가시성에 관한 대답이 적은 것을 발견할지도 모른다. 또한 더 많은 질문이 생길 수도 있다. 사실 무선 결제 시나리오의 복잡성은 그리 만만하지 않다. 이해관계자들은 아래에 요약한 권장사항과 단계를 고려해 가장 관련이 있는 무선 결제 시나리오를 평가해야 한다.

**판매업자**

3c, 4d, 5a, 5b의 내부 시나리오에 집중

- 관련 가치 변수에 근거한 특정 맞춤형 비즈니스 사례 개발
- 실행 비용을 줄이기 위해 다른 판매업자와의 제휴 또는 동업 고려
- 다른 이해관계자와의 동업을 통한 선구 실행 고려

**무선 운영자**

1a, 4a, 5a의 내부 시나리오에 집중

- 현 시스템의 기술 적합성과 무선 결제로 발전하기 위한 단계 평가
- 네트워크 소유를 활용해 표준위원회에 적극 참여
- 비즈니스 사례 분석을 마친 후 확정한 내부 시나리오의 선구 실행 고려

## 결론

한때 공상과학에서나 볼 수 있었던 무선 결제가 현실로 다가왔다. 하지만 기업이 이것을 실현하기 위해서는 어떤 무선 결제 시나리오가 가장 훌륭하고 가장 지속 가능한 비즈니스 가치를 제공할 것인지를 파악해야 한다. 우리는 무선 세계를 가볍게 여길 수도 있다. 그러나 무선 결제 시나리오가 효과를 발휘하려면 소비자와 이해관계자 모두가 원-윈할 수 있는 상황을 만들어주어야 한다. 기업들이 이 어려운 과제를 달성하려면, 자신들 특유의 실제 데이터를 현실적으로 평가하는 평가 모델을 도입하고, 이와 함께 현재의 무선 결제 시나리오와 새로 등장하는 시나리오를 꾸준히 재평가하는 접근을 병행해야 한다.

무선 시도가 성공하려면 당신의 기업과 대상 고객의 확실한 가치 제안은 물론, 결제 프로세스 전반의 실질적이고 신뢰할 수 있는 이해 관계자와의 견실한 관계를 가지고 지속적인 전략 및 재무측정 시스템을 꾸준히 견지해야 한다.

# CHAPTER 10

# ERP에 대한 새로운 조명

기업들은 이제 어제의 기억에서 벗어나 앞으로 나아가야 한다. 오늘날의 비즈니스 환경은 다시 한번 변화를 거쳤고, 우리는 이제 경기 회복의 단계로 들어섰다. 비용을 줄이면서 더 많은 성과를 이룩하기 위한 솔루션은 TCO를 고려하고 기존의 ERP 투자를 활용해 결합과 통합으로 전환하는 것이다. 회사들은 효율성과 생산성 목표를 실현하기 위해 ERP 시스템을 업데이트하여 전세계의 모든 사업부와 비즈니스 파트너가 서비스를 공유할 수 있도록 해야 한다.

## 서론

최근 들어 인건비, IT투자, 자본재, 새로운 규정 등에 대한 기업 지출의 증가가 예산과 대차대조표를 압박하여 경영진으로 하여금 운영비를 줄일 새로운 방법을 찾도록 하고 있다. 1990년대에 대규모로 늘어난 IT의 투자규모를 감안할 때, 경영진이 비용절감 방법의 하나로 IT를 고려하는 것은 그리 놀라운 일이 아니다.

## 또다시 변하는 세계

1990년대에 처음으로 도입되어 기업에 널리 퍼진 전사적 자원관리와 관련된 소프트웨어 애플리케이션과 프로세스와 관련된 기회가 또다시 급속히 부상하고 있다. 이러한 ERP 구축작업이 도입된 이유는 주로 제조, 공급사슬, CRM, 인력관리, 재무관리 등의 비즈니스 영역에서 업무의 질과 생산성을 향상하기 위한 것이었다. 기업들이 이런 시스템에 수천만 달러를 지출하는 것은 그다지 특별한 일이 아니었다. 간단히 말해, 업무를 통합하고 회계관리를 위한 정보를 수집하며 인건비와 재료비를 관리하기 위해 대부분의 기업이 이런 시스템을 설치했던 것한 기업의 고위 경영진은 저비용·고효율을 달성하는 방법을 모색하는 과정에서, 특히 CIO에게 추가적인 IT 서비스를 제공하면서도, IT 예산을 줄일 수 있는 방법을 찾으라는 과제를 내렸다. 경영진은 지난 6년 간 전세계에서, 여러 번에 걸쳐 전사적자원관리(ERP) 시스템을 도입하는 투자를 했다는 것을 알고 있지만, 그러나 그것이 모든 사업부에 도입된 것은 아니며, 모든 모듈이 도입된 것도 아니라는 사실을 알고 있었다. 다른 많은 기업과 마찬가지로 이 기업도 비즈니스의 니즈를 충분히 지원하는 IT 환경을 갖추지 못한 상태였다. 그 주된 이유는 애초의 ERP 실시 계획이 아직 완결되지 않았다는 것과 시장환경의 변화에 기인했다. 이 기업은 두 회사를 새로 인수했는데, 그 중 한 회사에는 ERP가 설치되어 있었지만 이미 다른 회사가 사용 중인 시스템과는 호환되지 않았다.

이 기업은 시스템들이 본질적으로 다르다는 문제로 인해, 끝없이 상승하는 IT 비용을 그 해에만도 수백만 달러씩 대폭 절감해야 했다. 한 중역은 다른 많은 기업과 마찬가지로 이 기업도 IT에 관한 통상적인 '고충'을 겪고 있다고 밝혔다. 이 회사가 안고 있는 문제는 다음과 같다.

- 호환되지 않는 경우가 많은 다양한 버전의 대형 ERP 시스템
- IT 인프라에 내재된 거대한 유지비용
- 조달, 공급사슬 관리, 인력 관리 등, 회사 전체에 걸쳐 같은 업무에 사용되는 상이한 비즈니스 프로세스
- 중복되는 데이터, 정확성이나 연관성이 날로 떨어지는 데이터의 증가

경영진은 회사가 세계 시장에서의 경쟁체제로 돌입함에 따라 CIO와 사내의 모든 부문장들에게 지속적으로 업무통합 작업을 수행하기를 원했다. CIO는 비용을 줄이고 이전의 ERP 투자로부터의 잠재적 혜택을 더욱 충분히 실현해야 한다는 것을 인식하고 있었다. 그래서 비용절감과 혜택 증대의 두 마리 토끼를 모두 잡을 수 있는 실질적인 기회로서, 글로벌 경영능력을 제고하기 위해 낡은 ERP 시스템을 결합하고 통합할 것을 제안했다. 이런 노력은 건설적인 기술 리더십과 함께 철저한 재무 관리가 필요하다는 점도 강조했다.

이다.

2000년대 초, 경기 후퇴의 시작과 함께 기업들이 예산을 줄이면서 많은 기업들은 낡고 분절된 프로세스와 조직을 ERP 도구로 통합하는 과제를 완성할 수 없었다. 그 결과 ERP의 잠재적 혜택은 그림의 떡으로 남게 되었다. 그리고 지역 간 또는 세계적으로 떨어져 있는 사업부와 제휴회사를 연결해 주지 못하여, 완벽하게 연결되지 못한 프로세스나 도구들, 이른바 '격리된 자동화(Islands of automation)'라는 문제를 안고 있는 회사들이 다시 많아졌다.

그러나 시대가 바뀌고 있다. 기업과 산업, 심지어 전체 경제마저 세계적 경기침체에서 회복하고 있다. 그러나 역사적으로 자본의 비용이 이렇게 낮아진 경우가 드문데도 불구하고 자본적 지출을 확대하려고 선뜻 나서는 경영진은 아직 많지 않다. 사실 경영자들은 1990년대에 투자했던 바로 그 기술로 다시 고개를 돌려 전사적으로 운영예산을 더욱 줄이려고 노력 중에 있다. 목표는 명확하다. 바로 회사 전체와 전세계에 걸쳐 사내 생산성을 향상하는 것이다.

## 기존 투자의 활용

운영예산과 자본지출예산을 줄이려는 오늘날의 노력은 1990년대보다는 과거의 경기침체 기간과 경쟁 환경의 변화 때 많이 사용된 개념의 부활을 초래했다. 다양한 이름으로 알려져 있는 이 개념은 총소요비용(total cost of ownership : TCO)과 관련돼 있다. 이 개념은 기술(IT로만 제한하는 것이 아님), 사람(기술 관련 및 사용자), 공급, 건물, 통신, 교통, 혜택 등 프로세스에 투입되는 모든 요소의 비용을 이해하는 것을 요구한다. IT

를 위한 지출과 같은 자본적 지출의 엄격한 비용 정당화가 다시 유행하고 있는 것이다.

TCO와 비용 정당화가 다시 부각되는 이유는 무엇인가? 1990년대에는 대부분의 산업에서 IT 지출이 차지하는 예산의 비율(매출의 비율로 계산하는 것이 보통)이 상승하여 20세기를 마칠 때에는 1.5%에서 7~8%를 차지했다. 여기에다 통신비용을 포함하면 이보다 두 배 많은 비율이 될 것이다. 이 비율을 금액으로 따지면 수십억 달러에 해당한다. 실제로 2000년대 초기에는 연간 약 1조 달러가 지출됐다. 경영진은 비용을 낮추기 위한 새로운 기회를 찾아보면서 전사적으로 비용을 절감하고 매출 대비 운영비의 비율을 낮추기 위해 자연스럽게 IT로 고개를 돌렸다.

이제 IT가 차지하는 큰 비용을 억제하려는 더욱 철저한 노력이 전 세계적인 경향이 된 것이 확실하다. 경영진은 이런 이니셔티브를 전술적이면서 전략적이라고 간주한다. 전술적인 이유는 예산이 줄고 있으며, 따라서 운영비도 급속히 감소해야 하기 때문이다. 또한 전략적인 이유는, 국제 경쟁은 시장에서의 가격 싸움인 경우가 많아 기업이 더욱 저렴한 비용으로 영업을 하여 필요한 수준의 수익성과 경쟁력을 동시에 유지해야 하기 때문에, 그들은 이익의 근원을 강화할 수 있는 혁신과 부가가치 상품과 서비스를 찾고 있는 것이다.

경영진은 또한 두 가지 중요한 현실에 직면하고 있다. 첫째, IT는 회사의 경영에 깊이 관계돼 전술과 전략에 관한 모든 논의는 항상 IT를 포함한다는 것이다. 이렇게 되기까지 여러 해가 걸렸지만, 이제는 거의 모든 곳에 적용되는 현실이다.

둘째, 1990년대에 고위 경영진이 투자한 많은 시스템은, IT 전문가들의 표현을 빌리자면, '버벅거리고' 있다. 즉 이들 시스템은 기업의 필요와 규제 조건에 부응하는 새로운 버전으로의 업그레이드를 필요로 한다. 이는 돈이 드는 일이다. 경영진은 최근의 세계적 경기하락 기간 중 정기적인 IT 변화를 위한 정상적인 투자를 보류했다. 더 나아가, 1990년대 말 ERP를 도입하여 Y2K 문제를 해결하려고 전력질주를 한 이후, 당장 더 이상의 투자를 할 필요를 느끼지 못하는 것 같았다. 그리하여 경영진은 그런 솔루션 투자로부터 얻을 수 있는 재무적 효과를 얻는 데 대한 관심이 예전보다 줄었다. 그러고는 세계적 경기침체가 도래했고 더 이상의 효과는 실현되지 않았던 것이다.

## ERP 시스템의 역할

10년 전, 고위 경영진은 많은 ERP 시스템을 도입했다. 그리고 한 기업에 복수의 시스템을 도입한 경우도 많았다. 이제 그 경영진의 상당수는 ERP가 제공하는 혜택과 ERP를 도입하고 유지하는 데 들어가는 문제에 관한 경험과 지식을 잘 갖추고 있다. 그들의 회사는 ERP 솔루션이 제공한 고도화된 운영 원칙의 결과로 트랜스포메이션을 이루었지만, 한편으로는 오늘날 기업 가치사슬 운영의 중심이 되고 있는 조직 문화의 변화도 초래했다.

그러나 가치사슬 그 자체도 변화했다. 회사들이 업무 파트너와의 네트워크를 확장하고, 고객 프로세스에 직접 뛰어들어가 업무 영역을 확대함에 따라 가치사슬 또한 확장되었다. 이렇게 확장된 가치사슬을 지원하기 위해서는 개별적으로 설계된 IT 시스템을 ERP 영역으로 묶어 진정한 가치사슬 통합의 혜택을 완벽히 성취해야 한다.

1990년대 초기와 중반에 처음 설치된 상당수의 ERP 시스템은 오늘날의 변화하는 비즈니스 니즈와 기술 니즈를 더욱 밀접하게 반영하는 새로운 버전으로 업그레이드되는 단계에 있다. 경영진은 이런 과제의 달성의 일환으로 여러 가지 새로운 전략을 추진하고 있다.

더욱 새로워진 시스템은 이제 여러 사업부에 걸쳐, 그리고 심지어 여러 회사에 걸쳐 사용되어야 하기 때문에 이렇듯 비싼 IT 인프라 활용에 관한 결정은 조직의 상부로 옮겨졌다. 이로 인해 고위 경영진은 모든 새로운 시스템이 운영비용절감에 의한 수익성 향상에 직접 기여해야 한다는 요구조건을 강요할 수 있게 됐다. 시스템이 시장도 확대하고 더 많은 제품도 판매할 수 있게 해준다면 더할 나위 없이 소중하다. 그러나 비용 통제가 가장 먼저 선행돼야 한다. 이렇게 절약한 비용은 나중에 확장 ERP 구축에 사용하여 추가로 비용을 절약하고 매출과 이윤 향상으로 연결될 수 있다.

끝으로, 기업의 비즈니스 모델이 변화하고 있기 때문에 이러한 시스템을 새로운 비즈니스 모델에 맞도록 재구성할 필요가 있다. 기업들은 사업부와 심지어 제휴업체에게까지도 운영을 향상하고 중복 업무를 제거할 수 있는 서비스공유(Shared Service)를 강요하고 있다. 인수합병을 경험하고 있는 회사에서는 특히 그렇다. 한 마디로 말해서, 규모의 경제가 오늘날의 신경영 전략이 되고 있다.

변화는 기술 차원에서도 이루어지고 있다. 한 예로, AMR의 최근 보고를 보면 현대 ERP 시스템은 인터넷과의 연결성을 채택해야 하고, 새로운 포맷의 정보통신을 지원해야 하며, 대단히 모듈한 형태로 운영되어 회사가 아웃소싱을 하거나 여러 가지 기능을 다양하게 전개할 수 있어야 한다. 동시에 오늘날의 ERP 시스템은 높은 수준의 데이터 보안과 데이터 접속 기능을 제공해야 한다. 또한 의미 있는 프로세스와 비즈니스(회계) 정보를 편리하게 분석하고 사용할 수 있도록 해주어야 한다.

## TCO 개념의 도래에 따른 비용절감의 실체

운영 비용을 절감할 수 있는 기회는 구축단계와 운영 단계에 모두 거의 같은 비율로 존재한다. 그림 1은 ERP 시스템을 소유하고 운영하는 비용이 대부분의 회사에서 어떻게 분배되어 있는지를 보여준다. 지출의 비율은 기업에 따라 다르고 한 회사 내에서도 사업부에 따라 다르기는 하지만 이런 비용 분배는 비교적 전형적이다.

경험에 따르면, 전부터 내려오는 시스템을 교체하고 여러 시스템을 몇 개의 시스템이나 하나의 시스템으로 결합하며 아웃소싱을 하는 것 등은 모두 이런 시스템의 도입과 운영에 필요한 비용을 줄이기 위한 커다란 기회를 제공한다. 절약되는 비용은 최소 5~10%에서 최고 25~35%까지 달할 수 있다. 이런 절약이 실현되려면 새로운 버전의 소프트웨어와 하드웨어, 직원들의 새로운 시스템에 대한 사용방법, 다양한 아웃소싱 옵션의 검토 등 여러 요인이 복합적으로 작용해야 한다는 점도 알고 있어야 한다.

오늘날 널리 추진되고 있는 전략은 대부분 본질적으로 서로 다르고 사업부 간의 운영에 부적당하게 통합돼 있는 많은 기존 시스템과 프로세스를 결합하는 것이다. 이런 빠르고 효과적인 전략에 밀접하게 엮여 있는 것이 오늘날 프로세스의 '조화(Harmonization)'라고 불리는 것인데, 이는 근본적으로 전 회사와 제휴업체가 사용할 하나의 프로세스를

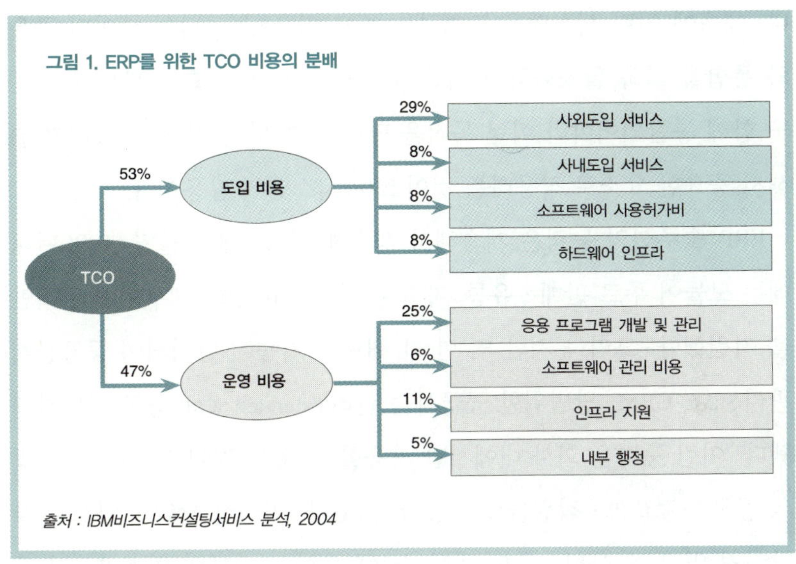



전세계에 도입하는 것을 의미한다. 이를 통해 '공유 서비스'를 활용하여 중복되는 프로세스와 여러 유사한 프로세스의 비용을 줄일 수 있는 것이다. 뿐만 아니라, 이 전략은 정보의 정확성을 향상하고 통합된 시각(예 : 고객이나 회계 관련 데이터)을 만들어주며 정부당국이 점차적으로 요구하고 있는 데이터의 보안을 강화할 기회를 향상시켜 준다. 사실 미국의 기업 스캔들 발생과 EU의 신흥 비즈니스에 대한 규제, 일본의 프로세스 관리에 관한 지속적인 우려와 함께 감사 추적의 강화를 요구하는 규제가 많아지면서 ERP 시스템의 가치는 대단히 높아졌다.

경영진에게 실적을 향상할 수 있는 기회가 사라진 것은 아니다. 다만, ERP 시스템 활용을 확대해서 얻을 수 있는 잠재적 혜택에 대해 아직 완전히 탐구하지 않았을 뿐이다. 지난 10년 간 ERP 도입의 초기에는, 시스템의 일부만 배치되어 비즈니스의 다른 부분은 결과적으로 '서로 대화하지 못하는 시스템' 및 프로세스와 함께 기능을 해야 했다. 애초에 이런 시스템을 도입하는 주요 이유 중 하나는 데이터 공유와 통합을 더욱 활성화하기 위한 것이었다. 따라서 회사의 다른 부분도 함께 통합되어야만 이런 목적을 달성할 수 있는 것이고, 그러기 위해서 중요한 요소로 작용하는 것이 ERP 시스템의 활용이다.

ERP 솔루션의 능력은 계속해서 성숙해 왔다. 예를 들면, 1990년대에는 모듈이 주로 판매 · 유통, 재료 관리, 생산 계획, 재무회계 관리만을 지원했다. 그러나 지난 몇 년 간 새로운 기능이 완성되어 공급관계 관리(SRM), CRM, 광범위한 공급사슬 관리(Extended SCM) 등도 지원하게 됐다. 이런 능력은 회사 내에서만 사용할 수 있는 것이 아니라 회사 밖의 공급자 · 고객 · 직원들도 사용할 수 있다. 이러한 발달의 양상은 잘 알려져 있고, 역사적으로도 대형 소프트웨어 시스템의 발전양상과 궤를 같이 하고 있다. 그러나 이런 모든 양상은 다음 단계가 무엇인지에 관한 결정을 어렵게 만든다.

그렇기 때문에 TCO의 재무적 관리 원칙이 필요한 것이다. 기능적 복잡성, 사용자 인구, 규제, 지역적 분산 등이 비용에 영향을 미치는 주요 요인이다. 그러나 이런 요인들 자체가 비용절감의 기회가 된다.

소프트웨어 가격이 ERP 구축 비용과 동일하지는 않다. 상당한 비용이 IT 커뮤니티 안에 존재하기 때문에 모든 TCO 분석은 어떤 구성요소들이 IT 안에 있는지부터 살펴야 한다. 그림 2는 가장 중요한 요소들을 보여준다. 일반적으로 시스템은 기업 IT 부문의 운영 통제 아래에서 운영되기 때문에 도표에 있는 제반 요소들은 더욱 비용변수를 산출하는 공식을 이해하는 데 도움이 된다.

광범위한 비즈니스 운영 환경에서, 기업이 운영비를 절감하는 데 IT가 주요 역할을 계속하고 있다. 그렇다면 전사에 걸쳐 일반 운영비를

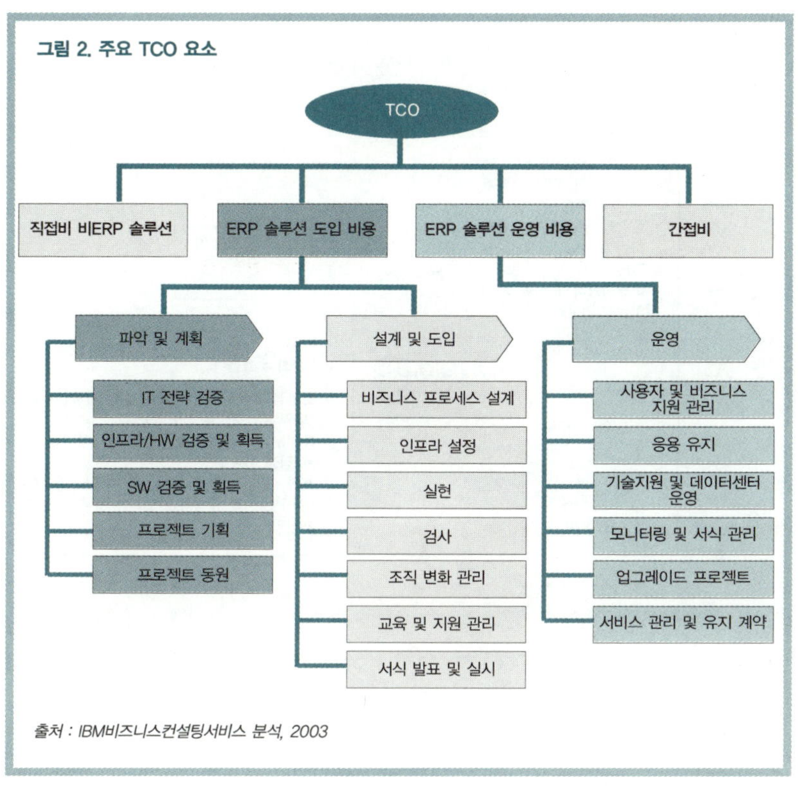



낮추는 데 ERP가 얼마나 큰 기여를 할 수 있을까? 이 질문에 대한 IBM의 자체 조사에 따르면, 기업의 매출 대비 지출의 30~50%는 비핵심 분야 활동에 투입되고 있다. 이는 효율성을 향상함으로써 비용을 줄일 수 있는 좋은 기회가 존재한다는 의미다.

그림 4는 비용절감과 관련한 4개의 주요 측면을 고려하고 이에 대한 조치를 취함으로써 동급 최고의 위치에 오르기 위한 접근방법을 보여준다. 첫째, 그 동안의 시스템 구축 경험을 감안하면 새로운 ERP 시스템은 10년 전보다 훨씬 빠르게 구축될 수 있다. 둘째, 다른 일반적인 기업 지출과 마찬가지로 명확하고, 측정 가능한 투자회수(Return on

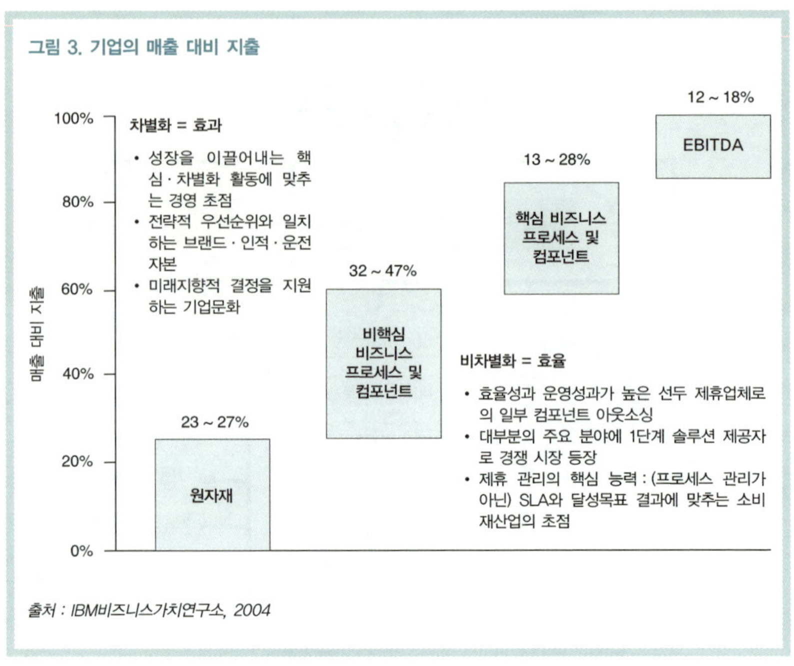



Investment : ROI) 목표가 설정되고 달성되어야 한다. 셋째, ERP 시스템의 운영을 위한 IT 비용과 직접 비용을 줄이기 위해, 글로벌 소싱에서부터 프로세스 단순화나 IT 아웃소싱에 이르기까지 다양한 방법이 시도되어야 한다. 그리고 성과를 내기 위한 목표도 설정되어야 한다. 넷째, 후선 지원부서의 비핵심 기능 재정비는 상당한 절감의 기회를 가져올 수 있다.

## 다음 단계

그렇다면 이제 경영진이 해야 할 일은 무엇일까? 경험에 따르면 주요 프로세스를 조화시키고 IT 시스템과 프로세스를 통합하며 딱딱한 경

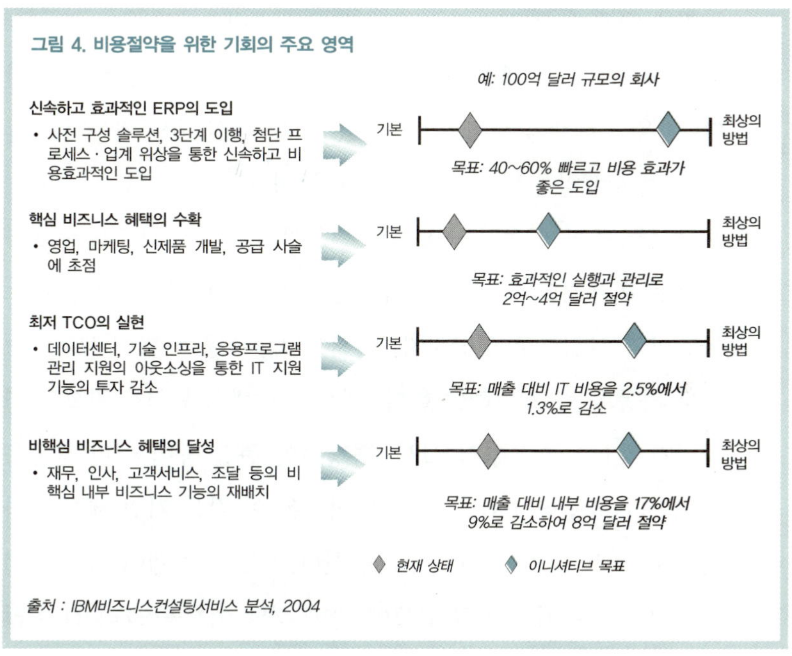



제용어로 정리된 기대 효과에 대한 철저한 회계관리를 요구하는 것이 오늘날의 척박한 경쟁 환경에서 가장 의미 있는 일이라고 생각한다. 최우선 과제는 비즈니스 환경이 빠른 속도로 변화하고 있다는 사실을 인정하는 것이다. 따라서 2000년에는 통했던 것, 심지어 2003년에 통했던 것도 이제는 충분하지 않을 수 있다. 핵심 프로세스와 이를 지원하는 IT 시스템은 반드시 업데이트되어야 한다.

아래에 설명한 사항들을 향후 추진과제로 고려해 보자.

● 프로젝트의 전체 주기를(구축에서부터 구축 후 지원과 관리까지) 검토하자. 어떤 일이 일어나야 하고 얼마의 비용이 들며 여러 해에 걸쳐 그 일을 하고 이 시스템을 관리하기에 어느 집단이 가장 적합

한지를 결정해 본다(그리고 구축 계획의 초기에 실행한다).

- 필요하다면, 프로세스와 시스템을 아웃소싱 하는 것을 검토한다. 비용과 혜택을 수치화 할 수 있고 5년 전만 해도 가능하지 않던 방법으로 일을 맡길 수가 있기 때문이다.
- 프로세스 조화에 초점을 맞춤으로써 설치된 ERP 시스템을 효과적으로 활용하고 핵심 프로세스를 당신 회사의 모든 비즈니스 파트너와 사업부로 연장하자. 다시 말해, 비용이 많이 드는 '격리된 자동화'를 제거해야 한다. 핵심 프로세스를 회사 밖으로 연장하자. 기술, 자유무역 실시, 경쟁적인 현실 등이 이런 활동을 주도한다. 최근의 ERP 시스템의 혁신은 이 같은 기업 제휴 전략을 고려할 또 하나의 이유를 제공한다. ERP 시스템이 더욱 광범위해지면서 이제 범위와 규모에 관한 경영 이론을 그리 길지 않은 시간에 현실화하는 것이 가능해졌다.
- 좀더 전술적인 IT 투자 포트폴리오를 구축하자. 중복되는 프로세스 및 소프트웨어, 데이터, 직원을 통합하여 정보의 단일 시각(single view)을 마련하도록 노력하고 인력과 활동, 그리고 데이터의 중복 비용을 제거하자.
- 더욱 최신 버전의 소프트웨어를 설치하여 새롭거나 추가적인 기능과 새로운 기술을 최대한 활용하자.

## 결론

이 자료는 오늘날의 경영진이 직면하고 있는 비교적 흔한 비즈니스 딜레마의 예로 시작했다. 예산과 대차대조표는 더욱 압박을 받고 있으며 경영진은 점점 더 심한 저비용·고성과 경영을 요구받고 있다. 뿐만 아니라, 기업들은 1990년대에 대폭적인 IT 지출을 했지만 2000년대 초기의 IT 비용감축으로 인해 운영과 생산성 향상을 위해 설계된 ERP 시스템의 혜택을 실현하지 못했고, 미완성 ERP 시스템의 결과를 낳고 말았다. 설상가상으로 경기침체까지 겹쳐 회사들은 ERP 시스템을 '리프레시(refresh)' 하는 것을 소홀히하고 말았다.

그러나 기업들은 이제 어제의 기억에서 벗어나 앞으로 나아가야 한다. 오늘날의 비즈니스 환경은 다시 한번 변화를 거쳤고, 우리는 이제 경기회복의 단계로 들어섰다. 비용을 줄이면서 더 많은 성과를 이룩하기 위한 솔루션은 TCO를 고려하고 기존의 ERP 투자를 활용해 결합과 통합으로 전환하는 것이다. 회사들은 효율성과 생산성 목표를 실현하기 위해 ERP 시스템을 업데이트하여 전세계의 모든 사업부와 비즈니스 파트너가 서비스를 공유할 수 있도록 해야 한다.

다음 단계는 행동에 옮기는 것이다. 18세기 미국의 발명가 겸 발행인이었던 벤저민 프랭클린의 말처럼 비즈니스를 주도하라. 그러지 않으면 비즈니스가 당신을 주도할 것이다.

# CHAPTER 11

# 글로벌 데이터 동기화(GDS)

기업은 반복되는 재설계 비용을 피하면서 다양한 파트너들과 정보를 공유 · 활용하기 위해 어떤 방식으로 준비해야 할까? 전사적 통합 데이터 관리와 글로벌 데이터 동기화(GDS)의 구상에 바탕을 둔 유연한 솔루션은 해당 기업이 표준 기반의 기업 간 데이터를 효과적으로 관리 · 동기화하는 데 일조할 뿐 아니라, 거래 파트너와의 협력에서 최대한의 이득을 얻어낼 수 있는 든든한 토대를 마련하는 데도 도움을 줄 것이다.

## 서론

제조업체와 유통업체는 상호 협업 관계시 개선 전망은 있지만 여전히
어려운 시기를 맞고 있다. 거래 파트너들은 운영의 효율성과 서비스
수준을 향상하기 위해 더욱 밀접한 협업이 필요하다는 사실을 인정하
고 있다. 아울러 경쟁은 치열해지고 이윤은 축소하는 추세인지라, 정
보를 관리 · 공유하는 방식은 관련 업계 경영진이 다루어야 하는 주요
이슈가 되고 있다. 기업은 반복되는 재설계 비용을 피하면서 다양한
파트너들과 정보를 공유하고 활용하기 위해 어떤 방식으로 준비해야
할까? 전사적 통합 데이터 관리와 글로벌 데이터 동기화(Global Data
Synchronization : GDS)의 구상에 바탕을 둔 유연한 솔루션은 해당 기업
이 표준 기반의 기업 간 데이터를 효과적으로 관리 · 동기화하는 데 일
조할 뿐 아니라 거래 파트너와의 협력에서 최대한의 이득을 얻어낼 수
있는 든든한 토대를 마련하는 데도 도움을 줄 것이다.

## 핵심 요약

전통적으로 제조업체와 유통업체는 종이 문서 기반의 수작업을 통해

최초의 상품 정보를 교환했다. 이런 정보는 시간이 흘러 상품의 속성
이 변하더라도 업데이트되는 경우가 드물다. 따라서 기업은 전자 데
이터 교환(EDI)을 활용한 주문 또는 인보이스 발송시에도, 현재의 상
품 속성과 거리가 있는 기존의 상품 정보를 토대로 거래하기 때문에
정보의 부정확성을 경험했다. 정보의 부정확성은 거래 파트너들 간
에 비효율, 오류, 배가된 업무부담으로 이어졌다. 사실 업계는 업계
표준 기반의 데이터 동기화 부재로 엄청난 손실을 감수해야 했는데,
유통업체와 CP 기업의 경우 운영상의 비효율로 인한 비용이 매년
400억 달러를 웃돌았으며, 잠재매출을 달성하지 못했다. 그 결과 업
계는 이윤과 주주 가치를 지속적으로 증대하기 위해 서플라이체인의
효율성과 효과성을 제고하기 위한 데이터 동기화의 채택을 서둘러야
겠다고 결론을 내렸다. 고품질의 데이터 관리는 또한 가치 창출을 위
한 다른 협력적 이니셔티브의 토대다. 따라서 거래 파트너들 간의 관
점에서 뿐 아니라, 기업 내부의 관점에서도 다뤄야 할 주요 이슈가
되었다.

글로벌 표준 기반이자 데이터 동기화 모델을 구축하기 위한 체계인
GDS 비전은 무결점의 고대응성 서플라이체인 운용의 촉진, 기업 내
운영의 개선, 소비자에게 더 나은 구매 경험 제공에 대한 업계의 해법
으로 등장했다. GDS 비전은 글로벌 데이터 동기화 네트워크(GDSN)에
의해 실현 가능하다. GDSN은 상호운용성을 지닌 공인된 데이터 풀,
글로벌 데이터 레지스트리(GS1 글로벌 레지스트리), EAN 인터내셔널 및
유니폼 코드 카운슬[Uniform Code Council, Inc.(EAN·UCC)]사가
GSMP(Global Standards Management Process)를 통해 확립한 여러 가지 표
준, 상품 정보 관리(Product Information Management : PIM )를 위한 기업

소프트웨어 등으로 이루어진 네트워크다. GDS 비전에서는 다음의 사항을 중점적으로 다룬다.

- 업계에서 인정하는 표준의 지속적인 개발
- 최근 구축된 GS1 글로벌 레지스트리를 단일 글로벌 상품 레지스트리로 구축 및 채택
- GS1 글로벌 레지스트리를 활용한 업체별 데이터 풀의 상호운용성
- 내부의 단일 정보 소스로서 그리고 외부와는 GDSN과의 연결 포인트로서 상품 정보 관리(PIM)의 전개

다양한 조직이 상품, 서비스, 위치, 조직, 가격, 프로모션 데이터를 기업 내부에 효율적으로 구축·교환하기 위한 수단으로 GDSN을 활용하고 있다. 이러한 프로세스들을 내부적으로 통합하지 않고 (일반적으로 수많은 부서 또는 지역 조직의 손을 거쳐) 단순히 상품 데이터를 GDS를 거쳐 전자적으로 외부의 거래 파트너들에게 보내는 것은 근시안적 발상이다. 수많은 제조업체와 유통업체는 이미 자사의 전사 데이터 관리 프로세스를 적극적으로 개선시켜, 기업 안팎의 데이터를 정제하고 프로세스를 통합하며, 교환된 비즈니스 정보의 정확성이 향상될 수 있도록 준비하고 있다. 글로벌 표준, 단일 글로벌 상품레지스트리, 상호운용성을 지닌 데이터 풀, 전사 데이터 관리 역량 등은 거래 파트너들이 업계에서 인정하는 정화된 데이터(clean data)를 공유하는 데 도움이 된다.

GDS가 가져다 주는 잠재적 이득은 기업이 자사의 동기화 노력의 범위를 모든 거래 파트너로 넓힐수록 늘어난다 . 따라서 기업은 특정

파트너의 니즈뿐 아니라, 업계의 요구사항에도 신속히 대응할 수 있도록 전사 데이터 관리와 GDS에 대한 유연한 접근법을 추구해야 한다. 이처럼 유연한 접근 방식을 취하면 기업은 표준 기반의 데이터를 다수의 파트너들과 성공적으로 공유할 수 있을 뿐 아니라, 광범위한 공동 활동을 수행하는 데 필요한 인프라와 프로세스를 개발할 수도 있어 훨씬 큰 이득을 거둘 수 있다.

궁극적으로 진정한 투자회수(Payback)는 GDS를 토대로 내부의 프로세스와 외부의 거래관계를 최적화함으로써 실현된다. 현실적으로, 거래 파트너들이 전사 데이터 관리와 전자적으로 동기화한 상품 정보가 없이 복잡한 거래관계를 효과적으로 발전시킨다는 것은 불가능하다. GDS 비전은 기업 내 시스템들에 분산된 주요 데이터 정렬뿐 아니라 파트너들 간에 공유되는 데이터의 품질 향상과, 소비자가 구매 결정에 참고할 정확한 데이터의 제공에도 도움이 된다. 게다가 GDS는 전자 상품 코드(EPC)와 전자상거래의 구현을 위한 기반이기도 하다.

업계의 주역들과 함께 한 광범위한 경험을 바탕으로 우리가 효과적인 전사 데이터 관리 및 GDS 비전의 실현을 위해 추천하는 주요 6단계는 다음과 같다.

- 전사 데이터의 관리 목적과 우선순위, 소유권자가 포함되도록 데이터 관리 전략을 세운다.
- 기업 내부의 데이터와 그와 관련된 비즈니스 프로세스의 상태를 평가한다.
- 상품 정보 관리 솔루션을 활용하여 전사 데이터 관리 인프라를 구축한다.

- EAN · UCC 표준을 준수하는 것으로 공인되어 있고 GS1 레지스트리 및 기타 데이터 풀과의 상호운용성을 지닌 데이터 풀을 선정한다.
- 기업이 '현재' 프로세스와 '미래' 프로세스를 비교하여 전사 데이터 관리 인프라와 GDS로부터 얻는 이득을 측정하는 방식을 정의한다.
- 전세계적으로 새롭게 동기화된 이 정보의 소스가 기업 내부 또는 거래 파트너들 사이에서 가치 창출을 위한 추가적인 협력적 이니셔티브를 구성하는 데 활용될 수 있는지 여부를 평가한다.

위에서 제시한 6단계에 입각해 전사 데이터 관리와 GDS를 하나로 통합한 전략을 설계해야 한다. 그렇게 함으로써 제조업체와 유통업체는 자사의 파트너들이 어떤 데이터 풀이나 시스템을 이용하고 있는지와는 무관하게 업계 표준 기반의 정확한 전사 데이터를 다수의 거래 파트너와 공유할 수 있다. 이 전략은 파트너들과 공유하는 기업 내 데이터의 품질을 향상시켜 준다. 전자 데이터 교환(EDI)을 비롯하여 스캔 기반 거래(scan-based training : SBT)와 공급자 재고 관리(VMI)와 같은 여러 가지 협업 활동의 효율성을 현저하게 향상시킬 것이다. 더구나 이 전략은 서플라이체인 협력(Supply Chain Collaboration : SCC)의 다음 단계인, EPC를 이용한 '동기화된 상품 이동 정보관리'를 통한 가치실현을 위해 필요한 준비이기도 하다.

# 데이터 공유의 어려움

## 현재의 복잡성

상품, 서비스, 위치, 가격, 프로모션 등의 정보를 공유하는 일은 거래 파트너와의 협력에서 핵심 사항이다. 하지만 오늘날의 마켓플레이스에서는 기업 시스템 내에 존재하는 데이터와 그 데이터를 거래 파트너들과 공유하는 프로세스의 결함이 종종 드러난다. 대부분의 기업 내부에는 프로세스와 데이터가 불완전하게 정렬돼 있으며, 하부 시스템들은 상호간 연계되어 있지 않다. 이로 인해, 오랫동안 문제가 잇달아 발생해 업계를 괴롭혔다. 제조업체는 수작업으로 상품 및 가격 정보를 유통업체에 전달하는데, 그럴 경우 주요 유통 시스템들에는 일시적으로 다른 데이터가 생성된다. 각 유통업체마다 신상품 소개 프로세스와 가격 데이터 수집 프로세스가 다른 경우가 일반적이다. 그러므로 제조업체와 유통업체, 그리고 중개상은 이런 차이를 조절하고 정보와 프로세스가 고객의 니즈에 부합하도록 끊임없이 노력해야 한다. 그 결과 공급업체는 다양한 유통업체의 요구에 부합하기 위해 '1회용 방식'에 의존하게 된다. 유통업체 카탈로그의 부정확한 정보는 구매 주문 오류, 구매 주문과 인보이스 간의 불일치, 나아가 지불 전 공제(invoice deductions)로 이어진다. 그 결과 유통업체 시스템에서 상품 데이터의 오류는 30%에 육박하고 인보이스도 60%의 오류를 지니고 있다.

더구나 상품 데이터 관련 정보를 공유하고 입력하는 노동집약적 프로세스는 지나치게 비효율적인 신상품 소개 프로세스를 유발하고 점포 수준에서 가격 변화를 지연시킨다. 예를 들어 CP 업계에서 신상품을 유통업체에 제공하는 데는 평균 4~12주가 걸린다. 이 기간에 실질적인 상품 디자인, 제조, 배송에 소요되는 시간은 거의 포함되어 있지 않으며, 따라서 이 현상은 전자적으로 공유될 수 있는 상품 관련 데이터를 비효율적으로 공유하고 있다는 사실을 반영한다고 볼 수 있다. 이런 문제들로 매출성장이 둔화되고 소비자는 불만을 갖게 된다.

기업이 전자적으로 데이터를 파트너들과 동기화하고 있는 경우라도 그 일을 체계적으로 행하고 있지 않은 경우가 종종 있다. 일부 데이터만 전자적으로 동기화하는 기업이 있는가 하면, 나머지 데이터는 종이 형태의 상거래 서식과 수작업에 의존해 처리하는 경우도 있다. 기업이 데이터 정확성을 확보하기 원한다면, 종이 형태의 상거래 서식과 수작업에 의존하는 방식에서 탈피해 전자 데이터 동기화를 실천해야 한다.

## 변화의 필요성

유통 및 CP 업체들은 변화의 필요성을 인식하고 파트너들에게 상품, 서비스, 위치, 가격, 프로모션 데이터를 '시스템 대 시스템' 동기화 작업을 해줄 것을 요청하기 시작했다. '다수 대 다수' 기반한 데이터 동기화를 이루기 위해, 글로벌 표준, 기업 데이터 관리, 지속적인 데이터 동기화가 데이터 공유 관련 문제에 근본적으로 대처해 효율성을 제고하며, 서플라이체인 전체의 응답성을 높일 구제책으로 등장했다.

거래 파트너들은 두 가지 유형의 데이터 즉, 중립 데이터(neutral data)와 관계 의존형 데이터(relationship dependent data)를 교환한다. 중립 데이터는 일반적으로 다수의 파트너들 간에 공유되는 관계 독립형 데이터다. 이것은 세 가지 범주로 나뉜다.

- 상품 데이터(Core product data) : 어떤 상품의 모든 경우에 적용되는 핵심 데이터 속성(상품명세, 브랜드명, 상품포장 정보, 상품규격 등)
- 특정 카테고리 데이터(Category specific data) : 특정 상품군에 적용되는 데이터 속성 (와인 병의 색상과 강도)
- 목표 시장 데이터(Target market data) : 특정 시장에서의 상품 고유의 데이터 속성 (특정 국가에서의 물류 식별자)

관계 의존형 데이터는 거래 파트너 상호간 합의된 조건에 관계된 속성이다. 예를 들면 마케팅 조건, 가격 정보와 할인, 물류 협약 등이 있다. GDS 비전의 최초 구현은 중립 데이터에 초점이 맞춰져 있다. 현재 핵심 상품 데이터의 경우 표준화가 상당히 이루어졌다. 관계 의존형 데이터는 표준화하기가 더욱 어려울 것이다. 하지만 메시징 기술(message choreography)을 표준화하여 정보가 전달되는 방식을 단순화할 수 있다.

제조업체와 유통업체는 기업 안팎의 데이터의 일관성을 확보하고 좀더 광범위한 프로세스 통합을 이루기 위해 내부의 데이터 관리 프로세스를 개선하기 시작했다. 앨버트슨(Albertsons), 까르푸, 유니레버(Unilever), 파나소닉(Panasonic), 글락소스미스클라인(GlaxoSmithKline), 포드 모터 컴퍼니(Ford Motor Company) 등을 포함한 업계의 선도적인 주역들은, 전사 데이터 관리의 채택을 통해 지속적인 전자 데이터 동기화가 달성 가능한 지점을 향해 자신의 기업을 꾸준히 전진시키고 있다. 그 과정에서 이들 기업은 상품 데이터를 글로벌 표준에 맞추고자 하는 업계의 노력을 주도한다. 글로벌 표준 기반의 데이터 동기화는 거래 파트너와의 협력으로부터 최대한의 이익을 실현할 수 있는 든든한 기반과 실질적인 기회를 제공할 것이다.

## 데이터 부정확성에 대한 대처

기업 안팎의 데이터를 순수하고 잘 정렬된 상태로 유지하는 것은 업계로선 매우 어려운 일이다. 기업은 데이터 관리의 두 가지 측면에 대처해야 업계 전체의 데이터 정확성을 확보할 수 있다. 내부적으로 기업은 전사 데이터 관리 역량을 구현하여 기업 내부에 분산된 데이터에 대한 일관된 뷰(view)가 제공되도록 해야 한다. 또한 외부적으로 GDS 비전을 채택하여 정확하고 표준화된 상품 정보가 거래 파트너들 간에 거침없이 일정하게 흐르도록 해야 한다.

첫째, 전사 데이터 관리 시스템은 기업이 자사 내부와 특정 거래 파트너들 간에 데이터 일관성 및 프로세스 통합을 이루는 데 결정적이다 (그림 1 참조). 오늘날 ERP와 머천다이징 시스템(merchandising system)은 일반적으로 데이터 정확성을 이끌거나 데이터 동기화를 실현하기에는 부적절하다. 이들 시스템은 트랜잭션 프로세싱(transaction processing)을 수행하는 데 필요한 좁은 범위의 상품 정보를 다루기 위해 고안되었다. 따라서 GDS, EPC, 전자상거래를 위해 폭넓게 요구되는 상품, 서비스, 위치, 가격, 프로모션 정보 등을 다루지 않는다. 전사 데이터 관리 솔루션의 구현은 기업에게 내부의 모든 데이터를 위한 '신뢰할 수 있는 하나의 버전(One Version of Truth)'을 제공한다. 기업 애플리케이션에 분산된 기업 내부의 데이터는 자동화된 프로세스 구성 (choreography)을 통해 표준화 및 정렬된다. 이 구성이 해당 기업을 위해 광범위하고 정확하며 유일한 상품 정보의 소스를 구축하기 때문

그림 1. 전사 데이터 관리에 대한 기업 내부의 뷰(view)

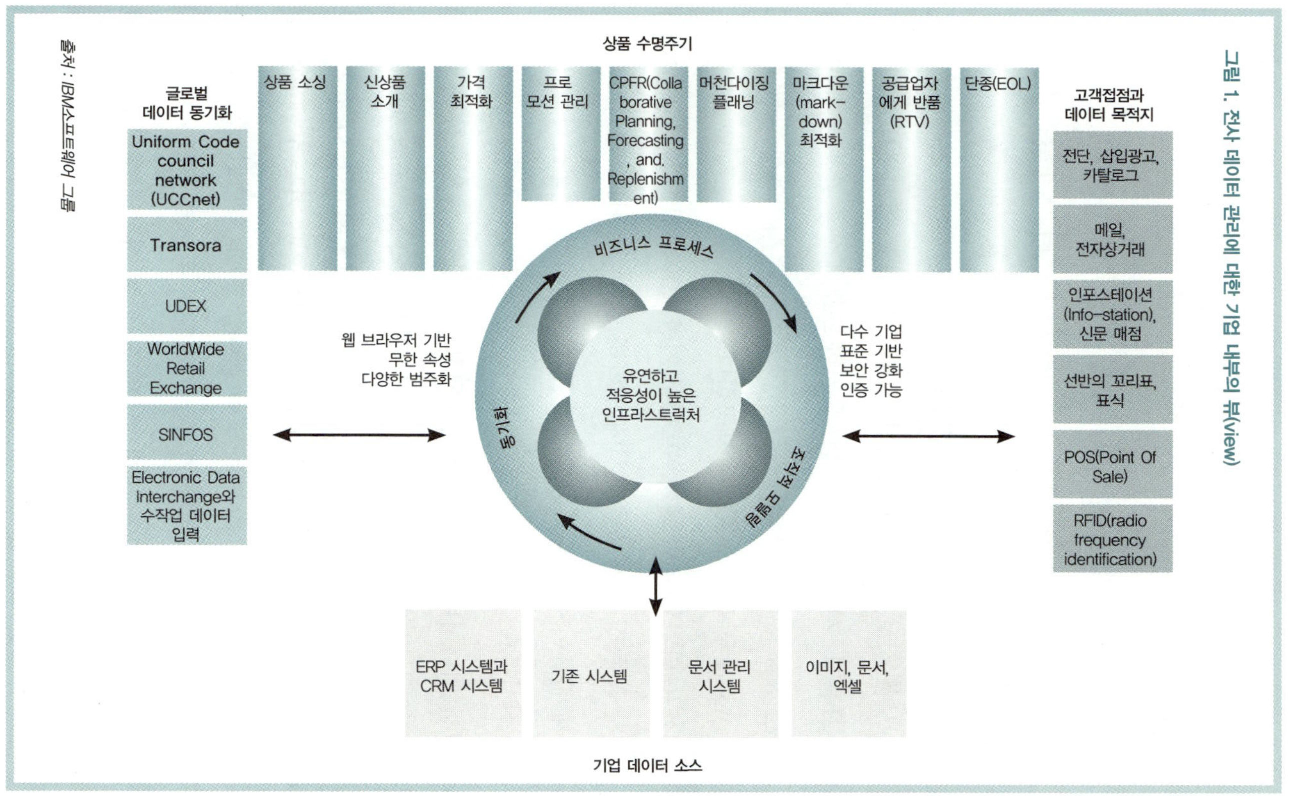


출처 : IBM소프트웨어 그룹

이다. 상품 정보를 불가피하게 변경했다면 이 유일한 소스를 통해 기업 내부의 시스템뿐 아니라, 파트너의 시스템이 자동적으로 업데이트된다.

전사 데이터 관리는 사람 · 프로세스 · 인프라로 구성된다. 이들 요소는 기업 내부의 데이터와 특정 거래 파트너 데이터 간의 일관성을 유지시키고 기업 간 프로세스 통합과 비즈니스 정보의 정확성을 이끈다.

둘째, 기업은 GDS 비전을 채택하여 자사 시스템의 정확하고 표준화된 상품 정보를 거래 파트너와 공유해야 한다. 업계에서 합의한 데이터 표준과 '시스템 대 시스템' 동기화 프로세스를 활용한 데이터 동기화는 상품 정보가 기업 내부의 거래 파트너들 사이에서 적시에 유연하게 흐르도록 돕는 인프라를 제공한다.

GDS는 단일 글로벌 레지스트리를 기반으로 기업 내부와 기업 간에 분산된 최종 상품 정보를 적시에 정확히 업데이트한다. 레지스트리는 전세계에 흩어져 있는 데이터 소스를 연계시켜 거래 파트너들이 데이터를 실시간으로 표준화하고 동기화할 수 있도록 해준다.

GDS 이니셔티브는 정보가 정화되고 동기화될 수 있도록 프로세스와 표준을 정의하기 위한 목적으로 GCI(global commerce initiative)와 GS1(EAN 인터내셔널과 UCC의 통합 기구)에 의해 발족되었다. GDS 비전은 GDSN에 따라 실현 가능하다. GDSN은 상호운용 가능한 데이터 풀, GSMP(global standards management process)을 통해 확립된 글로벌 표준들, 상품 정보 관리를 위한 기업 소프트웨어 등으로 이루어진 네트워크다. GSMP를 활용하여 현재 정의되고 있는 시장 상품의 유일한 표준은 GS1 글로벌 레지스트리에 등록될 것이다. 현재, 이 표준은 국제 표준 상품식별 코드 체계인 GTIN(global trade identification number)과 거

## 【가격 동기화 표준이 부상하고 있다】

업계는 현재 가격 공유에 관한 표준 확정을 추진하고 있다. GDS 버전에 입각하면, 3개 기준 (조건 문서, 거래 파트너 프로필, 금융 문서)을 활용해 가격을 공유할 수 있다.

- 조건 문서는 가격 요소와 연관된 요구사항들을 열거한다.
- 거래 파트너 프로필은 거래 파트너들이 데이터 교환 관리를 위해 동의한 기본적인 '규정'을 담고 있다.
- 금융 문서는 실제 가격 요소를 수치화한 것을 포함한다.

일치된 표준이 도출되기까지는 상당한 시일이 걸릴 것이다. 게다가 업계는 이런 정보를 공개된 데이터 풀을 활용하여 공유할 것인지, 또는 기타의 수단을 활용할 것인지를 결정해야 한다. 하지만 그러한 표준이 적절하다면 동기화된 가격 데이터는 수작업에 의한 데이터 기입 오류, 업데이트된 물류 데이터와 영업사원 데이터, 과다 연장된 프로모션 데이터 간의 불일치 따위를 제거하는 데 도움이 될 것이다. 또한 주문의 질적 개선, 주문과 인보이스 간의 일치로 인한 이득이 뚜렷해진다. 대부분의 엉터리 주문과 지불 전 공제는 일반적으로 부정확한 가격 정보에 기인하기 때문이다.

래업체식별 코드 체계인 GLN(global location number)에서 보듯 여덟 가지 핵심 속성을 포함한다. GSMP는 또한 업계의 범용 상품 표준을 정의하고자 노력 중이다. 예를 들어 EPC가 발전함에 따라 GSMP는 위치·가격·프로모션 정보뿐 아니라 상품명세·브랜드명·색상·상품규격과 같은 핵심 상품 정보에 GDS 표준과 EPC 표준의 일관성을 추구하고 있다.

GDS 비전에 대해 중시해야 할 점은 그것이 IT 이니셔티브라거나 기업의 IT 부서에서만 관리되는 것이 아니라는 사실이다. 오히려 GDS 비전은 데이터 관리 접근법의 근본적인 변화다. 이런 변화는 데이터는 조직의 벽을 뛰어넘어 거래 파트너들과 공동으로 관리해야 할 그 무엇이라는 이해에서 비롯된다. GDS는 기업 곳곳에 분산 배치된 직원들에게 영향을 미친다. 따라서 조직 전체가 GDS의 구현과 개발을 '책임' 질 필요가 있다. 조직 내부에서 특히 GDS에 관련된 사람으로는 영업사원, 바이어, 머천다이저 또는 카테고리 관리자를 들 수 있다.

업계는 GDS 비전을 지속적으로 추진해야만 비효율성 감소와 추가적인 공동 활동을 펼칠 수 있는 무대를 마련할 수 있다. 일단 상품 데이터(예, GTIN)와 위치 데이터(예, GLN)가 동기화되고 가격 및 프로모션에 관한 합의된 표준이 도출된다면, 가격과 프로모션의 상호교환으로부터 GTIN, '하역' GLN, '선적' GLN상의 위치를 파악할 수 있다. 가격 트랜잭션과 가격 프로모션 트랜잭션은 단순히 GTIN과 GLN 사이에서 기한과 수량의 위치 정보를 담을 것이다. 게다가 GDS 비전의 기초가 되는 정보 인프라는 CPFR(collaborative planning, forecasting, and replenishment)와 같은 '자동화된 프로세스 협업과 진보한 서플라이체인 이니셔티브, EPC의 정보 서비스 레이어(layer)인 EPCIS(electronic product code information services), 소비자 주도의 서플라이체인 등의 촉진자 역할을 수행할 것이다. 그러므로 현재 존재하는 모든 서플라이체인 이니셔티브와 EDI 활동은 과거에는 단지 희망에 머물렀던 자동화 및 규모의 수준에 이를 것으로 예상된다.

## 상당한 진전이 이루어지고 있다

업계는 제자리에 머물러 있지 않았다. 데이터 표준화와 동기화는 1990년대 말 이후 상당한 진전이 이루어졌다(그림 2 참조). 오늘날 제조업체와 유통업체는 업계의 요구에 적극적으로 대응하고 있다. 2004년, CP 기업 중 83%가 GDS 구현을 위해 적극적으로 노력하고 있으며, 67%가 자사 상품의 데이터 동기화에 적극 나서고 있다고 보고했다. 2003년, 유통업체의 31%가 상품 및 가격 동기화를 구현했으며, 2005년까지 추가로 26%가 구현할 것으로 예상된다. 그리고 미국의 상품 등록 서비스 업체인 UCC넷(UCCnet)은 1년 만에 신규 가입한 기업 수가 400% 이상 늘었다고 보고했다. 2003년에는 약 750개 기업이 데이터 풀에 가입되어 있었지만 2004년 11월 현재 3,940개 기업이 가입되어 있다. 하지만 기업이 가야 할 길은 아직 멀다. 예컨대 전세계 판매의 16%만이 표준을 준수하는 데이터 풀을 통해 거래 파트너들 사이에서 동기화된 마스터 데이터에 의해 이루어지고 있다. 그리고 GTIN의 19%만이 GPC(global product classification) 표준과 일치한다.

몇몇 유통업체들은 강제지침을 통해 GDS 비전을 추진하고 있다. 예를 들어, 앨버트슨은 자사의 공급업체들이 전자적으로 상품 정보를 제공해야 하는 최종 기한을 2004년 1월로 정했다. 2004년 8월, 크로

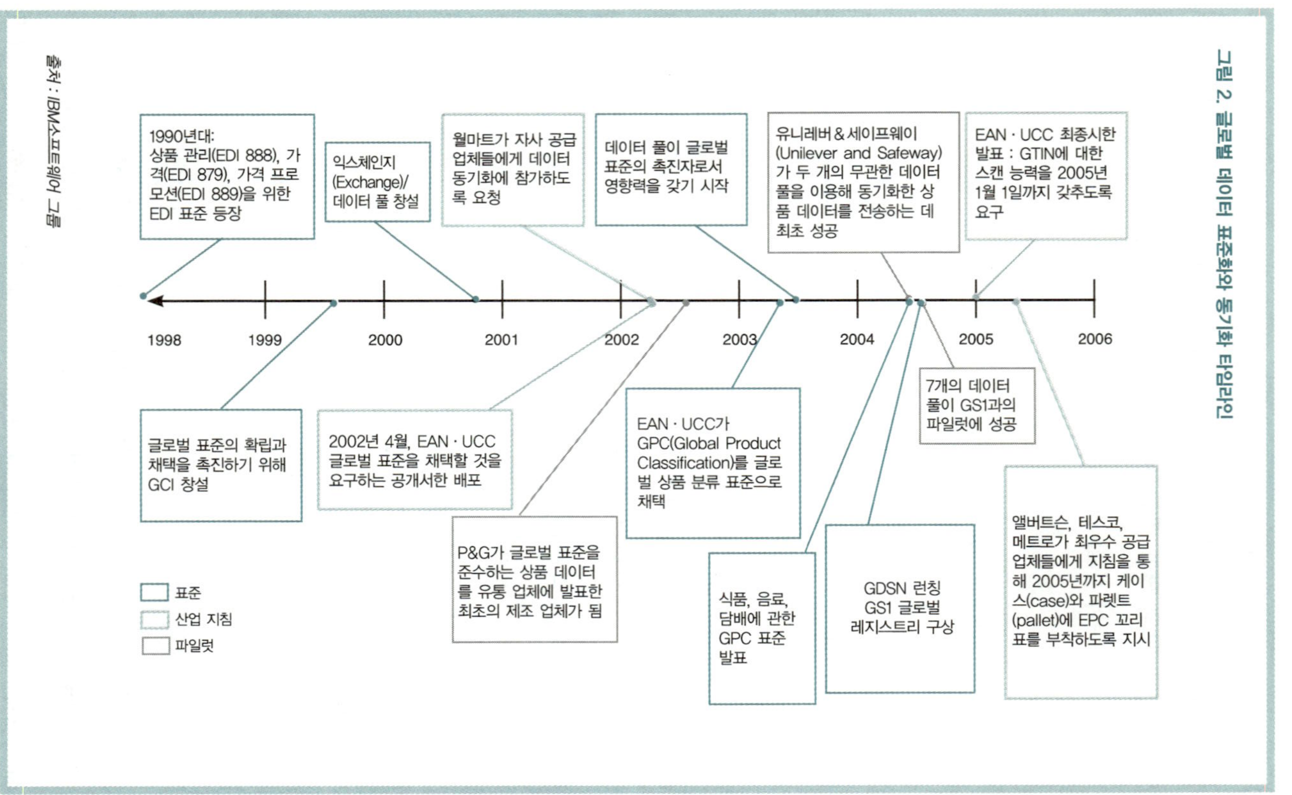


출처 : IBM소프트웨어 그룹

294

거도 공급업체들에게 2005년 4월까지 신상품 및 데이터 동기화 프로
그램에 따르도록 지침을 내렸다. 크로거는 동기화의 범위를 데이터 동
기화에서 확장하여 종이 형태의 '신상품' 서식을 없애 공급업체에게
신상품을 더욱 빠르게 출시하고, 시스템에 새로운 상품을 등록하고 유
지하는   데 소요되는 영업관리 시간을 줄이도록 했다. 이들 이니셔티
브가 확장되면 그에 따라 표준화도 계속 발전하고 GDS도 확장될 것
이다.

## 상품정보 관리 : 전사 데이터 관리가 가능해짐

복잡한 상품 데이터 요소들 중에는 속성, 분류, 파트너 데이터, 계층
과 같이 거래 파트너들이 서로 공유할 필요가 있는 것들이 많다(그림 3
참조). 데이터 공유는 까다로운 작업이다. 예를 들어 보통의 제조업체
가 내부에서 어느 상품을 관리하는   데 20개의 상품 속성이 요구된
다면 그 기업의 파트너인 유통업체가 같은 상품을 팔 경우에는 40개
의 상품 속성이 요구될 것이다. 설상가상으로 이들 속성 대부분은 시
장과 유통업체에 따라 다양하며 시간이 흐름에 따라 계속적으로 변
한다.

　상품정보 관리 솔루션은 복잡한 데이터 공유 프로세스에서 결정적
인 역할을 수행한다. 즉 기업 내부의 정규화 에이전트(normalization
agent)로서 기업이 설정한 요구조건에 따라 데이터를 정화, 검증한다.
이로부터 공급업체가 얻는 이득 중에 하나는 데이터를 직접 또는 제3
자를 통해 거래 파트너들에게 전달하기에 앞서 이 솔루션이 다양한 후
방 시스템(back-end system)으로부터 상품 · 파트너 · 위치 · 가격 정보를

**그림 3. 상품 데이터의 유형**

| 속성 | 분류 | 파트너 데이터 | 계층(Hierarchy) |
|---|---|---|---|
| • 핵심 : 상품의 정의에 핵심이 되는 기본 정보(예, GTIN, 브랜드)<br>• 특정 시장 : 상품이 팔리는 시장에 고유한 상품 데이터(예, 파렛트 크기)<br>• 특정 카테고리 : 상품의 상품 카테고리에 고유한 속성 [예.freshness date(맛과 조직이 최상인 시기 – 옮긴이)]<br>• 특정 관계 : 특정 거래 관계에 고유한 정보 (예, 가격)<br>• 확장된 속성 : 상품의 정의에 도움이 되는 추가적인 데이터 또는 콘텐츠(예, 이미지) | • GPC(Global Product Classification) 스키마 : 카테고리 분석을 위한 공통 언어를 제공 기업 내부의 상품 분류, 계층, 스키마를 다양화하는 한편, 거래 파트너들 간 공통의 링크 역할을 수행할 것으로 전망 | • GLN(Global Location Number) : 조직 실체 식별자(선적, 하역, 거래선, 발송, 고객 전화번호, 공급업체 전화번호 등) | • 낱개(each) : 개인 소매를 위해 의도된 또는 라벨을 붙인 상품 계층의 가장 낮은 단계<br>• 꾸러미/내장(pack/inner) : 케이스와 낱개 사이의 물류 단위<br>• 케이스/카턴 (case/carton) : 표준적인 화물 단위 수준. 하나의 디스플레이 또는 오버팩 (over-pack)에 담기며, 단 하나의 인스턴스에 하위계층(꾸러미, 낱개)을 담음<br>• 디스플레이(display) : 표준적인 화물 단위 수준. 한 개의 shipper나 카턴/케이스 묶음 또는 특대의 케이스/카턴. 다수의 인스턴스에 하위계층(케이스, 낱개)을 담음<br>• 파렛트(pallet) : 여러 개의 디스플레이 또는 case/carton을 담는 표준적인 화물 단위 수준 |

*출처 : IBM비즈니스컨설팅서비스*

모아 상품에 관한 총체적이고 일관된 뷰를 제공한다는 것이다. 이 상품 관리 솔루션은 또한 기업 안팎의 소스로부터 수집한 상품·파트너·위치·가격·프로모션 데이터를 한 곳에 모아 '정렬'하여 상업 활동이나 프로모션 활동에 그 정보를 이용할 수 있게 해준다는 점에서 유통업체에게도 이익을 가져다 준다.

## 데이터 풀과 GS1 : GDS 버전의 실현

기업이 다수의 거래 파트너들과 각기 고유한 파트너 관계에 따라 거래를 수행하자면 다양한 방식으로 데이터를 동기화하는 유연성을 유지해야 한다. GDS 비전의 목적은 바로 이러한 요구에 대응하고 기업에 상당한 이득을 제공하는 것이다. 데이터는 데이터 풀 덕분에 글로벌 표준에 적합해지고 전세계 파트너들의 글로벌 표준화와 데이터 동기화 노력은 그 규모가 더욱 커질 것이다. 또한 GS1 글로벌 레지스트리 덕분에 GTIN(global trade item number)과 같은 핵심 정보가 데이터 풀이 접근할 수 있는 곳에 등록된다.

데이터 풀은 GDSN의 한 줄기로서 GS1 글로벌 레지스트리로의 접속점 역할을 하며 상품을 레지스트리에 등록한다. 또한 다른 데이터 풀과 상호운용되며 거래 파트너들 간의 정보가 이동하는 곳이기도 한다. 2004년 12월 현재, GS1 글로벌 레지스트리와의 파일럿에 성공했으며 상호운용성을 지닌 데이터 풀은 8개다(그림 4 참조). GDS가 계속 추진됨에 따라 테이터 풀이 GS1에 등록해야 할 정보가 많아지고 다른 데이터 풀과의 상호운용 능력도 증대해야 하므로 데이터 풀의 개수는 늘어날 것이다. 거래 파트너들은 EDI를 통한 '1 대 1' 메시지 교환방식처럼 다른 방식으로도 데이터를 공유할 수 있지만, 데이터 풀이 제공하는 '다수 대 다수' 데이터 동기화가 가장 효율적이고 정확한 데이터 공유 방식이다. 비록 글로벌 표준이 발전을 거듭하고 있긴 하지만, GS1 글로벌 레지스트리와 데이터 풀을 통해 일치성을 갖도록 데이터를 전자적으로 동기화했을 때라야 업계의 주역들은 자사 데이터의 신뢰성에 자신을 갖게 될 것이다.


## GDS는 실질적인 비즈니스 이익을 가져다 준다

데이터 동기화로 얻는 이득은 장래의 비용을 고려하더라도 실질적이

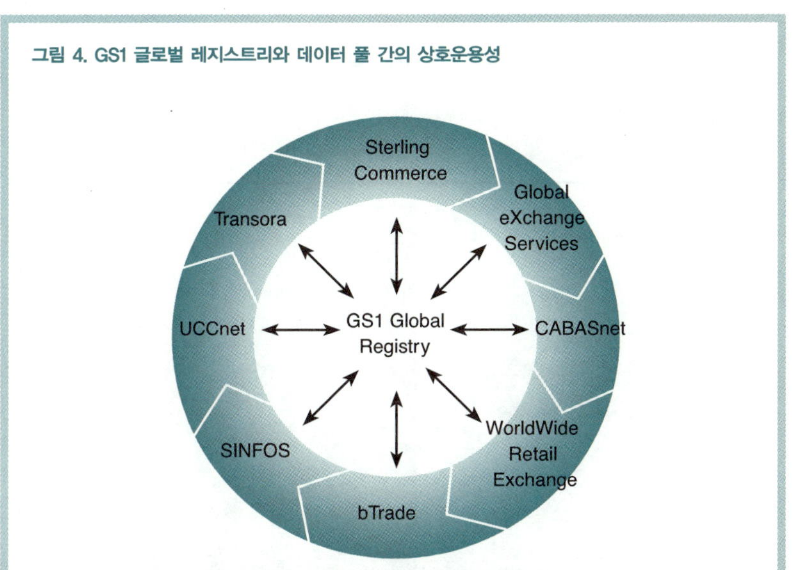



출처 : "Global Data Synchronization Network Begins Operation." EAN International and Uniform Code Council. August 5. 2004. http://www.fmi.org/supply/Eanucc_PressRelease_20040805.pdf.; "SINFOS successful in Beta-Testing for Golbal Data Synchronization Network." SINFOS. Augest 31, 2004. http://www.sinfos. de/SiNFOSEN/pdf_sinfos/PI_GDSNbetatest_SINFOS_end_040831. pdf.

지만 현실적으로 그 정도는 기업마다 다르다. 수많은 기업이 지금까지 직접 투자수익만을 토대로 GDS에 대한 투자를 정당화하기 위해 노력했다. 하지만 GDS는 기업에게 점차 폭넓은 전략적 이니셔티브를 위한 기반인 동시에 확고한 입장에 설 수 있는 교두보가 되고 있다.

GDS는 현장 업무나 후선 업무에서 노동력 절감이나 감사 후 환불 (post-audit charge back) 건수 감소와 같이 상당한 효과를 거둔다. 지불 전 공제의 횟수를 줄이거나 상품 출시 시점을 앞당기는 따위의 좀더 실질적인 이득은 가격과 같은 특정 관계 데이터, 시장, 카테고리까지 동기화가 이루어질 때 비로소 나타난다. 궁극적으로, 가장 큰 보답은 진보한 협력적 이니셔티브의 구현을 통해 가능하다(그림 5 참조). 기업

**그림 5. 데이터의 표준화와 동기화를 통한 가치 유발**

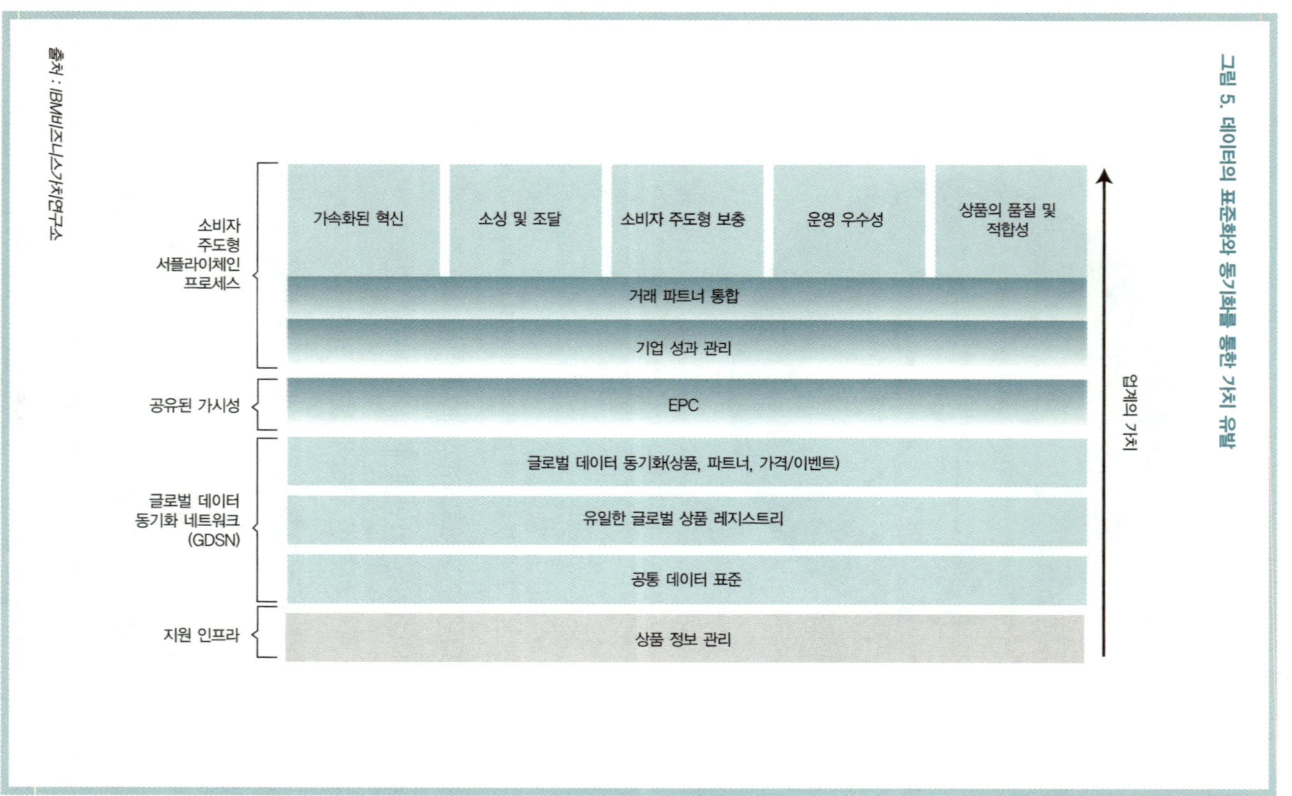


출처 : IBM비즈니스가치연구소

은 보통 데이터 동기화와 협업의 범위를 확장하고 EPC, CPFR, CDM(collaborative demand management), 신상품 소개와 같은 이니셔티브에 동기화된 정보를 활용할수록 좀더 큰 재무적 수익(financial return)을 거둔다. GDS의 성공은 공동 활동을 통해 비효율성을 제거하고 이득을 창출하는  데, 기업이 모든 거래 파트너들과 함께 광범위한 기업 데이터 관리 및 GDS 접근법을 취하는 공동의 노력에 달려 있다.

## 성공을 위한 처방 : 청사진

업계의 주역들은 기업 데이터 관리와 GDS 비전이 가진 최대 효과를 이제 막 이해하기 시작했다. 기업은 발전함에 따라 실용주의적인 접근 방식을 택해야 한다. 많은 기업은 GDS 비전 전체의 잠재적인 가치 중 일부만 실현시키고 있다. 이들 기업은 승리를 선언하지만 GDS 비전을 통해 동기화 프로세스나 공동 활동으로 거둘 수 있는 최대 이득을 실현하지 못하고 있다. 제조업체와 유통업체는 유연성과 재사용성을 지원하는 인프라를 구축해야 자사가 가진 역량과 시스템에 상관없이 다수의 거래 파트너들과의 관계에서 최대의 이득을 실현할 수 있다.

우리가 추천하는 6단계 청사진은 제조업체, 유통업체, 소매 업체와의 광범위한 경험을 토대로 마련된 실질적인 구상이며, 귀사가 기업 데이터 관리와 GDS에 유연성 있게 접근할 수 있도록 도와줄 것이다.

- 기업 데이터의 관리 목적과 우선순위, 소유권자가 포함되도록 데이터 관리 전략을 세운다.

- 기업 내부의 데이터와 그와 관련된 비즈니스 프로세스의 상태를 평가한다.
- 상품 정보 관리 솔루션을 활용하여 기업 데이터 관리 인프라를 구축한다.
- EAN · UCC 표준을 준수하는 것으로 공인되어 있고 GS1 레지스트리 및 기타 데이터 풀과의 상호운용성을 지닌 데이터 풀을 선정한다.
- 기업이 '현재' 프로세스와 '미래' 프로세스를 비교하여 기업 데이터 관리 인프라와 GDS로부터 얻는 이득을 측정하는 방식을 정의한다.
- 전세계적으로 동기화된 정보의 이 새로운 소스가 기업 내부의 또는 거래 파트너들 간의 가치 창출을 위한 추가적인 협력적 이니셔티브를 구성하는 데 활용될 수 있는지 여부를 평가한다.

**1단계 : 데이터 관리 전략으로 시작**

명확하게 규정된 전략이 없다면 기업은 보통 데이터 동기화 요구에 반동적인 방식으로 반응하고 수많은 지침과 업무를 취급하는 인원을 늘릴 뿐 아니라, 비용 증가를 초래하는 불필요한 프로세스를 구축하고 거래 파트너들 사이에 불화를 야기한다.

잘 규정된 전사 데이터 관리 전략은 기업 안팎의 데이터를 흠없이 정렬하고 상품 정보의 유일한 소스로 이끈다. 소스가 바뀔 때마다 모든 데이터 인스턴스는 자동적으로 업데이트된다. 신상품 개발에서부터 단종(EOL)에 이르기까지 상품 정보의 수명주기와 연관된 모든 프로세스는 철저히 파악되어 상세히 기록되며 중점적으로 시행된다. 데이터 관리 전략을 좀더 상세히 설명하면 다음과 같다.

- 종이에 쓰지 않고도 무결절하게 상품 정보를 최초의 소스 위치에서 기업 안팎의 다른 목적지에 전달할 수 있도록 돕는다.
- 상품 데이터의 소유권자·창작자와 그 데이터의 모든 사용자 간에 데이터가 완벽하게 일치하도록 돕는다.
- 광범위한 상품·서비스·위치·조직·가격·프로모션 정보를 갖춘 유일한 소스를 제공한다.
- 비즈니스 프로세스와 워크플로우를 일관되게 유지하여 상품 정보의 창출·관리·동기화·폐기를 지원한다.

포괄적이고 유연한 전사 데이터 관리 전략은 세 가지 정의 과정(데이터 관리 조직의 정의, 데이터 프로세스의 정의, 인프라 통합과 그 실행의 정의)로 이루어진다.

**데이터 관리 조직을 정의**

우선 데이터 관리 조직 내에 배정할 인원과 관련 프로세스 및 기술의 검토·평가에서부터 전략 구상을 시작하라. 데이터 관리의 조직 내 책임 관계를 명확히 하고 새 조직을 감독할 덕망 있는 중역을 인선해 기업 데이터 관리 실행 접근법과 프로세스를 규정한 임명장을 수여하라. 확정 과정에는 다음 사항들이 포함돼야 한다.

- 거래 파트너 협의 기구를 통한 주요 거래 파트너의 GDS 이니셔티브 현황 파악

- 관련 업체 표준, 상품 정보 관리, 데이터 풀 요구조건 이해
- 귀사 솔루션을 파일럿하거나 바로 제작 가능하도록 계획 수립
- 이니셔티브 수행에 필요한 기업 안팎의 자원 확인
- 데이터 관리 조직을 발족하고 주요 성취 이정표 설정

둘째, 파트너 관계 프로세스를 정의하고 파트너의 지침에 대한 귀사의 접근 방식을 결정하라. 예를 들어 거래 파트너에 따라 귀사는 어떻게 접근법을 달리할 것인가? 귀사가 제조업체나 유통업체인 경우 거래 파트너의 요구사항에 대응하는 방식을 결정하라. 유통업체인 경우 귀사와 귀사의 거래 파트너들의 가치 창출에 초점을 맞춰 기업 데이터 관리와 GDS 전략을 명확하게 세워라. 철저한 계획을 세우지 않으면 도중에 관계자 모두에게 예측 못한 사태가 발생할지도 모른다.

셋째, 상품 정보를 콘텐츠로 보지 말고 자산으로 여겨야 한다. 상품 정보와 연관된 암시가 비즈니스 자산인지 확인하고 불량 데이터로 기업이 부담할 비용을 평가하라. 그런 후, 불량 데이터가 비용과 수익에 미치는 영향을 다루는 지표를 정의하라.

마지막으로, GS1, GCI, GSMP와 같은 업계 활동 및 단체에 참가하는 방식과 사용자 그룹과 지지모임을 통한 상품 정보 관리 소프트웨어의 다른 사용자들과 협업하는 방식을 정의하라. 귀사의 비즈니스 니즈를 업계 표준화 단체에 표명해서 전달하며, '학습된 교훈'을 귀사로 전해줄 인적 자원을 조직 내에서 지정하라. 중요한 점은 귀사가 업계 기구와 표준화 단체에 얼굴을 내밀고 활동에 참가하는 것이 서로에게 유익하다는 사실이다. 귀사는 이를 통해 요구사항을 업계 포럼에 전하

고 교훈을 얻을 수 있다.

**귀사의 전사 데이터 관리에 적용할 데이터와 비즈니스 프로세스의 범위를 규정**
전사 데이터 관리 솔루션이 동작하는 방식을 정하는 데 있어 데이터 요소와 비즈니스 프로세스는 결정적이다. 상품의 속성, 분류, 파트너·거래처 데이터, 계층과 같은 데이터 요소들을 정할 때는 멀리 내다보라. 현재의 요구조건뿐 아니라 신상품 소개 프로세스 또는 신상품 등록과 같은 미래의 비즈니스 목표, 전자 상거래와 EPC 이니셔티브의 니즈도 고려하라. 발전하는 업계 풍경에 쉽게 적응할 수 있도록 언제든지 귀사의 데이터 정의 프로세스를 조정할 준비를 갖추어야 한다.

귀사의 데이터 프로세스 정의는 시스템 통합 전략과 같이 현재와 미래의 비즈니스 모델 지원에 필요한 시스템 관련 프로세스도 포함해야 한다. 예를 들어, 공장·기업·금융·창고·POS 시스템을 포함한 모든 시스템 인터페이스의 자동화 계획을 세워라. 귀사를 데이터 풀에 연결시켜줄 GDS 솔루션을 자체 구축할 것인지 구입할 것인지를 결정하라. 각각의 데이터 풀을 통한 메시징 기술이 표준을 포함한 이러한 표준의 구현, 필요한 승인, 통지, RCI(registry catalog item), CIN(catalog item notification), 초기 설정, 신규, 변경/수정, 중단, 포기를 비롯한 프로세스뿐 아니라, 특히 나날이 진화하는 GDSN 표준에 뒤지지 않도록 하라. GDSN 표준들과 데이터 풀을 통한 이러한 표준의 구현이 결합된 급격히 진화하는 세계에 보조를 맞추는 데 드는 비용을 과소평가하면 안 된다.

끝으로, 귀사의 안팎에 분산된 데이터, 프로세스, 작업흐름을 통합된 상태로 유지하기 위한 기업 데이터 관리 전략의 일부로서 실시간 데이터 동기화 관리 및 유지 계획을 세워야 한다.

**인프라 통합과 그 실행을 정의**

다음으로는, 업계 표준에 부합하고 기업 내부의 상품 정보의 유일한 소스 역할을 담당할 유연한 솔루션 아키텍처와 설계를 갖춘 기업 데이터 관리 솔루션의 실행 계획을 세워라. 잘 정의된 기업 데이터 관리 전략은 자동화된 프로세싱 기술을 활용해 기업 안팎의 데이터를 완벽하게 정렬하도록 설계되어 있다. 강력한 전략은 직원 포털(employee portal)과 거래 파트너 포털, GDS 비전을 지원하도록 고안된 믿음직한 미들웨어 및 작업흐름 솔루션 주위를 맴돌 것이다. 이 '다층 구조' 아키텍처는 유연하고 확장성 있는 솔루션에 매우 중요하다. 표준이 발전하고 더 많은 표준이 채택되어 다뤄야 할 표준이 많아짐에 따라 솔루션도 진화하고 팽창하며 개선될 필요가 있다. 강력한 솔루션을 판단하는 기준 중 하나는 그 솔루션이 파손되거나 다시 제작하지 않고도 모양과 크기를 바꿀 수 있는가 하는 것이다.

**2단계 : 귀사의 데이터 상태를 평가**

귀사가 보유한 모든 데이터를 철저히 평가하라. 이 평가로 기업 내의 데이터 분포 상황이 드러나야 한다. 많은 기업들은 다양한 장소와 시스템에 상품 정보가 서로 다르게 저장되어 있다. 보통의 제조업체는 수많은 ERP · 전자 상거래 · 물류 · 생산 · 마케팅 시스템을 보유하고 있다. 이들 시스템에는 기업이 자체 제작한 소프트웨어나 여러 솔루션 업체들로부터 구입한 상업 소프트웨어가 탑재되어 있어서 다양한 버전과 서브세트(subset), 형식이 다른 상품 정보를 취급한다. 유통업체의 경우에도, 머천다이징 · 구매 · POS · 재무 · 창고관리 시스템에 상품 정보가 대개 다른 형태로 존재한다. 분산된 데이터에 대한 일관된 뷰가 제공되지 않는다면 기업은 시장변화나 고객의 니즈에 적절히 대처하지 못할 것이다.

귀사 내부의 데이터 평가의 목적은 귀사 시스템에 널리 퍼져 있는 데이터의 불일치를 밝히는 것이기도 하지만, 업계 표준 및 비즈니스 프로세스의 변화에 적응하며 그 변화에 맞게 행동하는 귀사의 능력을 드러내는  데 있다. 상품 정보가 필수적인 속성에 대한 동기화를 자동적으로 수행할 수 있는 상태인지의 여부 파악은 귀사의 솔루션 설계 선정에 도움이 되어야 한다. 귀사가 비즈니스 파트너들과 데이터와 데이터 풀을 공유할 준비가 되어 있는지, 그리고 업계 표준의 요구사항을 충족할 준비가 되어 있는지 파악하는 일은 중요하다.

평가가 끝나면 귀사의 데이터에 요구되는 사항이 드러날 것이다. 그리고 이들 사항을 어떻게 정의하느냐는 문제는 GDS에 효과적으로

**데이터 평가 질문**

- 데이터가 여러 시스템에 분산되어 있는가?
- 완벽한 비즈니스 데이터에 관한 유연한 견해가 입수 가능한가?
- 기업 시스템들이 업계 표준을 준수하고 있는가?
- 기업 시스템과 비즈니스 파트너, 데이터 풀, 그리고 업계 표준이 요구하는 속성은 입수 가능한가?
- 기업 시스템이 파트너를 비롯한 이해 당사자들과 완벽하고 정확한 데이터를 공유하고 받아들일 수 있는가?
- 상품 · 가격 · 위치 · 파트너를 다루기 위해 최신의 지표를 사용하는가?
- 신상품 소개 프로세스는 자동화되었고 효율적인가?

출처 : IBM비즈니스컨설팅서비스

반응하는 솔루션을 개발하는  데 결정적으로 작용한다. 요구사항이 명확하지 않다면 어떠한 솔루션도 원하는 목적에 부합하기 힘들 것이다.

### 3단계: 상품 정보 관리 솔루션을 구현

상품 정보 관리 솔루션은 성공적인 기업 데이터 관리 구축과 GDS 및 EPC 이니셔티브에 맞추는 데 필수적인 기반이다. 상품정보 관리 솔루션만 있으면 귀사는 최초의 시스템에 상품 정보를 단 한번 입력한 후에는 그 정보의 입출력이 늘 전자적으로 관리되므로 수작업으로 다시 입력할 필요가 없다.

상품정보 관리 솔루션은 또한 여러 지역 및 조직의 데이터베이스에 분산된 데이터를 모아 내부의 주 카탈로그(master catalog)에 모은다. 그러고 나서 정보의 '정화'와 표준화가 데이터에서 오류를 제거하여 거래 파트너 및 기업 내부의 애플리케이션이 그 정보를 사용 가능하도록 만드는  데 도움을 준다. 예컨대 어떤 상품 정보 관리 솔루션은 모든 필수항목을 검증하여 기업 내부의 분류 스키마를 업계 분류 스키마와 일치시킬 수 있다.

또한 업계 표준 검증 프로세스가 솔루션에 내장되어 있으므로 모든 프로세스는 한 곳에서 이루어져 기업 내의 여러 장소를 오가며 같은 작업을 수행할 필요가 없다. 규칙이 바뀌더라도 기업자원관리(ERP)와 고객관계관리(CRM), 서플라이체인관리(SCM)와 같은 개별적인 애플리케이션은 변환을 위한 로직(logic)을 내장할 필요가 없다. 상품 정보관리 솔루션이 모든 변환 작업을 수행하는 유연성을 제공하기 때문이다.

## 상품 정보 관리 솔루션 선정: 솔루션은 다양한 기능을 제공하는가?

### 상품을 고객 위치로 링크

- GTIN 구조를 이용하여 GLN(Global Location Number)에 연결한다.
- 사용자가 특정 고객 상품 목록을 작성할 수 있다.
- 가격대 할당 능력을 갖고 있다.

### 필드 사용자 정의와 데이터 정규화

- 서식에 특정 고객 요소를 쉽고 빠르게 추가할 수 있는 유연성을 제공한다.
- 협업 정보(예를 들어, 권장 소비자 가격, 프로모션)의 사용자 입력을 허용한다.
- 내부적으로 정해진 표준에 일치하도록 일정한 정규화 규칙에 따라 데이터를 정규화한다.

### 데이터에 대한 접근 통제

- 특정 필드와 포맷(상품명세 vs. 가격)을 편집할 권한을 결정하는 역할을 정의한다.
- 접근을 허용하는 보안 레벨을 고려한다.

### 계층 변환

- 내부적으로 정한 카테고리 계층을 업계에서 인정하는 표준으로 전환한다[예, GPC(Global Product Classification) 스키마].
- 파렛트, 디스플레이, 케이스/카턴, 꾸러미/내장, 낱개별로 상품 관계 관리를 고려한다.

### 고객 의사전달 표준

- 특정 고객 링크를 데이터 전송을 위한 메시지 표준에 할당합니다(예, XML, EDI, AS2).

### 메시지 및 공지 관리

- 특정 데이터나 레지스트리 메시지와 관련된 공지의 수신자를 결정한다.
- 공지 방식을 결정한다(메일, 휴대전화, 전화).
- 작업흐름 관리가 가능하다.

### 다중 채널 관리

- 사용자는 필요에 따라 지역별, 거래소별, 거래 채널별로 고객 정보 조회가 가능하다.
- 전송 포맷을 구별해 지정된 채널로 이동시킨다.

### 기록 시스템 내장

- 레지스트리 요구에 합치하는지 판정하기 위해 인증 요구 사항을 확인한다.
- 원래의 데이터 소스에 변형을 가하지 않는다.
- 외부 고객 트랜잭션 및 전송을 위한 유일한 기록 소스를 제공한다.

출처: IBM비즈니스컨설팅서비스

## 4단계 : 데이터 풀에 상호운용성을 요구

데이터 풀은 GDS 비전의 중심이며 국내외 거래 파트너들 간의 데이터 교환을 촉진한다. 특정 국가 시장과 글로벌 시장에는 수많은 데이터 풀이 존재하지만 전세계 상거래의 속성상 기업들은 협업하는 데 개별적인 데이터 풀을 사용해야 한다. 따라서 데이터 풀의 상호운영성은 중요하다. 데이터 풀 선정시, 기타 데이터 풀과 상호운용 가능하고 GDS 표준을 준수해 GS1 글로벌 레지스트리에 정보를 등록할 수 있는 데이터 풀로 선택하라. 거래 파트너와의 접속성을 최적화하기 위해서는 GS1 하나만의 접속성 너머를 예측할 수 있어야 한다.

**데이터 풀 선정 시 고려해야 할 몇 가지 문제점**

- 기술적 데이터 아키텍처는 견고한가?
- 해당 데이터 풀, 기타 데이터 풀, GS1 사이에 이동하는 데이터는 업계 표준 및 지침을 충족하는가?
- 보안 요구조건을 충족하는가?
- 부가 가치 서비스는 카탈로그 서비스, EDI, 포털 호스팅과 같은 특정 기업 니즈을 충족하는가?
- 메시징 기술 방법론은 업계 표준 및 지침을 충족하는가?
- 이 데이터 풀은 기타 데이터 풀과 상호운용이 가능한가?
- 모든 속성 항목에서 기타 데이터 풀과 상호운영 가능합니까 아니면 일부 속성 항목에서만 상호운영이 가능한가?
- 데이터 풀이 위치 의존형 데이터, 파트너 의존형 데이터, 관계 의존형 데이터의 동기화를 지원하는가?
- 데이터 풀이 GDS와 EPC를 유기적으로 결합하고, 그 결합을 이루기 위한 경로를 제공하는가?
- 데이터 풀이 적절한 자금원을 갖고 있으며, 그 자금원은 고갈되지 않았는가?
- 데이터 풀이 고객 기반을 확대하여 회원가입비를 줄이고 언제 어디서나 접속할 수 있는 환경을 제공할 비전을 갖고 있는가?

## 5단계 : 기업 데이터 관리 및 GDS의 효과 측정

GDS의 가치와 효과를 최대한 실현하고 있는지 가늠하려면 귀사는 지표와 평가기준을 개발하여 준비해 두어야 한다. 이들 지표는 실시간으로 추적되어 귀사의 기업 데이터 관리 및 데이터 동기화를 지속적으로 개선할 목적으로 솔루션의 효과성을 측정한다. 잠재적인 측정 요소로는 다음과 같은 것이 있다.

- 품절률
- 신상품 출시시간(time-to-market)
- 가격 변화 및 프로모션 활동 추적의 용이성
- 인보이스 불일치 건수
- 지불 전 공제 건수
- 상품 정보 갱신 및 변경 횟수

기업 데이터 관리 및 GDS 이니셔티브의 성과를 신중히 측정하라. 이를 토대로 귀사는 투자대비효과의 수량화를 진행할 수 있다. 기업이

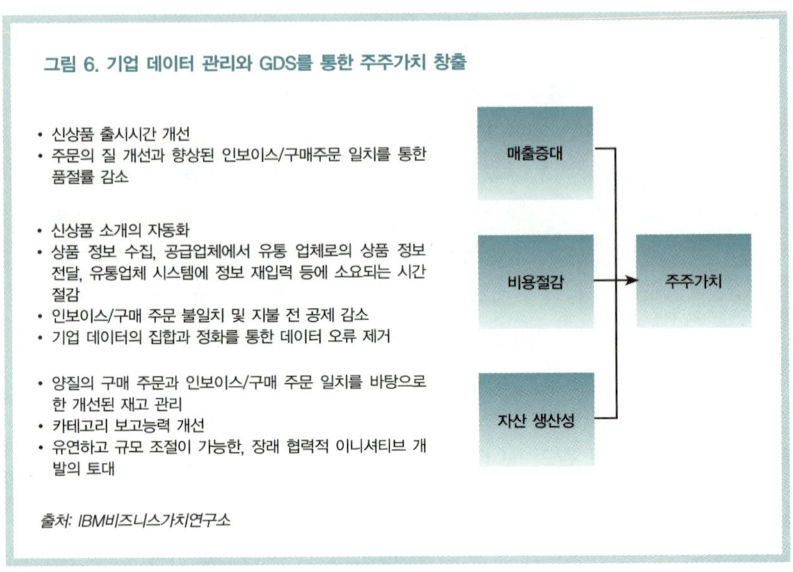



개선된 데이터 관리로부터 거둔 효과를 정확히 서술하려면 측정된 결과는 매번 이니셔티브에 직접 의지해야 한다. 결과적으로 포괄적이며 유연한 기업 데이터 관리 및 GDS 접근법이 주주 가치에 직접적으로 기여할 것으로 예상된다(그림 6 참조).

**6단계 : 기업 데이터 관리와 GDS를 통해 추가적인 기업 내부 및 거래 파트너들 간 이니셔티브를 주도**

궁극적으로, 표준화와 기업 데이터 관리, GDS는 기타 내부 프로세스에 이로울 뿐 아니라, 거래 파트너들이 실현하는 이득을 증대시켜 협력적인 이니셔티브를 확대한다. 내부적으로 동기화되고 표준화된 데이터는 기업 내부에 분산된 정보에 대한 일관된 뷰를 제공한다. 아울러 부서 간 데이터 전달을 향상시키고 조직 전체 직원 포털을 지원한다. 외부적으로, GDS는 CDM, PLM(상품 수명 주기 관리), CPFR과 같은 새로운 역량을 통해 좀더 긴밀한 거래관계를 구축하는 데 활용돼야 한다.

GDS와 관련된 가장 중요한 이니셔티브는 업계 전체의 EPC 구현을 지원하는 네트워크인 글로벌 전자상품 카탈로그(EPCglobal)이다. GDS의 완전한 구현은 EPC 역량을 구현하기 위해 절대적으로 필요한 것은 아니지만, 일관성 있고 정확하며 시의 적절한 정보가 거래 파트너들 사이에 충분히 공유되지 않으면 기대 효과를 거둘 수 없다고 봐야 한다. 기업은 GDS와 EPC 양쪽 모두를 위한 기반의 구축에 초점을 맞춰야 한다. 시간이 지남에 따라, 이 둘은 하나의 통합된 네트워크가 되어 실시간 재고품 위치정보 제공 · 추적(track and trace), 상품 리콜, 데이터 오류 감소와 같은 '아주 얻기 쉬운' 효과를 제공할 가능성이 높다. 거래 파트너들은 표준 기반 접근법을 활용하여 협업해야 할 뿐 아니라, 훌륭한 업계 관행을 받아들이고 공동의 비즈니스 이득을 기준으로 성공을 측정해야 한다.

## 이제는 행동에 나설 때다

GDS 비전의 채택은 의무사항으로 변해가고 있다. 월마트, 까르푸, 유니레버를 비롯한 많은 기업이 GDS 역량 개발을 추진하고 있다. 다른 기업들도 곧 따를 것이다. 좀더 많은 기업들이 GDS와 EPC에 다가가고 있다. 상품 정보 관리 솔루션 그리고 완벽하게 상호운용되는 데이터 풀 및 GS1 글로벌 레지스트리의 결합 덕분에, 기업은 GDS와 EPC가 제공하는 기회를 잡을 것이며 표준화 · 동기화 접근법을 활용하는 자사의 데이터 공유 프로세스를 바꿀 수도 있을 것이다.

이런 변형은 결국 수많은 접속 프로세스 전체에 걸쳐 이루어져 서

## 【유연한 접근법 개발 : 파나소닉의 사례】

파나소닉 가전 부문(PCEC)은 유연한 접근법을 개발하여 데이터 동기화의 어려움을 해결한 가장 모범적인 기업이다. 2004년, 데이터 동기화를 준수하라는 월마트의 지침에 대응해 이 기업은 2단계 조치를 거쳐 목표를 명확히 정하고 포괄적인 솔루션을 개발했다.

### 1단계 : 평가

우선, PCEC와 그 모회사인 마쓰시다(Matsushita) 그리고 파나소닉 경영 정보 테크놀로지(PMIT) 출신들로 이루어진 공동팀이 PCEC의 데이터, 전사 데이터 관리 인프라, 기업 내부와 거래 파트너들에 관한 데이터를 정렬할 때 이용하는 프로세스의 상태를 평가했다. 이처럼 종합적인 평가의 결과, PCEC는 일부 영역에서 개선이 필요했다.

- 전사 SAP 시스템에 저장된 상품 데이터에는 종종 상품을 적절히 기술하는 데 필요한 속성 필드가 없었다.
- 상품 데이터가 파트너들에게 속성 정보가 빠진 채로 종종 전달되었다.
- 필수적인 상품 정보 전부가 상품 소개 과정에 이용되지 않는 경우가 종종 있었다.
- SAP 시스템 내의 상품 데이터가 기업 내 소유권자가 불분명한 채 느슨하게 통제되었다.
- 기업 시스템들 전체와 각 내부에서 상품 데이터 통합을 신뢰할 수 없었다.

### 2단계 : 목표와 포괄적인 솔루션 개발

이러한 결과를 토대로, PCEC는 데이터 동기화 이니셔티브를 위한 명확한 목표를 개발했다.

- 상품 정보 관리를 강화할 솔루션을 고안하고, 파나소닉, 마쓰시다, 기타 거래 파트너들의 '공통 언어'를 개발한다.
- 상품 카테고리로 데이터를 '정화'하고, UDEX 상품 분류 스키마를 활용해 상품 카테고리를 체계화한다.
- 체계적이고 인간적인 작업흐름을 활용해 신상품 소개 프로세스를 개발한다.
- 월마트의 데이터 동기화 지침을 2004년 연말까지 따른다.

PCEC는 이들 목표를 성취하기 위해, 동 평가팀을 가동해 적극적인 데이터의 동기화 구현 작업에 들어갔다. 그리고 5개월 만에, 거래 파트너 지침 대응 계획, 실시간 유지 계획, 데이터 정화 프로세스가 포함되었으며 완벽하게 기능하고 즉시 제작 가능한 데이터 동기화 솔루션을 구현할 수 있게 되었다.

그러고 나서 PCEC는 '신규', '갱신', '변경' 트랜잭션을 승인·검증하기 위해 상품 정보 프로세스 유통(product information process choreography)을 고안했다. 이 기업은 UCC넷 데이터 풀과 GS1 글로벌 레지스트리를 이용해 상품 정보의 전자적 공유에 관한 월마트와의 파일럿에 성공했다.

### 수확

PCEC는 기업의 상품 정보 관리 니즈를 개선하고 상품 데이터의 정확성을 높이는 솔루션을 고안하여 수많은 이득을 실현했다. 월마트의 데이터 동기화 지침을 성공적으로 만족했을 뿐 아니라, 이 일을 이뤄낸 최초의 소비자 전자 회사가 되었으며 PCEC, 마쓰시다, 기타 거래 파트너들의 '공통 언어'를 위한 틀을 구성했다.

이를 통해, PCEC는 자사의 상품 등록 프로세스상의 오류를 제거했으며, 수작업을 없애고 상품 정보의 유일한 소스를 마련했다. 이 기업은 구매 주문과 인보이스 간 불일치의 감소가 완벽히 구현되리라 예상된다. 게다가 PCEC는 기업에 흩어져 있는 모든 상품 정보 에러가 즉시 수정되었는지, 그리고 그러한 오류가 기업 전체에 퍼져 있는지 확인할 감시 메커니즘을 고안했다. 이 기업은 또한 기술적 관점과 거래 관점 모두에서 인프라와 작업흐름 프로세스의 통합을 성취했다. PCEC는 유연한 데이터 동기화 접근법을 통해 다른 소매업체들과 데이터를 유연하게 동기화하는 능력에 있어 최고의 지위에 있다.

플라이체인 물류(supply chain logistics))뿐 아니라, PLM(상품 수명 주기 관리)와 CDM과 같은 영역에서 높아진 가치를 더욱 증대할 것으로 예상된다. 이 변형은 또한 전자상거래와 같은 내부의 이니셔티브에도 크게 이로울 것이다.

데이터 동기화 발전의 최대 관건은 유연성이다. 파트너 관계와 니즈가 제각각이라는 점을 감안하면 '하나로 모든 것을 해결하려는' 솔루션은 적절하지 않다(그림 7 참조). 전사 데이터 관리를 기반으로 한 유연한 데이터 동기화 접근법은 기업이 진화 중인 표준에 잘 적응하고 경쟁적 우위를 확보하도록 돕는다. 진화 중인 업계 표준의 형성에 적극적으로 참여하면 기업은 훨씬 큰 우위를 점할 수 있을 뿐 아니라, 자신에게 유리한 미래의 표준 및 이니셔티브의 발전에 영향을 미칠 수 있다.

그 동안의 주요 제조업체, 유통업체, 소매업체와 함께 GDS 비전 관련 업무를 수행한 경험으로 우리는 10개의 교훈을 얻었다. 이들 교훈은 앞에서 소개한 청사진과 함께 GDS 기회를 최대한 활용할 수 있는 길을 제시할 것이다.

협력적 GDS 비전을 성취해야 한다는 점은 명백한 사실이다. 기업 데이터 관리와 GDS는 제조업체와 유통업체의 데이터 공유 프로세스에서 효율성을 제거와 이득을 창출을 약속한다. 선두 업체들은 이미 주요 상품과 가격 데이터를 거래 파트너들과 공유하는 표준 기반 접근법을 통해 자사의 서플라이체인을 강화하고 있다. 업체의 주역들은 이제 파트너들이 그들과 같은 입장에서 순수한 표준 기반 데이터를 전자적으로 공유하리라 짐작하고 있다. 지체할 시간이 없다. 전략적 초점에 인프라 유연성을 결합한다면, 기업은 앞으로 GDS로부터 지속적인 비즈니스 가치를 얻을 수 있다.

그림 7. 유연한 GDS 접근법 구축


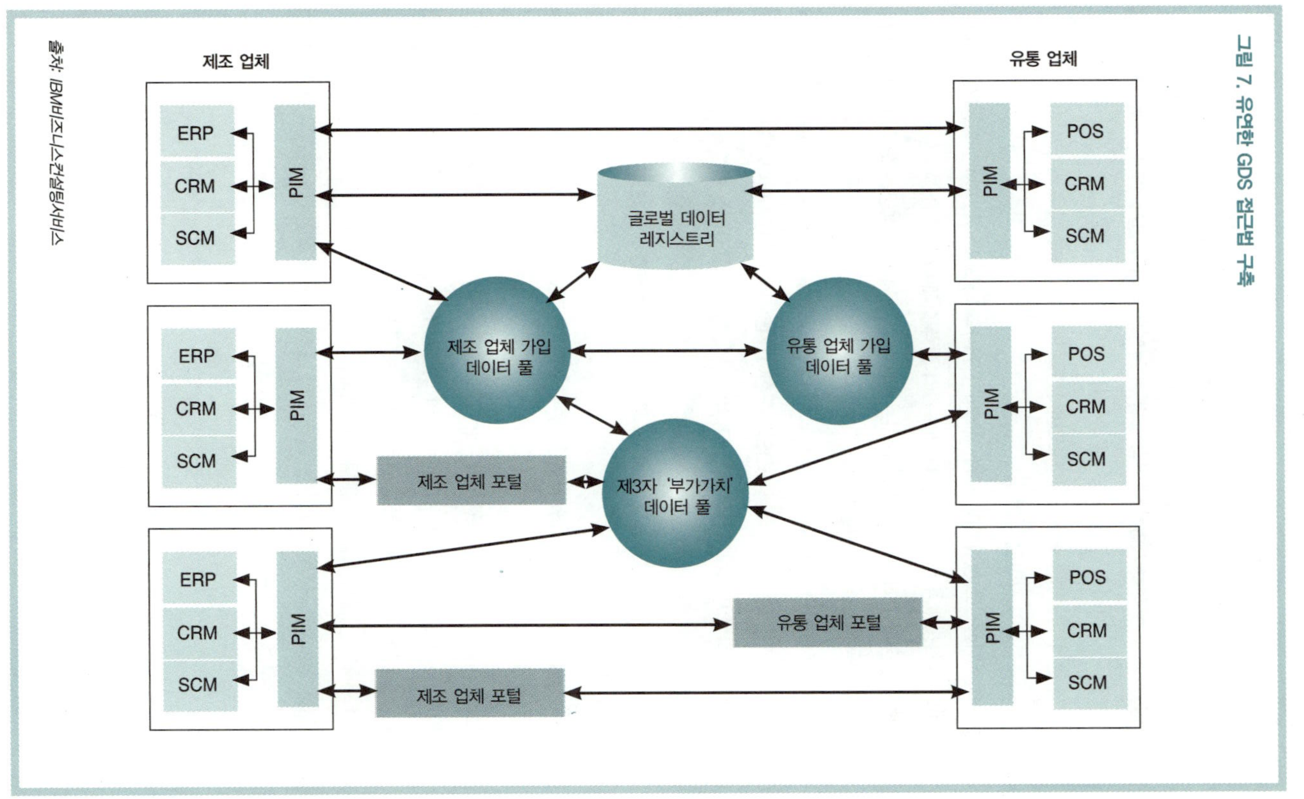

제조 업체
ERP
CRM
SCM
PIM
글로벌 데이터 레지스트리
유통 업체
PIM
POS
CRM
SCM
제조 업체 가입 데이터 풀
유통 업체 가입 데이터 풀
ERP
CRM
SCM
PIM
PIM
POS
CRM
SCM
제조 업체 포털
제3자 '부가가치' 데이터 풀
ERP
CRM
SCM
PIM
유통 업체 포털
PIM
POS
CRM
SCM
제조 업체 포털
출처: IBM비즈니스컨설팅서비스

## 【경험으로 터득한 주요 10가지 교훈】

1. 구입할 수 있는 것을 개발하지 마라. 그러한 결정은 단기적 장기적으로 투자비를 줄여줄 것이다.

2. 데이터 관리 접근법을 통합하라. 이로써 상품 · 파트너 · 가격 정보 소스가 하나로 되고 1회용 솔루션들이 사라질 것이다.

3. 데이터를 자산으로 생각하라. 불량 데이터가 귀사의 비즈니스에 미치는 영향을 이해하고 데이터 정확성에 우선권이 있는 데이터 관리 전략을 개발하라.

4. 기술적 관점과 거래 관점에서 요구되는 사항들을 정의하라. 성공은 요구사항을 얼마나 잘 정의하는가에 따라 결정된다.

5. 단기적인 ROI에만 초점을 맞추지 마라. 진정한 정당화는 미래의 공동 활동이 가능하게 만드는 유연한 인프라에 있다. GDS의 구현이 기술적으로 'IT' 이니셔티브로 보인다면 그 구현은 결코 이뤄지지 않을 것이다. 비즈니스 전략은 장기적인 관점에서 구현을 모색해야 한다.

6. 협력적 사고방식을 옹호하라. 프로젝트에 비즈니스 소유권자와 테크니컬 소유권자를 함께 배정하라.

7. 단독 행동을 취하지 마라. 업계 자원(예, EAN · UCC, GCI, GDSN, 제3자 서비스, 솔루션 제공자 등)을 활용하라.

8. 개선이 예상되는 요소를 측정하라. 개선 정도를 측정하기 위해 지표와 보고를 구현하라.

9. 데이터 동기화는 일회성으로 그치는 반짝 이벤트가 아니다. 그것은 첫째, 프로세스고 둘째, 기술이다. 데이터 동기화에 영향을 주는 모든 프로세스를 파악하고, 일단 GDS 솔루션이 구축되면 실시간 유지 계획을 구현하라.

10. 범위를 한정하라. 적게 쓰고 많은 걸 익혀라. 설계 · 구축 · 실행처럼 단계적 구현 접근법을 활용하라.

소비자 시장의
## 2010 메가트렌드

편저자 / 박동배
펴낸이 / 김경태
펴낸곳 / 한국경제신문 한경BP
등록 / 제 2-315(1967. 5. 15)
제1판 1쇄 발행 / 2005년  4월  5일
제1판 2쇄 발행 / 2007년 11월 20일
주소 / 서울특별시 중구 중림동 441
홈페이지 / http://www.hankyungbp.com
전자우편 / bp@hankyung.com
기획출판팀 / 3604-553~6
영업마케팅팀 / 3604-561~2, 595
FAX / 3604-599

ISBN 89-475-2528-6

값 18,000원

파본이나 잘못된 책은 바꿔 드립니다.